KLAUS GERTEIS

DIE DEUTSCHEN STÄDTE IN DER FRÜHEN NEUZEIT

Zur Vorgeschichte der 'bürgerlichen Welt'

WISSENSCHAFTLICHE BUCHGESELLSCHAFT
DARMSTADT

CIP-Kurztitelaufnahme der Deutschen Bibliothek

Gerteis, Klaus:
Die deutschen Städte in der frühen Neuzeit:
zur Vorgeschichte d. „bürgerl. Welt" / Klaus
Gerteis. – Darmstadt: Wissenschaftliche
Buchgesellschaft, 1986.
ISBN 3-534-01683-1

Bestellnummer 1683-1

Satz: Maschinensetzerei Janß, Pfungstadt
Druck und Einband: Wissenschaftliche Buchgesellschaft, Darmstadt
Printed in Germany
Schrift: Linotype Garamond, 10/11

ISBN 3-534-01683-1

KLAUS GERTEIS

DIE DEUTSCHEN STÄDTE IN DER FRÜHEN NEUZEIT

INHALT

Abbildung auf der 1. Einbandseite: Plan der Festung Magdeburg um 1750; nach: Geschichte der Stadt Magdeburg. Hrsg. vom Rat der Stadt Magdeburg, Berlin: Akademie-Verlag, 2. Aufl. 1977, S. 104.

1. EINLEITUNG

Dieses Buch soll einen Überblick über die Geschichte der deutschen Städte in der Frühen Neuzeit vermitteln. Sein zeitlicher Rahmen ist durch das ausgehende Mittelalter einerseits und die Zeit um 1800 – bis zu den Verfassungsumbrüchen und der Anlaufphase der Industriellen Revolution in der ersten Hälfte des 19. Jahrhunderts – andererseits bestimmt. Die räumliche Abgrenzung ist durch das Gebiet des Heiligen Römischen Reiches Deutscher Nation gegeben, wobei jedoch die Schweiz und die Niederlande als weitgehend geschlossene Sonderbereiche ausgeschlossen bleiben, obgleich sie völkerrechtlich bis 1648 zum Alten Reich gehörten, ebenso der Südosten.

Das Ziel ist eine Darstellung der Hauptentwicklungslinien der deutschen Stadtgeschichte in dieser Epoche anhand neuerer Forschungsergebnisse, wobei zeitliche und räumliche Differenzierungen sowie lokale Sonderentwicklungen weitgehend unberücksichtigt bleiben bzw. nur dann Erwähnung finden, wenn sie prägend für die deutsche Stadtentwicklung waren. Es geht um den Versuch, Pflöcke in einem Forschungsbereich einzuschlagen, in dem die Zahl der Einzeluntersuchungen in den letzten Jahren erheblich zugenommen hat, für den es aber bisher noch keine zusammenfassende Überblicksdarstellung gibt.

Mit Hilfe signifikanter Beispiele sollen Tendenzen in der Entwicklung anschaulich gemacht werden, die so oder ähnlich für eine Vielzahl von Städten als charakteristisch angesehen werden können. Eine einführende Überblicksdarstellung muß sich natürlich weithin fremder Forschungsergebnisse bedienen, ein detaillierter Nachweis über die Herkunft jedes einzelnen dort entnommenen Sachverhaltes würde freilich zu einer dem Zweck dieser Darstellung zuwiderlaufenden Aufblähung des wissenschaftlichen Apparates führen. Eine systematisch geordnete Auswahlbibliographie am Schluß dieses Buches soll dem Leser den Einstieg zur weiteren Beschäftigung mit einzelnen Themen erleichtern. Drei Kategorien aus der äußerst umfangreichen stadtgeschichtlichen Literatur fanden in ihr besondere Berücksichtigung: Arbeiten mit neueren Forschungsansätzen, exemplarische Studien sowie Werke, die zusammenfassende Darstellungen über einzelne Themenbereiche aus der Stadtgeschichte enthalten (auch Titel mit zahlreichen weiterführenden Literaturhinweisen). Es hat sich eingebürgert, Forschungsergebnisse umfangreicher Arbeiten in Tagungsbeiträgen oder Zeitschriftenaufsätzen in knapper Form wiederaufzunehmen. Wo es möglich war, wurde auch auf solche Zusammenfassungen verwiesen. In der Bibliographie wurden – wie auch in der Darstellung – einige Themen ausgespart oder nur am Rande behandelt, deren Erforschung erst begonnen hat bzw. die in ihrer Vielgestaltigkeit eine eigene gründliche Abhandlung verdienten, so einerseits etwa die Rolle der Städte in den Landständen als auch andererseits die Geschichte der Universitäten.

Ein gemeinsamer Schwerpunkt, ein durchlaufender roter Faden, bei der Behandlung der einzelnen Bereiche der frühneuzeitlichen Stadtgeschichte mag aus den folgenden vorläufigen Überlegungen hervorgehen. Die vornehmlich auf die Entstehung moderner Staatlichkeit konzentrierte deutsche historische Forschung des vergangenen Jahrhunderts hat notwendigerweise das Zurückbleiben der Städte im Vergleich mit den Flächenstaaten beobachtet. An diesen gemessen boten die Städte ein Bild des Niederganges, der Stagnation, der Enge. Die Wirtschaft der Städte erscheint in dieser Zeit unfähig, traditionelle Bahnen zu verlassen: Landwirtschaft, Handwerk und Handel – noch weitgehend in den Formen des Mittelalters – bildeten die wirtschaftliche Basis der allermeisten Städte. Die Bevölkerungszahlen nahmen häufig nur geringfügig zu. Die Katastrophe des Dreißigjährigen Krieges warf die deutschen Städte in ihrer Entwicklung weit zurück. Gegen die Herrschaft der Räte in den Reichsstädten häuften sich die Klagen über Mißwirtschaft und Nepotismus. Die Territorialstädte verloren ihre Selbständigkeit an die Bürokratien der sich festigenden Territorialstaaten. Zünfte und Innungen wachten ängstlich über ihre Privilegien, versuchten den Zuzug wirtschaftlich fortschrittlicher Kräfte mit allen Mitteln zu verhindern. Ein Heer von Amtsträgern und Bediensteten zehrte den größten Teil der städtischen Finanzen auf. Viele Städte waren am Ende der Frühen Neuzeit mit Schulden beladen, wie die Zeitgenossen selbst es feststellen:

„Kaum einige Reichs-Stätte, z. E. Hamburg, Bremen, Frankfurt, Halle etc. stehen recht gut, wenige mittelmäßig, und die meiste stecken in Schulden biß über die Ohren. Einige haben ein feines Gebiet, aber Königliche Schulden, wie von Nürnberg bekannt ist, und wie vile Millionen Ulm schuldig seye, hat die Statt bey unsern

Zeiten selbst in Druck bekannt gemacht; die meiste aber haben über dises weder ein beträchtliches Gebiet, noch Commercium, noch andere Ressource.“ [1]

Insbesondere die Reichsstädte, die am Ausgang des Mittelalters unbestritten die Spitze der Städtehierarchie eingenommen hatten, schienen von der Konkurrenz der deutschen Territorialfürsten mehr und mehr in ihrem Spielraum eingeengt und an den Rand gedrängt. Die absolutistischen Herrscher mit ihren Hofhaltungen, der Bürokratie und dem Militär bestimmten das Bild der frühneuzeitlichen Territorialstädte, – und dennoch waren es die deutschen *Städte*, ihre Innovationskraft, ihr Kapital, die einen entscheidenden Anteil daran hatten, daß die Industrialisierung im 19. Jahrhundert in Schwung kam. Die Städte entwickelten sich in der modernen deutschen Geschichte zu den Trägern der beherrschenden Lebensformen. Die grundlegende Wende der Stadtgeschichte liegt offensichtlich im 19. Jahrhundert. Sie hat ihre Ursachen in der Industrialisierung, der Entwicklung der Weltwirtschaft und der Ausweitung des ‘tertiären Sektors’, des Dienstleistungsbereichs. Die deutschen Städte der Frühen Neuzeit erscheinen von der Entwicklung des 19. Jahrhunderts her gesehen allerdings lediglich als Faktoren partiellen Wandels und punktueller Neuansätze.

Es ist das Ziel dieses Buches, jenes Spannungsverhältnis zwischen Erstarrung, Stagnation, Bewahrung einerseits und Wandel andererseits, die Doppelgesichtigkeit der deutschen Stadt der Frühen Neuzeit in ihren mannigfaltigen Aspekten darzustellen.

Nicht daß wir mit dieser Fragestellung der Stadtgeschichte in dieser Epoche ihre Eigenständigkeit absprechen wollten. Die Stadt war Lebensform für Millionen Menschen in diesen drei Jahrhunderten. Man wird aber der Übergangssituation nicht gerecht, wenn man neben der ‘mittelalterlichen Stadt’ und der ‘modernen Stadt’ einen dritten vollkommen eigenständigen Typus für die Frühe Neuzeit konstruieren will. Eine Mehrzahl der Elemente der mittelalterlichen Stadt blieb auch für die folgenden Jahrhunderte in vielen Bereichen bestehen. Entscheidend ist die Frage, was sich in den deutschen Städten unter den Bedingungen des heraufkommenden modernen Anstaltsstaates im Unterschied zum Mittelalter veränderte. Außerdem muß nach den Elementen gefragt werden, die von der frühmodernen Entwicklung der Städte auf die Umbrüche des

[1] Johann Jacob Moser, Neues teutsches Staatsrecht, Bd. 3, 2, 1767, ND Osnabrück 1967, S. 1051.

19. Jahrhunderts eingewirkt haben könnten, die die historische Disposition für die moderne Stadtentwicklung lieferten. Dabei wird man eine Typologie der frühneuzeitlichen deutschen Städte entwerfen können, die weder die Elemente ausschließlich einer Spätzeit noch die einer Vorgeschichte enthalten darf, die vielmehr die Elemente einer Übergangsphase in sich vereinigen muß.

2. DIE FRÜHNEUZEITLICHEN STÄDTE IM URTEIL DER HISTORISCHEN FORSCHUNG

Das Urteil über die deutschen Städte in der Frühen Neuzeit ist in der neueren wissenschaftlichen historischen Literatur – trotz Differenzierungen – im Vergleich mit den Einschätzungen bezüglich der vorausgegangenen und mit der folgenden Zeit weitgehend negativ.

Autoren wie Carl Haase [2] und Heinz Stoob [3], die in der Zahl der neugegründeten Städte, in der Zahl der Stadtrechtsverleihungen *einen* Maßstab für die Bedeutung der Städte in Politik, Wirtschaft und Kultur einer Epoche sehen, haben für die Frühe Neuzeit von einem „Städtetal“ [4] gesprochen.

Stoobs Graphik „Stufen der Stadtentstehung in Mitteleuropa“ [5] erfaßt 2000 Städtegründungen. Das entspricht knapp der Hälfte der zwischen 1150 und 1960 entstandenen Städte. Stoob unterteilt die acht Jahrhunderte deutscher Städtegeschichte in sechs Abschnitte, die jeweils durch die Entstehung bestimmter Stadttypen charakterisiert werden.

Vor 1150 entwickelten sich in langwierigen Kämpfen die sog. ‘Mutterstädte’. In Verbindung mit Fürstenpfalzen, Burgen, Bischofssitzen – häufig in Fortsetzung alter Römerstädte – entstanden Siedlungen von Fernkaufleuten, königlichen Kaufleuten, die sich in vielfältigen Auseinandersetzungen ihre Rechte, Freiräume und Privilegien sicherten. Ab 1120/1150 setzte die steil ansteigende Kurve der ‘Gründungsstädte’ ein. Nach dem Vorbild der Mutterstädte wurden ihnen die Stadtrechte, die von den ‘Mutterstädten’ in langanhaltenden Kämpfen Stück für Stück erreicht worden waren, als Ganzes verliehen, auch sie waren zunächst Fernhandelsstädte,

[2] Carl Haase, Die Entstehung der westfälischen Städte (Veröff. des Provinzialinstituts für westfälische Landes- und Volkskunde, Reihe 1, H. 11), Münster 1960.

[3] Heinz Stoob, Kartographische Möglichkeiten zur Darstellung der Stadtentstehung in Mitteleuropa, besonders zwischen 1450 und 1800, in: ders., Forschungen zum Städtewesen in Europa, Bd. 1, Köln . . . 1971, S. 15–42.

[4] Ebenda, S. 34 u. ö.

[5] Ebenda, S. 21.

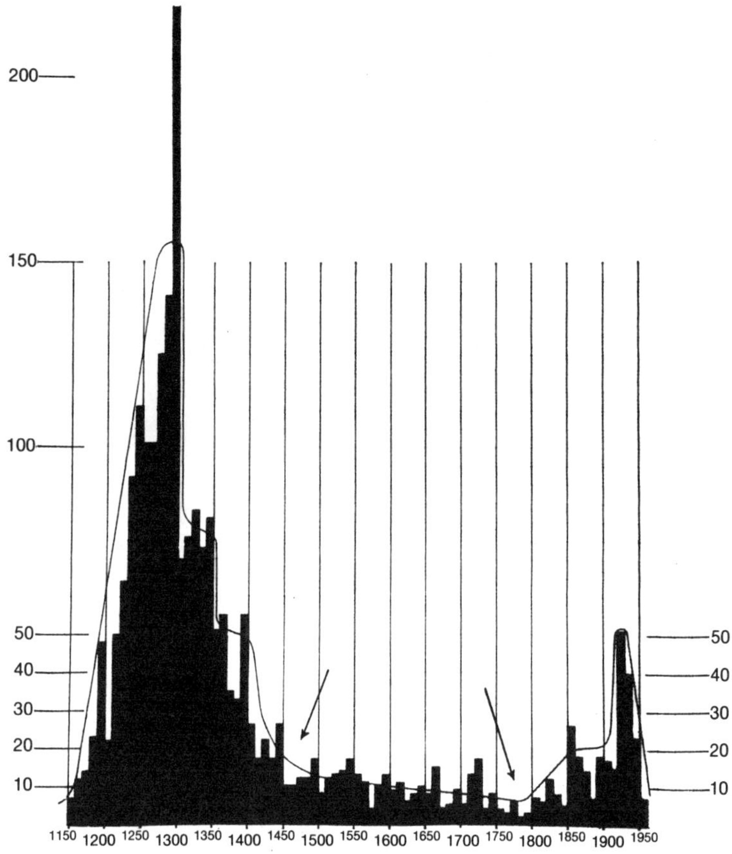

Abb. 1: Stufen der Stadtentstehung in Mitteleuropa (rd. 2000 Städte erfaßt). – Aus: Heinz Stoob, Forschungen zum Städtewesen in Europa, Bd. I: Räume, Formen und Schichten der mitteleuropäischen Städte. Eine Aufsatzfolge, Köln–Wien: Böhlau 1970, S. 21.

zugleich freilich Instrumente kaiserlicher und fürstlicher Machtpolitik.

Ab etwa 1250 bis 1300 war der beherrschende Stadttyp unter den neu entstehenden Städten die Kleinstadt. Sie erfüllte Burgfunktionen und war auf den Nahmarkt ausgerichtet. In dieser Epoche lagen die absoluten Höhepunkte der Stadtentstehung in Mitteleuropa.

In der Epoche zwischen 1300 und 1450 kamen im wesentlichen

die von Stoob so bezeichneten 'Minderstädte' hinzu. Nicht selten hatten sie verkürzte Privilegien, standen sie zwischen Stadt und Dorf und waren in ihrer Entwicklung gehemmt. Dennoch waren diese Gründungen Ausdruck der Blüte städtischen Lebens in der spätmittelalterlichen Epoche. Städtisches Leben, städtische Wirtschaft schienen den Zeitgenossen so attraktiv zu sein, daß jede – auch noch so geringe – Möglichkeit zur Gründung einer neuen Stadt genutzt wurde. Das 'Städtetal' zwischen etwa 1450 und 1800 ist für Stoob in erster Linie die Folge des in Mitteleuropa eingetretenen Sättigungsgrades in bezug auf städtische Siedlungen, Ausdruck einer gewissen Stagnation. Nach 1450 war die „Neubildung von Städten kein allgemeines Bedürfnis mehr“ [6]. Die Neugründungen in dieser Zeit entsprachen ganz spezifischen Bedürfnissen insbesondere des Fürstenstaates.

Darüber hinaus wirkte sich die allgemeine wirtschaftliche und politische Entwicklung nach Stoob negativ auf die Städte aus: „Noch im Spätmittelalter waren die kleineren Reichsstädte weithin landsässig geworden; die Städtebünde, endlich selbst die mächtige Hanse, zerfielen, die Landesherren strafften die Zügel, bürdeten steigende Steuerlasten auf, während zugleich der beginnende Konjunkturumschwung die Leistungskraft schwächte.“ Es ist Stoobs Auffassung, daß eine kartographische Erfassung der in dieser Zeit abgegangenen Städte das Tief in der städtischen Entwicklung noch deutlicher machen könnte.[7]

Vor allem die Entstehung des Territorialstaates, die Veränderung des Kriegswesens durch die mauerbrechenden Schußwaffen und die Söldnerheere, die Verwüstungen des Dreißigjährigen Krieges seien verantwortlich für den Rückgang der Städte, ihrer Bedeutung im gesamten gesellschaftlichen, politischen und wirtschaftlichen Leben.

Haase, der die Entstehung der westfälischen Städte durch die Jahrhunderte verfolgte, erblickt für die Zeit zwischen 1450 und 1648 in der Stadtentstehungsgeschichte ein „großes Wellental“ [8]. Bis 1800 kamen im Anschluß daran lediglich einige Akzisestädte in den preußischen Territorien hinzu. Haase allerdings sieht in dieser Epoche weniger eine Zeit des Niedergangs als vielmehr des Übergangs, „in der das mittelalterliche Städtewesen ausläuft und in der sich ganz langsam, gleichsam kasuistisch, mit dem Werden des ab-

[6] Ebenda, S. 34.
[7] Ebenda, S. 35.
[8] Haase, Die Entstehung der westfälischen Städte . . ., S. 9.

solutistischen Staates etwa gleichlaufend, die Vorläufer, Vorformen und Grundlagen für den großen Umschwung in der Epoche der Französischen Revolution herausbilden"[9].

Haase und Stoob stimmen darin überein, daß bis 1450 eine weitgehende Sättigung der Städtelandschaft erfolgt war und in der Frühen Neuzeit ein Bedarf an zusätzlichen Städten in der Art, wie sie sich im Mittelalter entwickelt hatten, nicht mehr bestand. In der Frühen Neuzeit kamen nur noch wenige Städte hinzu, diese allerdings zu ganz speziellen, für die staatliche Entwicklung der beginnenden Neuzeit charakteristischen Zwecken: Bergstädte, Festungsstädte (Garnisonsstädte), Residenzen, Exulantenstädte. Erst mit der sich ankündigenden Industriellen Revolution steigt die Kurve der Städtegründungen erneut an.

Neben solchen frühneuzeitlichen Sondertypen wird von der wissenschaftlichen Literatur übereinstimmend die Stadtplanung als ein die Städte dieser Epoche prägendes Element angesehen. Seit der Renaissance verfolgten Architekturtheoretiker und utopische Schriftsteller das Projekt der Idealstadt. Fürsten veränderten mit ihren Residenzen, Alleen, Parks, Festungsanlagen und öffentlichen Gebäuden die Stadtbilder entscheidend. Der sich entwickelnde Territorialstaat und insbesondere der absolutistische Fürstenstaat bewirkten tiefgreifende Veränderungen im äußeren Erscheinungsbild der Städte und gleichzeitig damit in deren innerer Verfassung.

Eine umfassende Darstellung der Stadtgeschichte Mitteleuropas in der Frühen Neuzeit gibt es bisher noch nicht. Nur Hans Mauersberg[10] hat versucht, an den Beispielen Basel, Frankfurt a. M., Hamburg, Hannover und München einen Eindruck von der wirtschaftlichen, gesellschaftlichen und politischen Entwicklung der deutschen Stadt in der Geschichte der Frühen Neuzeit und des 19. Jahrhunderts zu liefern.

Zahlreicher sind die Aufsätze, in denen eine allgemeine Charakterisierung der frühneuzeitlichen deutschen Städte vorgenommen wird. Sie heben durchweg deren Übergangscharakter hervor. Für Hans Herzfeld stellt die Frühe Neuzeit „einen Übergang zwischen der großen schöpferischen Leistung der mittelalterlichen Stadt und dem gigantischen Prozeß der Verstädterung in der modernen Welt

[9] Ebenda, S. 14.

[10] Hans Mauersberg, Wirtschafts- und Sozialgeschichte zentraleuropäischer Städte in neuerer Zeit. Dargestellt an den Beispielen von Basel, Frankfurt a. M., Hamburg, Hannover und München, Göttingen 1960.

dar, der das 19. und 20. Jahrhundert erfüllt. Dafür besitzen diese Jahrhunderte aber den Reiz und die Farbigkeit einer Zeit, in der Altes und Neues, Versinkendes und Vorboten der Zukunft nebeneinander bestehen".[11] So bildet die Frühe Neuzeit in der Entwicklung der deutschen Städte für Herzfeld vor allem eine Epoche des Überganges, des Wandels.

Edith Ennen hebt als ein Merkmal für die Geschichte der Städte in dieser Übergangszone einen großen „Spannungsreichtum" hervor. Erstarrung auf der einen Seite, Wachstum an anderen, wenn auch nur wenigen Punkten, neben „vorwärtsdrängendem Neuen" „viel erstarrtes Mittelalter".[12]

Angesichts wiederkehrender innerstädtischer Konflikte rückte für Hans Mauersberg im Blick auf die Geschichte der frühneuzeitlichen Städte die Frage „nach einer möglichen statischen Beharrung bzw. die nach der dynamischen Entwicklung" in den Mittelpunkt.[13]

Den Wandel der Stadt in der Frühen Neuzeit typologisch zu erfassen, haben sich vor allem die Autoren bemüht, die Versuche einer Definition der Stadt unternommen haben. Bereits Haase hatte darauf hingewiesen, daß das Wesen der Stadt schlechthin nicht mit einem starren Katalog von Merkmalen erfaßt werden könne, sondern daß die Struktur der Städte von einem Kriterienbündel bestimmt werde, in dem zu den unterschiedlichen Zeiten ganz verschiedene Merkmale in den Vordergrund treten. Dabei wurde in der Regel die Rolle des frühmodernen Staates bei den Verschiebungen in dem die Stadt charakterisierenden Kriterienbündel hervorgehoben.

Edith Ennen hat in ihrer Saarbrücker Antrittsvorlesung von 1965[14] als die besonderen Kennzeichen der „mittelalterlichen Stadtkultur" die autonome Bürgergemeinde, ein besonderes Stadt-

[11] Hans Herzfeld, Die Stadt in den aufsteigenden Nationalstaaten, in: Die Stadt als Lebensform. Hrsg. von Otto Walter Haseloff (Forschungen und Informationen 6), Berlin 1970, S. 73–83, S. 73.

[12] Edith Ennen, Die Stadt zwischen Mittelalter und Gegenwart, in: Rheinische Vierteljahresblätter 30 (1965), S. 118ff. – Wieder in: dies., Gesammelte Abhandlungen, Bonn 1977, S. 198ff., S. 206f.

[13] Hans Mauersberg in: Bischofs- und Kathedralstädte des Mittelalters und der Frühen Neuzeit. Hrsg. von Franz Petri (Städteforschung A, 1), Köln . . . 1976, S. 99.

[14] Ennen, Die Stadt zwischen Mittelalter und Gegenwart . . ., S. 204 bis 206.

recht, die Konzentration von Handel und Gewerbe ausschließlich in der Stadt bezeichnet. Die frühneuzeitliche Entwicklung wird von Ennen demgegenüber nun so charakterisiert: „Der mit modernem Beamtentum und stehendem Heer ausgerüstete, absolute Souveränität und einheitlichen Delegationszusammenhang beanspruchende, zentralistisch organisierte Staat setzt sich in Politik und Wirtschaft immer ausschließlicher durch; das beginnt im 15. Jahrhundert und kulminiert im 17. und 18. Jahrhundert. Der Staat drängt die Städte zurück, beschneidet in nivellierendem Eingreifen ihre Autonomie, ihre Gerichtsbarkeit, ihre politischen Rechte, ja ihre administrative Selbständigkeit. Er begreift sich nun auch als wirtschaftlicher Organismus, er treibt jetzt Wirtschaftspolitik und greift überlokal regulierend in die Wirtschaft ein." „. . . aufs Ganze gesehen ist die Präponderanz des Staates unleugbar."

Volker Press hat darauf hingewiesen, daß bei den Veränderungen der Städte in der Frühen Neuzeit die unterschiedlichen Entwicklungsphasen frühmoderner Staatlichkeit berücksichtigt werden müssen. Er bezeichnet das 16. Jahrhundert, in dem die Bürokratien der Territorialstaaten in größerem Umfange aus dem Bürgertum gespeist wurden, als ein in besonderem Maße 'bürgerliches' Jahrhundert. Außerdem förderten – ihm zufolge – gerade die Landstädte den territorialstaatlichen Verdichtungsprozeß, waren dabei ein „Helfer der fürstlichen Regierungen", leiteten aber damit auch ihre Unterwerfung ein. Press resümiert: „Es geht nicht an, allein die Dynamik des landesfürstlichen Absolutismus der Stagnation, Finanzkrise, Unterdrückung, Reglementierung der einstmals relativ autonomen Stadt, sei es der Landes- oder Reichsstadt, gegenüberzustellen – es erhielten sich ohne Frage Freiräume. Die Städte wurden andererseits durch die Herausforderung oftmals vorwärtsgetrieben. Die Einwirkung von Absolutismus und Merkantilismus erleichterte den Schritt in die Modernisierung des 19. Jahrhunderts, der oft genug Landesstädten leichter fiel als den eher erstarrenden Reichsstädten." [15]

Für die neuere marxistische Geschichtswissenschaft liegt die Geschichte der Städte insbesondere nach 1525 und vor 1789 im Windschatten zwischen 'frühbürgerlicher' Revolution und bürgerlicher Revolution. Hatte für Karl-Heinz Blaschke die mittelalterliche

[15] Volker Press, Der Merkantilismus und die Städte, in: Städtewesen und Merkantilismus in Mitteleuropa. Hrsg. von Volker Press (Städteforschung A, 14), Köln . . . 1983, S. 14.

städtische Verfassung noch die „feudale Ordnung durchbrochen“ [16], so charakterisiert Karl Czok, der bedeutende Leipziger Stadthistoriker, das Bürgertum als eine „Nebenklasse im Sozialgefüge des Feudalismus“ [17]. Nach der Niederlage der Bauern 1525/26 und dem Ende der frühbürgerlichen Revolution (1534) erreichte nach seiner Auffassung die Stadtentwicklung im Feudalzeitalter im 17. Jahrhundert ihren „Tiefpunkt“. Bedingt durch wirtschaftliche Stagnation in vielen Städten, durch den Dreißigjährigen Krieg und seine Auswirkungen noch verstärkt – wenn auch in unterschiedlichem Maße –, befand sich Deutschlands Bürgertum im Zustand „weitgehender Untertänigkeit“ [18]. Und dort, wo die westdeutschen Historiker gewisse Ansätze zu neuen, veränderten, zukunftsorientierten Strukturen einer zukünftigen Stadtentwicklung sehen, nämlich in den Residenz- und Fürstenstädten, findet Czok gerade die Zeichen für den wirtschaftlichen und gesellschaftlichen Tiefpunkt des deutschen Bürgertums und der deutschen Städte: „Durch die Baufreudigkeit des Duodezabsolutismus in das Korsett des Festungsbaus gezwängt, verblieben dem bürgerlichen Handel und Gewerbe nur bedingte Entwicklungsmöglichkeiten, so auch in den privilegierten Residenzstädten. Es war gewiß keine Entschädigung, wenn herrliche Barockbauten, wie etwa in Mannheim, Bruchsal, Karlsruhe, emporwuchsen. Einen wirklichen Aufschwung kannten fast nur Hamburg, Frankfurt und Leipzig.“ [19]

Aus dem Zitat wird deutlich, daß Czok innerhalb des Kriterienbündels der Funktionen und Merkmale der Stadt besonderen Wert auf die wirtschaftliche Entwicklung legt, insbesondere unter dem Gesichtspunkt des Heraufkommens der Bourgeoisie. Das negative Urteil der marxistischen Geschichtswissenschaft resultiert – auf dem Hintergrund ihres gesamtgeschichtlichen Interpretationsschemas – weitgehend aus der dem *frühneuzeitlichen* Bürgertum im Vergleich zum monarchischen Staat attestierten relativen Bedeutungslosigkeit.

Etliche dieser Urteile über das Städtewesen in der Frühen Neu-

[16] Karl-Heinz Blaschke, Qualität, Quantität und Raumfunktion als Wesensmerkmale der Stadt vom Mittelalter bis zur Gegenwart, in: Jahrbuch für Regionalgeschichte 3 (1968), S. 34–50, S. 35.

[17] Karl Czok, Zur Stellung der Stadt in der deutschen Geschichte, in: Jahrbuch für Regionalgeschichte 3 (1968), S. 9–33, S. 17.

[18] Ebenda. Vgl. auch Karl Czok, Die Stadt. Ihre Stellung in der deutschen Geschichte, Leipzig 1969, insbes. S. 56ff.

[19] Czok, Zur Stellung der Stadt . . ., S. 17.

zeit allgemein werden zu differenzieren sein. Zum Beispiel ist es zwar zutreffend, daß die Veränderungen in der Kriegstechnik und in der Heeresverfassung, die Entwicklung des Geschützwesens und der Söldnerheere, die einst stolzen, schutzbietenden Mauern zum „romantischen Requisit“ [20] degradierten, und auch die Wehrorganisation in den Städten verkümmerte. Die Stadt bot also nicht mehr den Schutz, der ihr die Vorrangstellung im Verhältnis zum flachen Land im Mittelalter verschafft hatte. Auf der anderen Seite aber schufen sich die größeren Städte, wie Hamburg oder Frankfurt, in der Frühen Neuzeit aus eigener Kraft moderne Befestigungsanlagen, die ihnen erneut als Schutz dienen konnten. Die Städte waren in den Kriegen dieser Epoche häufig lange umkämpfte Hindernisse bei der Eroberung eines Landes (z. B. Stralsund und Breisach im Dreißigjährigen Krieg, Kolberg noch in der Napoleonischen Ära). Außerdem benützte der Fürstenstaat die bestehenden Städte als Festungsanlagen, als Stützpunkte, schuf neue Städte als Festungen (Saarlouis, Mannheim). Und somit gewann die Stadt wieder an militärischer Bedeutung – wenn auch unter den veränderten Bedingungen des Flächenstaates.

Insgesamt kann man doch sagen, daß die Geschichte der Städte in der Frühen Neuzeit in Deutschland im Vergleich etwa zu der Entwicklung des Absolutismus (Preußen, Österreich) ein noch weitgehend unerforschtes Gebiet ist. Erst in den letzten beiden Jahrzehnten wurden verstärkt systematische Untersuchungen zu bestimmten Problembereichen und für einzelne Städte vorgenommen. Hier hat es in neuester Zeit einige Fortschritte gegeben, insbesondere für die Reichsstädte Köln, Augsburg und Nürnberg. Jubiläen haben gelegentlich Anlaß zu einer umfangreichen Stadtmonographie gegeben. Wir müssen uns also auf – im Vergleich mit der Geschichte der Stadt im Mittelalter – relativ disparates Material stützen. Häufig sind wir auf ältere Darstellungen angewiesen. Es ist bezeichnend, daß bis heute das Buch von Friedrich Bothe aus dem Jahre 1913 die einzige umfangreiche Darstellung der Geschichte einer so wichtigen Stadt wie Frankfurt geblieben ist.[21]

[20] Ennen, Die Stadt zwischen Mittelalter und Gegenwart . . ., S. 204.

[21] Friedrich Bothe, Geschichte der Stadt Frankfurt am Main, Frankfurt a. M. 1913, ND 1966.

3. DEFINITION

Eine Geschichte der Städte setzt voraus, daß man die Grenzen des Gegenstandes bestimmt, d. h. versucht festzulegen, welche Siedlung als Stadt angesprochen werden kann und welche nicht. Werden in diesem Zusammenhang die wichtigsten Merkmale der Stadt festgestellt, so ist dies zugleich der erste Einstieg in eine Beschreibung der deutschen Städte der Frühen Neuzeit.

Mit dem Satz „Stadt ist, was sich selbst Stadt nennt", hat Erich Keyser einmal versucht, das definitorische Problem abzukürzen. Und Carl Haase hat ergänzt: „Stadt ist, was im amtlichen Sprachgebrauch als Stadt bezeichnet wird" [22]. Man kann hinzufügen, was in rechtlichen Quellen – und zwar unbestritten – als Stadt bezeichnet wird. Eine solche Definition kann sehr nützlich für eine quantifizierende Untersuchung sein, oder auch für die Frage, welche Siedlungen in eine auf Vollständigkeit ausgerichtete Sammlung (Städtebuch, Städteatlas usw.) aufgenommen werden sollten. Als historische Definition im eigentlichen Sinne ist sie jedoch allzu knapp.

Die neuere Stadtgeschichtsschreibung hat sich um eine typisierende Kurzformel insbesondere für die mittelalterliche Stadt bemüht. Zunächst wurde das Stadtrecht als das konstitutive Element der mittelalterlichen Stadt angesehen.[23] Die Typisierung der mittelalterlichen Stadtkultur durch Edith Ennen haben wir bereits erwähnt: Sie sieht die Kennzeichen der mittelalterlichen Stadt in einer autonomen Bürgergemeinde, einem besonderen Stadtrecht und in einer ausschließenden Konzentration von Handel und Gewerbe.[24] Ähnlich formuliert Haase das Leitbild einer voll entwickelten mittelalterlichen Stadt als eine „Gebietskörperschaft mit autonomer Verwaltung, gepaart mit dem Begriff der befestigten Siedlung, aber

[22] Haase, Die Entstehung der westfälischen Städte . . ., S. 5.

[23] Z. B. Hans Planitz, Die deutsche Stadt im Mittelalter, 1954, 3. unveränd. Aufl. Wien . . . 1973, S. 332: „Im 13. Jahrhundert war das Stadtrecht Kennzeichen der Stadt." – Zum mittelalterlichen Stadtbegriff vgl. auch: Die Stadt des Mittelalters, Bd. 1. Hrsg. von Carl Haase (Wege der Forschung 243), Darmstadt ^{3}1978.

[24] S. o. S. 9f.

auch mit dem des Wirtschaftmittelpunktes"[25]. Die idealtypische Beschreibung der „mittelalterlichen Stadt" durch ein solches Kriterienbündel stellt sich als ein „variabel kombinierter Stadtbegriff"[26] dar, wobei die einzelnen Kriterien bei den konkreten Beispielen, den einzelnen Städten in unterschiedlicher Weise und Intensität anzutreffen sind.

Der marxistische Historiker Karl-Heinz Blaschke legt seiner Definition der mittelalterlichen Stadt etwas differierende, die sozioökonomischen Komponenten betonende Unterscheidungsmerkmale zugrunde. Städte seien durch folgende Kriterien bestimmt[27]:

1. Sie sind bevorrechtigte Plätze des Handels und Handwerks („Nutznießer der Arbeitsteilung").
2. Die soziale Sonderstellung des Stadtbürgers verschafft ihm in der ständisch geschichteten Gesellschaft einen „höheren Rang" gegenüber den Bewohnern des flachen Landes.
3. Die städtische Verfassung setzt der „adeligen Herrschaft die Autonomie der bürgerlichen Genossenschaft" entgegen.
4. Die Stadtmauern ergeben einen besonderen Schutz.
5. „Die Stadt stellt mit ihrer Konzentration der Wohn- und Werkstätten auf engem Raum eine Besonderheit gegenüber den weiträumigen Dorfanlagen dar."

Im Grund sind diese Merkmale kaum von denen der Definition durch Ennen und Haase unterschieden. Blaschke betont nun, daß das Kriterienbündel, das die mittelalterliche Stadt beschreibt, sich fast ausschließlich auf die Qualität (der Eigenschaften) der Stadt und ihrer Bewohner bezieht. Die Quantität, die Größe der Stadt, besonders ihre Bevölkerungszahl scheint demgegenüber eine untergeordnete Rolle zu spielen. Er belegt das am Beispiel der Städte Sachsens in der Mitte des 16. Jahrhunderts.[28]

1550 gab es in Sachsen 18 Städte mit mehr als 2000 Einwohnern. Von 138 Städten mit weniger als 2000 Einwohnern lagen 48 (also fast ein Drittel aller Städte überhaupt) unter 400 Einwohnern, während es 52 Dörfer gab, die diese Zahl überschritten. Es gab also

25 Haase, Die Entstehung der westfälischen Städte . . ., S. 7.

26 Edith Ennen, Die europäische Stadt des Mittelalters, Göttingen ³1979, S. 14.

27 Karl-Heinz Blaschke, Qualität, Quantität und Raumfunktion als Wesensmerkmal der Stadt vom Mittelalter bis zur Gegenwart, in: Jahrbuch für Regionalgeschichte 3 (1968), S. 34–50, S. 35.

28 Ebenda, S. 39.

keine quantitative Schwelle für die Stadterhebung. Zwar nahm die quantitative Komponente für die Stadt in den neueren Jahrhunderten an Bedeutung für die Stadt zu, trat aber nicht an die Stelle der alten Qualitäten.

Erst mit der Entstehung des modernen Staates, mit einem einheitlichen Staatsbürgerrecht und einem einheitlichen Kommunalrecht für Dorf und Stadt gingen die mittelalterlichen Kennzeichen der Stadt in einer breiten Übergangszone verloren. Ausschlaggebend für eine Unterscheidung von städtischen und ländlichen Siedlungen sind heute nicht mehr Sonderrechte der Stadt und eigentlich nach wie vor auch nicht die Quantität, wenn sie auch mechanisch zur statistischen Unterscheidung von Groß-, Mittel- und Kleinstädten noch Anwendung findet, die Orte werden vielmehr nach ihrer Zentralität, nach ihrer Raumfunktion kategorisiert in Oberzentren, Mittel- und Subzentren. Merkmale dieser neuen funktionalen Gliederung sind die Konzentration von Verwaltungseinheiten, Dienstleistungsfunktionen (Schulen, Kirchen, Gesundheitsdienste usw.), Industrie (als Arbeitsplatz auch für die umliegenden ländlichen Bezirke) und Handel. Auch die mittelalterlichen Städte hatten natürlich solche Raumfunktionen, aber die rechtlichen Qualitäten, die Sonderrechte waren von konstitutiver Bedeutung.

Die Umschichtung der konstitutiven Merkmale vollzog sich in Deutschland im wesentlichen im 19. und 20. Jahrhundert, Ansätze dazu gab es aber auch schon im 17. und 18. Jahrhundert. Und dabei läßt sich in bezug auf das Bildungsbürgertum interessanterweise feststellen, daß das Umschlagen von Quantität in Qualität schon im Verlauf der Frühen Neuzeit zu beobachten ist. Kleinen und großen Städten waren zwar mehr oder minder ausgeprägte Oberschichten gemeinsam, akademische Bildungsschichten gab es aber lediglich in größeren Städten.

Die Zeitgenossen der Frühen Neuzeit legten selbst großen Wert auf die Betonung der Vielgestaltigkeit städtischen Lebens. In den Städtebeschreibungen ('Städtelob'-Literatur) der Humanisten erscheint die Stadt als eine auf gegenseitige Hilfe und innere Ordnung ausgerichtete Gemeinschaft mit spezifischen Formen der Religiosität, Kultur, Kunst und einer aufwendigen 'bürgerlichen' Lebensweise. Die Stadt unterscheidet sich also danach vom flachen Land durch ihr Erscheinungsbild, Wirtschaft, Gesellschaft, Recht, Politik, Verwaltung und Lebensweise als ein komplexes Gebilde, das sich einer einfachen Definition durch wenige Kriterien zu entziehen scheint. Und auch die Reichsrechtswissenschaft des

18. Jahrhunderts liefert keine allgemein anwendbare definitorische Formel für die Städte.

Man muß wohl in wesentlichen Zügen die Kriterien der Definition für die mittelalterlichen Städte auch für die Frühe Neuzeit beibehalten, mit der Einschränkung, daß durch den aufkommenden Territorial- und Verwaltungsstaat eine weitgespanntere Differenzierung der Merkmale (selbst bei den Städten vergleichbarer Größe) erfolgte, daß für etliche Städte insbesondere die Komponente des ausgegliederten, autonomen Rechtsbereiches immer mehr in den Hintergrund trat, während ökonomische Faktoren an Bedeutung gewannen, daß den Städten vor allem aber durch die Aufnahme staatlicher Funktionen als Verwaltungssitzen, Amtsstädten, als Sitz von Territorialgerichten und Residenzen sowie durch die Verstärkung der Konzentration von Bildung und geistigem Leben in ihnen (Schulen, Universitäten, Druckereien, Theater usw.) neue Zentralitätsfaktoren zuwuchsen. Einige von diesen waren rechtlich ausdrücklich an die Stadt gebunden, so etwa die Akziseerhebung. Zu einem bestimmenden Element frühneuzeitlicher Städte wurde auch das planerische Eingreifen der landesherrlichen Bürokratie, insbesondere bei der Erweiterung und Neuanlage von Städten.

Bei der Definition der frühneuzeitlichen Stadt ist davon auszugehen, daß – wie betont – die Kriterien zu differenzieren sind, dies im Verlaufe unserer Epoche in zunehmendem Maße, und daß somit für die allerwenigsten Städte die im folgenden zusammengestellten Merkmale gleichzeitig und in gleichem Umfang zutreffen:

- *Stadtrecht*, in den meisten Fällen noch mit all den Vorrechten gegenüber dem flachen Land, wie sie seit dem Mittelalter für die Stadt konstitutiv waren: Bürgerrecht, Marktrecht, Zwing und Bann sowie weiteren wirtschaftlichen Vorrechten (Braurecht u. ä.);
- *Gebietskörperschaft*, verbunden mit einer genossenschaftlich organisierten Bürgergemeinde, deren politische und wirtschaftliche Autonomie allerdings in unterschiedlichem Maße von der territorialen Verwaltung eingeschränkt wurde;
- *'Brennpunkt' gewerblicher Produktion und des Handels*. Bei der Verlagerung von Teilen selbst großgewerblicher Produktion auf das flache Land blieben die Städte weitgehend bestimmend durch ihre Kapitalkraft, in der Endfertigung, im Fernabsatz und durch die Versorgung eines Umlands mit gewerblichen Produkten, teilweise gefördert durch die wirtschaftslenkenden Maßnahmen der Territorialstaaten;

- *Sitz von Verwaltungseinrichtungen und zentraler Behörden* der Territorialstaaten, teilweise auch der kirchlichen Organisation;
- *zentrale Militärfunktionen;* selbst bei der Abnahme der Wehrhaftigkeit der Bürger blieben die Städte bedeutungsvoll als Festungsstädte, Magazin- und Garnisonsorte (‘reine’ Festungen sind die Ausnahme);
- *Zentren gehobener Bildung und Kultur,* Konzentration von Dienstleistungsfunktionen;
- *zunehmende Planhaftigkeit:* bei der Erweiterung oder Neuanlage von Städten wurde nicht nur die Gestaltung des Grundrisses nach den Regeln der Geometrie vorgenommen, sondern auch im Aufriß wurden Einheitlichkeit und Symmetrie angestrebt.

4. TYPOLOGIE

Die Geschichtswissenschaft hat sich bei der Beschäftigung mit den frühneuzeitlichen Städtetypen vor allem jenen Gattungen zugewendet, die zu den mittelalterlichen Handels- und Gewerbestädten, Bischofsstädten, Pfalz- und Burgstädten hinzutraten und die für die frühneuzeitliche Entwicklung als charakteristisch empfunden wurden. Edith Ennen hat in diesem Zusammenhang von „frühneuzeitlichen Sondertypen" gesprochen.[29] Als solche gelten 'Bergstädte', 'Exulantenstädte', 'Residenz- und Hauptstädte', 'Festungsstädte', 'Manufakturstädte'.

a) Frühneuzeitliche Sondertypen

In der zeitlichen Abfolge waren die *Bergstädte* die frühesten dieser Sondertypen, ihre Anfänge sind bereits im Spätmittelalter zu suchen. Sie erlebten eine Blüte im ausgehenden 15. und in der ersten Hälfte des 16. Jahrhunderts. In einem großen Bogen verteilen sie sich über den mittel- und ostmitteleuropäischen Raum: vom Harz über das Erzgebirge (auf sächsischer und auf böhmischer Seite), die Sudeten nach Ungarn und wieder zurück in die Alpen bis nach Tirol blühten Bergorte auf, in denen vor allem Silber, Kupfer und Zinn gefördert wurde. Kleine Flecken wuchsen rasch zu bedeutenden Städten an, oder Städte wurden vollkommen neu angelegt, wenn man auf ergiebige Erzadern traf. 180–200 Bergstädte gab es im 15. und 16. Jahrhundert.

Das Aufblühen des Bergbaues wurde in dieser Zeit im Bereich der Mittelgebirge begünstigt durch eine erhöhte Nachfrage nach Edel- und Halbedelmetallen, was seine Ursache wiederum in wirtschaftlichen und politischen Veränderungen hatte (Ausbau des Territorialstaates mit gesteigertem Geldbedarf, Beginn weltwirtschaftlicher Verflechtungen, Monetarisierung des Feudalwesens,

[29] Edith Ennen, Die Stadt zwischen Mittelalter und Gegenwart, in: dies., Gesammelte Abhandlungen, Bonn 1977, S. 205. – Vgl. die Titel von Stoob und Petry im Literaturverzeichnis.

Nachfrage nach Kupfer und Zinn für Geschütze, Hausgerät usw.). Das wohlhabende Handelsbürgertum der spätmittelalterlichen und frühneuzeitlichen Städte konnte aufgrund neuerer Beteiligungsverfahren (Kuxen) in den lukrativen Bergbau investieren, was wiederum intensivere Abbaumethoden ermöglichte: größere Schachttiefen und aufwendigere Stollensysteme, Einsatz von Wasserkraft zum Betrieb von Förderanlagen und Erzschmelzen, Wasserhaltung, d. h. die Beseitigung des Wassers aus den Stollen, die teilweise als 'Wasserkunst' mit Schöpfwerken und Pferdegöpeln betrieben wurde. Hinzu kamen technische Innovationen: Pumpen (wenn auch zunächst noch aus Holz), Blasebälge, neue Verhüttungsmethoden, das Saigern (ein Verfahren zum Trennen von Kupfer und Silber). Wo sich neue Erzadern fanden, die erfolgversprechend waren, wuchsen Flecken zu mächtigen Bergbaustädten innerhalb weniger Jahre heran. Allerdings ging die Einwohnerzahl auch wieder stark zurück, wenn die Gruben sich als nicht mehr ergiebig erwiesen.

Am Schreckenberg im sächsischen Erzgebirge wurde zum Beispiel schon vier Jahre nach der Entdeckung einer Silberader 1496 eine Stadt angelegt. Eine kreisförmige Mauer umschloß einen gitterförmigen Stadtgrundriß mit großem Rechteckmarkt. Ein Jahr später wurden Stadtrecht und Bergfreiheit vom Landesherrn verliehen. Die Stadt nannte sich nach der der heiligen Anna geweihten Hauptkirche Sankt Annaberg. Ein abenteuerlicher Anstieg der Bevölkerungszahlen konnte verzeichnet werden: 1500 etwa 3000 Einwohner, 1508 6000, 1509 8000. 1540 erreichte die Stadt 12 000 Bewohner und war damit die größte Stadt Kursachsens, größer als Leipzig. In dem wenige Jahre später auf der böhmischen Seite des Erzgebirges entstandenen Joachimsthal war die Entwicklung noch dramatischer. Bald nach der Entstehung, im Jahre 1517, zählte man hier 3000 Bergknappen, bis 1533 stieg die Einwohnerzahl auf 18 000 an. In der zweiten Hälfte des 16. Jahrhunderts begann wegen nachlassenden 'Bergsegens' der Niedergang der Stadt, und 1613 war die Einwohnerzahl auf 3000 abgesunken.

Die Bevölkerungsentwicklung der Bergstädte war abhängig von der Ergiebigkeit der Erzvorkommen, sie ist dabei aber auch ein Hinweis darauf, in welchem Maße der Bergbau in dieser Zeit noch auf der menschlichen Arbeitskraft beruhte. Erzgewinnung und Verarbeitung machten einen hohen Aufwand an Arbeitskräften nötig. 1540 bestanden in Marienberg 550 Zechen. In Joachimsthal gab es einen Stollen von 11,5 km (Barbara) und einen von 6 km

Länge (Daniel), im böhmischen Zinngebiet von Schlaggenwald den Pflug-Stollen von 5800 Metern Länge. Im Eisleben-Mansfeldischen Kupferrevier wurden Anfang des 16. Jahrhunderts durchschnittlich etwa hundert Schmelzöfen betrieben, die Zehntausende Zentner von Rohkupfer produzierten.

Charakteristisch für diese Städte ist eine durchweg planvolle, regelmäßige Anlage (Schachbrettanlage mit quadratischem Markt). Eine Stadtmauer ist selbstverständlicher Bestandteil. Bezeichnend ist auch eine weitgehende Gemeindeautonomie, die durch großzügige Privilegien verliehen wurde: Stadt- und Bergrecht oder, wie es bezeichnender hieß, Stadt- und Berg'freiheit' gingen hier zusammen. 1497 wurde den Bürgern von Annaberg[30] zum Beispiel erlaubt, Richter und Geschworene für das Niedergericht zu wählen, die Stadt erhielt einen Wochenmarkt, Zoll- und Geleitsfreiheit, der Herzog gestattete den Bau von Brot- und Fleischbänken, Waage und Mühle und erteilte darüber hinaus noch weitere Vorrechte. Schon 1505 bildete die Bürgergemeinde ihren ersten Rat, 1509 brachte sie das Hochgericht an sich, der herrschaftliche Stadtvogt verschwand. Die Stadt hatte sich ihre weitgehende Autonomie vom Landesherrn erworben. Schließlich schuf sich die Bürgergemeinde eine Reihe von charakteristischen Gemeinschaftseinrichtungen: Knappschaftskapellen und Stadtkirchen, Spitäler, Kornhäuser, Unschlitthäuser, Schmieden, Apotheken. Das besondere landesherrliche Interesse an den Bergstädten erbrachte bürgerliche Freiheiten und genossenschaftliche Zusammenschlüsse traditioneller Art.

Eine zweite Gruppe von Sondertypen der frühneuzeitlichen Stadt war die der *Exulantenstädte*. Das Jahrhundert der Reformation und die folgenden anderthalb Jahrhunderte der Gegenreformation führten zu Vertreibungen und Wanderungen der Täufer, Böhmischen Brüder und Mennoniten, Kalvinisten, Hugenotten, Salzburger Protestanten. Diese Wanderungsbewegungen führten zur Gründung von Exulantenstädten, oder zumindest zum prägenden Einfluß von Exulanten in zahlreichen deutschen Städten. Die deutschen Fürsten, die diese Exulanten ansiedelten, waren vor allem an deren wirtschaftlichen Aktivitäten interessiert. Sie erhoff-

[30] Heinz Stoob, Über frühneuzeitliche Städtetypen, in: ders., Forschungen zum Städtewesen in Europa, Bd. 1, Köln 1970, S. 246–284, S. 257. – Ders., Frühneuzeitliche Städtetypen, in: Die Stadt. Gestalt und Wandel bis zum industriellen Zeitalter. Hrsg. von H. Stoob, Köln 1979, S. 195–228, S. 205.

ten sich durch die Initiative der mit wirtschaftlich fortschrittlichen Methoden arbeitenden, betriebsamen Reformierten und Sekten eine Förderung ihrer neugegründeten Städte, insbesondere auch ihrer Residenzen. Mannheim, Frankenthal, Hanau, Neuwied, Glückstadt, Friedrichstadt, Altona und Berlin verdankten ihre Entwicklung zu einem großen Teil den Glaubensflüchtlingen.

Bezeichnend ist, daß in den alten Städten Hamburg und Frankfurt die Reformierten auf Schwierigkeiten bei der Ausübung ihrer Religion stießen und sie deshalb in angrenzende Territorien abwanderten, wo sie Glaubensfreiheit und Möglichkeiten einer freien wirtschaftlichen Betätigung fanden. So wanderten die Frankfurter Reformierten zum Teil weiter nach Hanau. Eine ähnliche Rolle spielte Altona für Hamburg.

Ein charakteristisches Beispiel ist die Entwicklung von Hanau: Zunächst ließen sich wallonische und flämische Flüchtlinge in Frankfurt am Main nieder; als dort aber 1593/96 der reformierte Gottesdienst von der lutherischen Stadt verboten wurde, zogen sie in die Grafschaft Hanau, die zum reformierten nassauischen Länderbereich gehörte. Ab 1597 wurden die Reformierten in Neu-Hanau, einer der mittelalterlichen Stadt angegliederten, schachbrettartigen Neustadt, angesiedelt, wo sie eine rege Gewerbetätigkeit entwickelten, eine hochspezialisierte Weberei, vorwiegend Strumpfwirkerei, Seidenverarbeitung, Bortenwirkerei, Spitzenklöppelei. Hanauer Goldschmiede und Knopfmacher waren weit bekannt.

Daß die Ansiedlung von Exulanten nicht immer den erwünschten Erfolg brachte, daß Exulantenstädte, ähnlich den Bergbaustädten, eine mangelnde Stabilität haben konnten, zeigt das Beispiel von Glückstadt an der Elbe.[31] Es liegt etwa 50 km flußabwärts unterhalb von Hamburg auf dem rechten Ufer in dem Teil der Kremper-Marsch, der 1615 von dem dänischen König Christian IV. und dem Schaumburger Grafen eingedeicht worden war. 1615 faßte Christian auch den Entschluß, hier eine Stadt zu errichten, 1617 wurde das Stadtrecht verliehen: Glückstadt zog vor allem portugiesische Juden aus Hamburg und Niederländer an. Als sich der Dreißigjährige Krieg nach Norden ausweitete, wurde die Entwicklung der Stadt vorübergehend gestoppt, ab 1629 aber dann ihr Ausbau mit verdoppelter Energie weiterbetrieben. Glückstadt war 1643 mit

[31] Gerhard Köhn, Die Bevölkerung der Residenz, Festung und Exulantenstadt Glückstadt von der Gründung 1616 bis zum Endausbau 1652 (Quellen und Forschungen zur Geschichte Schleswig-Holsteins 65), Neumünster 1974.

1000 Haushalten eine der größten Städte im dänischen Reich. Nach dem Tode Christians IV. (1648) aber kam es erneut zu einem Rückschlag, die geplante Stadterweiterung mußte um die Hälfte reduziert werden. Der wirtschaftliche Aufschwung der Stadt blieb aus. Die Aufgaben der Stadt reduzierten sich auf die der Festung, Garnison und auf Verwaltungsfunktionen.

Die in Glückstadt eingewanderten Holländer und Friesen waren vor allem Seeschiffer, die portugiesischen Juden Überseekaufleute. Christian von Dänemark hatte mit Spanien Pässe ausgehandelt, die einen freien Zugang nach Spanien und Portugal gewährten. Viele holländische und friesische Schiffer hatten nur zum Schein die Glückstädter Bürgerschaft angenommen, um neutrale Pässe zu erhalten. Die Juden betrieben Manufakturen, die auf den Export gerichtet waren, eine Zuckerbäckerei, Ölmühle, Gerberei, Seifensiederei und Salzsiederei. Die aus der unmittelbaren Umgebung zugezogenen Bürger lebten im wesentlichen von der Versorgung der hier zahlreich stationierten Soldaten. Insgesamt bildete sich eine im Umland kaum verwurzelte Stadt, sie war eine jener frühneuzeitlichen Fürstenschöpfungen, die von staatlichen Zuschüssen und Aufträgen lebten, deren Industrie besonders konjunkturanfällig und ubiquitär war. In der neueren quantifizierenden Untersuchung von Gerhard Köhn wird festgestellt, daß von den Portugiesen und Holländern jeweils 50 % nach drei Jahren und 64 % bzw. 71 % nach sechs Jahren Glückstadt wieder verlassen hatten.

Es war überhaupt ein Kennzeichen der Exulanten, daß sie abgeschlossene, fremde Gruppen innerhalb der einheimischen Bevölkerung bildeten, mit eigener Religion und Kultur, so daß sie sich nicht selten als ganze Gruppe wieder einem anderen Platz zuwandten. Beispiele sind die Wanderungen der französischsprachigen Reformierten von Mannheim infolge der Zerstörungen von 1689 nach Magdeburg und Halle oder die Wanderungen der Herrnhuter.

Die Exulantenstädte konnten sich durch die besondere Privilegierung der Landesfürsten bilden. Folgerichtig sind sie in enger Verbindung mit landesfürstlichen Maßnahmen entstanden und trugen den Stempel absolutistischer Wirtschaftspolitik. Sie traten durchweg in Verbindung mit anderen staatlich geprägten Städtetypen auf.

Ein bezeichnendes Beispiel ist Neuwied: 1653 wurde es durch den Grafen von Wied am Rhein gegründet. Er verfolgte dabei mit der in günstiger Lage am Rhein gelegenen Stadt neben wirtschaftlich-merkantilistischen Absichten vor allem den Plan der Errichtung einer Residenzstadt. Im Verlaufe von mehr als einem Jahrhundert kamen hier Reformierte, Lutheraner, Katholiken, Juden, Sekten wie Inspirierte und Herrnhuter zusammen. Stadtgründungs- und merkantilistische Wirtschaftspolitik durch die Zuziehung von Exulanten griffen hier ineinander.

Das Zusammenwirken verschiedener Funktionen und die Abhängigkeit von der absolutistischen Politik wird auch besonders am Beispiel Mannheims deutlich: 1606 wurde am Zusammenfluß von Neckar und Rhein eine Festungsstadt nach idealstädtischen Plänen mit modernen Festungsanlagen (Sternschanzen, Schachbrettanlage, Rechteckmärkte, Achsengliederung) gegründet. Im Dreißigjährigen Krieg mehrfach umkämpft, war die Stadt am Ende des Krieges vollkommen zerstört und unbewohnt. Im Jahre 1652 wurde mit dem Neuaufbau begonnen. In großer Zahl wurden durch Abgabenfreiheit vor allem reformierte Glaubensflüchtlinge herbeigezogen (Holländer, Wallonen, Hugenotten), Juden konnten Zuzugskonzessionen erhalten. Ein Plan der Stadt von 1663,[32] in dem die Hausbesitzer eingetragen sind, zeigt, daß nur noch ein Viertel der Häuser in deutschen Händen war. Zwei Drittel gehörten französischsprechenden Einwohnern, etliche auch schon Juden, ohne daß diese abgesondert lebten. Die Einwohnerzahl war innerhalb cincs Jahrzehnts nach der Neubesiedlung wieder auf über 7000 angestiegen. Aber noch im gleichen Jahrhundert wurde die Existenz der Stadt durch Kriegsereignisse erneut ernsthaft bedroht. 1689 wurde die Stadt durch die im Pfälzischen Erbfolgekrieg zurückweichenden französischen Truppen dem Erdboden gleichgemacht. Die französischsprachigen Reformierten wanderten, wie schon erwähnt, in großer Zahl nach Halle und Magdeburg ab. Erst zehn Jahre später wurde mit dem abermaligen Aufbau begonnen. Innerhalb von zwei Jahrzehnten wuchs die Stadt wieder auf 7000 Einwohner an. 1720 verlegte der Kurfürst die Residenz von Heidelberg nach Mannheim. An die Stelle der Zitadelle trat das kurfürstliche Schloß. Die Stadt war nun Exulanten-, Handels-, Residenz- und Festungsstadt in einem. Die katholischen Wittelsbacher zogen eine größere Zahl katholischer Beamter und Bürger in die Stadt.

[32] [Friedrich Walter,] Mannheim in Vergangenheit und Gegenwart. Jubiläumsausgabe der Stadt, Bd. 1: Friedrich Walter, Geschichte Mannheims von den ersten Anfängen bis zum Übergang an Baden 1802, Mannheim 1907, ND 1977, nach S. 203.

1771 hatte die Stadt 21340 Einwohner, von denen 8864 zur Bürgerschaft rechneten, 4350 zum Hofstaat, 6673 zum Militär, 1159 waren Juden und 114 Mennoniten. Aber 1778 erbte der pfälzische Kurfürst Karl Theodor Bayern und verlegte seine Residenz nach München, so daß die Bevölkerungszahl von 25353 1777 auf 22373 1786 sank, 1808/9 gar auf 18143, 1830 gab es erst wieder 20584 Einwohner.

Mannheim ist das hervorragende Beispiel für eine Festungs-, Exulanten- sowie zugleich *Residenz- und Hauptstadt* des 17. und 18. Jahrhunderts. Trotz dieser verschiedenen Sonderfunktionen konnte die Stadt keine Stabilität entwickeln, die sie nach dem Wegzug des Hofes vor einem erneuten Niedergang hätte bewahren können. Ähnlich das Schicksal des 1708 gegründeten württembergischen Ludwigsburg. Andere Residenzen erlebten allerdings im Gegensatz dazu einen kontinuierlichen Aufstieg durch die Jahrhunderte: Berlin, Hannover, München. Aufwendige Residenzen in kleineren Territorien konnten nur unter Schwierigkeiten eine Stadt um sich sammeln, erschienen häufig als unausgewogene Anhängsel einer sich nur geringfügig wandelnden alten Stadt.

Gewerbe, Handel und Dienstleistende lebten in solchen Residenzen zu einem hohen Anteil vom Hof und von den Institutionen, die sich mit der Hofhaltung verbanden, wie den oberen Regierungsbehörden, nicht zu vergessen die Personen, die sich vom Hof angezogen fühlten, Adel, Künstler, Abenteurer. Der Pfälzer Hof soll im 18. Jahrhundert allein für Personalkosten mehr als 250 000 Gulden pro Jahr benötigt haben. Hinzu kamen Schloßbauten, Gärten, Theater, Ballett, Jagden, Feste und Feuerwerke, Kunstsammlungen und Kabinette sowie ungeheure Naturallieferungen. Sommersitze und Jagdschlösser wurden in der Nähe der Residenzen angelegt. Auch der Hofadel und die hohe Bürokratie siedelten nicht selten auf Herrensitzen außerhalb der Stadt. Zur Versorgung des Hofes wurde im Umkreis um die Residenz ein Kranz von Kammergütern und Meiereien angelegt. Bewohner der umliegenden Dörfer hatten Boten- und Fuhrdienste zu leisten. Blaschke spricht in diesem Zusammenhang von einer „Residenzlandschaft“ [33].

Ein weiterer Sondertyp der frühneuzeitlichen Stadt ist die *Festungsstadt*. Die Übergangsformen dieses Typs zu anderen sind

[33] Karlheinz Blaschke, Die Umlandsbeziehungen Dresdens als Residenzstadt, in: Stadt-Land-Beziehungen und Zentralität als Problem der historischen Raumforschung (Historische Raumforschung 11) Hannover 1974, S. 139–160, S. 159.

besonders zahlreich. Durch die Entwicklung der mauerbrechenden Schußwaffen verloren die mittelalterlichen Stadtmauern und die hochaufragenden Türme ihre Schutzfunktion. Gegen die Kanonenkugeln erwiesen sich flache Wälle mit schrägen, den Einfallswinkel der Geschosse brechenden, einen rechtwinkligen Aufprall verhindernden Flanken als ein besserer Schutz. Auf ihnen ließen sich außerdem zur Abwehr Geschütze postieren (Flankenfeuer). Es gab eine ganze Reihe von Städten, die ihre Befestigungsanlagen aus eigenen Kräften heraus modernisierten: Frankfurt, Hamburg, Ulm. Die Erfahrungen der Niederländer aus ihrem Krieg gegen Spanien leisteten jenen Städten dabei gute Dienste. Die Festungsstadt im eigentlichen Sinne jedoch war eine Schöpfung der fürstlichen Machtpolitik. Dabei bedienten sich die Landesherren nicht selten bestehender Städte.

Im Westfälischen Frieden war zum Beispiel Brandenburg die Anwartschaft auf das säkularisierte Erzstift Magdeburg zugesprochen worden. 1666 annektierte Brandenburg Magdeburg und legte eine Garnison in die Stadt. Diese hatte für die Hohenzollern in ihrem weit auseinandergezogenen, zersplitterten Staatsgebiet eine herausragende strategische Bedeutung. Da Magdeburg im Dreißigjährigen Krieg stark gelitten hatte, versuchte man, durch die Herbeiziehung von Glaubensflüchtlingen die Stadt neu zu bevölkern. Die Verwaltung wurde unter die strenge Aufsicht des Staates gestellt. 1679 wurde mit dem Bau einer mächtigen Zitadelle auf der Stadtmarsch zwischen den Elbarmen begonnen. Zwischen 1717 und 1742 wurde um die Stadt ein mächtiger Festungsgürtel gelegt, dessen Fläche fast das Dreifache der eigentlichen Stadt ausmachte. Die Baumaßnahmen innerhalb der Stadt unterstanden dem preußischen Festungsgouverneur. Daneben blieb Magdeburg eine Handels- und Gewerbestadt.[34]

Überwiegend militärischen Charakters waren die als Festungsstädte neugegründeten Städte: Insbesondere im Westen und Norden des Reiches war dieser Typ häufiger anzutreffen. Unter dem Festungsbaumeister und Generalinspekteur des französischen Festungswesens Vauban wurde ein ganzer Gürtel von Festungen im Westen Frankreichs, aber auch in Gebieten, die Frankreich beanspruchte, oder auf vorgeschobenen Positionen im Reich errichtet. Sie bestanden zum Teil in der Befestigung bestehender Städte (so erhielt Luxemburg mächtige Befestigungsanlagen, die es zur stärk-

[34] Geschichte der Stadt Magdeburg, Berlin 1975.

sten Landfestung Europas machten), zum Teil aber auch in der Neuanlage von Festungsstädten, die bekanntesten Beispiele sind Neubreisach und Saarlouis. Schließlich legte man auch reine Festungen an, wie Montroyal bei Traben-Trarbach.

Noch zum Beispiel Saarlouis[35]: Die Pläne zu dieser Anlage entstanden unter der Aufsicht von Vauban. 1680 trafen hier die ersten Truppen ein, die den Bau betrieben. Bis zu 6000 Soldaten sollen an den Baumaßnahmen beteiligt gewesen sein. Sechs Jahre dauerte der Bau der Befestigungsanlagen. Die Stadt wurde zum Verwaltungsort einer aus den Reunionskriegen hervorgegangenen Saarprovinz gemacht. Im Frieden von Rijswijk (1697) mußte Frankreich einen Teil der Gebiete zurückgeben, und Saarlouis blieb eine französische Enklave, selbst als Lothringen in der Mitte des 18. Jahrhunderts an Frankreich fiel. Eine überregionale Bedeutung hat die Stadt nie erreicht. Ihre Militärbauten bestimmten das Bild bis zu ihrem Übergang an Preußen 1815.

Der Grundriß der Stadt Saarlouis entsprach einem regelmäßigen Idealplan, der sich nach rein geometrischen Grundsätzen richtete. Die Sechseckanlage wurde nur dadurch verändert, daß der Saarübergang durch ein Kronenfort geschützt wurde. Eine ähnliche Anlage war ursprünglich in Neubreisach geplant, dort sollte das Kronenfort dem Schutz des wichtigsten Tores dienen. Militärische Bauten bedeckten einen großen Teil der Fläche von Saarlouis: Kasernen, Magazine, Pulvermagazine auf den Bastionen, Militärbäkkereien (für täglich bis zu 26 000 Rationen), Zeughaus, Lazarett, Offiziersunterkünfte und Gebäude der Militärverwaltung.

Die Möglichkeiten für solche Städte, über das vorgegebene, von den militärischen Funktionen bestimmte Maß hinaus zu wachsen, waren schon deshalb beschränkt, weil Stadterweiterungen nicht möglich waren. Das Glacis unmittelbar vor den Gräben wie auch das Vorfeld der Stadt (der 'Rayon') durften aus militärischen Gründen nicht bebaut werden, um den Feinden keine Gelegenheit zur Verschanzung zu geben. Wurden ältere gewachsene Städte in Festungen verwandelt oder stand eine Belagerung bevor, riß man nicht selten Vorstädte und andere Bebauung nieder, um ein freies Schußfeld zu schaffen.[36]

[35] Saarlouis 1680–1980. Entstehung und Entwicklung einer Vaubanschen Festungsstadt. Katalog, Saarlouis 1980.

[36] Zu Mainz vgl.: Peter Lautzas, Die Festung Mainz im Zeitalter des Ancien Régime, der Französischen Revolution und des Empire, 1736–1814 (Geschichtl. Landeskunde 8), Wiesbaden 1973.

In den Festungsstädten haben wir den Inbegriff frühneuzeitlicher *Planstädte* vor uns. Wenn man als ein bestimmendes Element der frühneuzeitlichen Stadt das planende Eingreifen des Staates ansehen will, dann sind die Festungsstädte die vollkommenste Realisation dieses Typs der Stadt. Selbst Residenzen nämlich, die – neugegründet – nach einem Idealplan angelegt wurden, zeigten im Verlauf ihrer Entwicklung stets Kompromisse. Als Beispiel kann Karlsruhe gelten: 1715 in der Rheinebene gegründet, folgte der Aufbau der Stadt einem auf das Schloß ausgerichteten Idealplan in Fächerform mit durchlaufender Querachse. Dennoch bestand im Südosten eine mehr oder minder unregelmäßige Siedlung, das sog. Dörfle, in dem sich vor allem Hintersassen und Juden ansiedelten.

Seit der Wiederentdeckung von Vitruvs 'De Architectura' in der italienischen Renaissance hat es immer wieder Pläne für die *Idealstadt* gegeben – wie auch Versuche (wenngleich in weit geringerer Zahl) zur Verwirklichung solcher Idealanlagen. Die Idee der Idealstadt ist trotz ihrer geringen Chancen der Realisation in ihrer reinen Form von erheblicher Bedeutung für die frühneuzeitliche Stadtgeschichte gewesen, da ihre Prinzipien zumindest teilweise auf Neuplanungen Einfluß gehabt haben. Planstädte und Festungsstädte, aber auch Erweiterungen alter Städte sowie die Anlage von Residenzen in Verbindung mit Neustädten oder Vorstädten wurden in Anlehnung an die Formen vorgenommen, wie sie in den Plänen zur Idealstadt konzipiert worden waren. Neugegründete Residenzstädte wurden funktionalen, geometrischen Planungsschemata unterworfen, das Schloß bildete dabei den topographischen, wirtschaftlichen und sozialen Brennpunkt. Die Pläne zur Idealstadt zeichnen sich durch einfache geometrische Formen und Symmetrie aus: Quadrate, Kreise, Oktogone als die Durchdringung zweier Quadrate und Ellipsen mit Zentralplätzen, Straßen in Schachbrettmuster, in Radial- und Strahlenform. Die hohe Zeit der Idealpläne war das 16. und das beginnende 17. Jahrhundert. Albrecht Dürer zeichnete unter dem Eindruck der Türkengefahr (Schlacht von Mohacs 1526) den Idealplan einer stark befestigten, funktional gegliederten, quadratischen Königsstadt in seinem Werk 'Etlichen Unterricht von der Befestigung der Städte, Schlösser und Flecken' (1527). Heinrich Schickhardts Plan für Freudenstadt (1599) enthielt viele Elemente aus diesem Entwurf,[37] den Grundriß in der Form eines

[37] Karl Gruber, Die Gestalt der deutschen Stadt, München ³1977, S. 139f.

Mühlespiels, den geplanten Schloßbau in der Mitte des quadratischen Zentralplatzes.

Weitere frühneuzeitliche Sondertypen sind die *Überseehandelsplätze* (z. B. Hamburg, Bremen), *Manufakturstädte* (z. B. Frankenthal), die *Akzisestädte* in Preußen. Die Städte, die zu den frühneuzeitlichen Sondertypen rechnen, machen jedoch nur einen Anteil von rund 10% der Gesamtzahl frühneuzeitlicher deutscher Städte aus. Außerdem traten Sonderfunktionen häufig zu traditionellen Elementen der Prägung einer Stadt, wie Landwirtschaft, Handwerk oder Nah- und Fernmarktbeziehungen, hinzu. Den Sondertypen der Frühen Neuzeit ist gemeinsam, daß ihre Entwicklung und Gestalt in hohem Maße abhängig war vom Ausbau des frühmodernen Staates. Eine Typologie der frühneuzeitlichen Stadt müßte freilich weitgehend den gesamten Bereich städtischer Siedlungen zu erfassen suchen.

b) Sondertypen und traditionelle Städte

Eine umfassende Typologie muß sowohl die auf langen Traditionen beruhenden Elemente städtischer Strukturen wie auch die neuzeitlichen Sonderfunktionen berücksichtigen. Aus den unterschiedlichen Konstellationen jeweils vorherrschender traditioneller und neuzeitlicher Elemente, Funktionen und Besonderheiten läßt sich eine für die Gesamtheit der frühneuzeitlichen Städte anwendbare Typologie entwickeln. Einen entsprechenden Versuch hat Arnold Scheuerbrandt mit seiner Arbeit 'Südwestdeutsche Stadttypen und Städtegruppen bis zum frühen 19. Jahrhundert' (1972) unternommen. Dabei zeigt die Scheuerbrandtsche Untersuchung, daß es schwierig ist, eine für die gesamte Frühe Neuzeit gültige Typologie zu entwickeln. Reichsstädte wurden im Verlauf dieser Epoche zunehmend von den territorialfürstlichen Staaten eingeengt, der Dreißigjährige Krieg und andere Krisen drückten sie, zumal wenn sie eine geringere Einwohnerzahl hatten, fast zu Ackerbürgerstädten herab. Nimmt man die Größe der Städte mit in Betracht, so kann man im Verlauf der dreihundert Jahre eine Verschiebung von den Reichsstädten zu den Residenz- und Hauptstädten sowie Fernhandelsstädten hin verzeichnen.

Nimmt man aber zunächst einmal den Entwicklungsstand von Handel und Gewerbe in den Städten als den entscheidenden Maßstab, dann läßt sich in Anlehnung an Scheuerbrandt eine Hierarchie der frühneuzeitlichen Städte von der Ackerbürgerstadt bis zum Handelsemporium entwickeln:

Ackerbürgerstädte:

Hier bestimmt die Landwirtschaft das Erscheinungsbild und die Wirtschaft der Stadt. Dabei kann es sich auch um eine vorzugsweise angebaute Sonderkultur, wie den Wein, handeln. Ein wenig spezialisiertes Handwerk arbeitet im wesentlichen für den Nahmarkt. Wo ein spezialisiertes, auf Fernabsatz orientiertes Gewerbe betrieben wird, arbeiten die Handwerker weitgehend für Unternehmer in einer größeren Stadt oder wird das Produkt über eine Markt- oder Handelsstadt abgesetzt. In der Regel befinden sich landwirtschaftliche Flächen zu einem großen Teil im Besitz von Handwerkern. Ackerbürgerstädte haben keine oder nur untergeordnete Verwaltungsfunktionen. Die soziale Gliederung ist wenig ausdifferenziert. Die Einwohnerzahl ist begrenzt.

Marktstädte:

Die Städte dieses Typs sind häufig an der Grenze zwischen unterschiedlich gestalteten Wirtschaftsräumen gelegen oder im Mittelpunkt eines ausgedehnten agrarischen Umlandes. Die Lage an wichtigen Handelsstraßen begünstigt die Entwicklung von Marktstädten als Etappenorte. Sie haben Jahr- und Wochenmärkte, spezialisierte Märkte für Vieh und/oder Getreide, ein ausgebildetes Transportgewerbe. Spezialfälle sind Flößer- und Flußschiffahrtsstädte.

Gewerbe- und Handelsstädte:

Häufig – aber nicht notwendigerweise – handelt es sich bei diesen um Reichsstädte. Sie besitzen ein recht spezialisiertes Handwerk, verbunden mit einem bedeutenden Fernhandel. Die Sozialgliederung ist stärker aufgefächert, die Oberschicht schließt ein akademisches Bildungsbürgertum ein. Bildungsinstitutionen wie Schulen, Druckereien, im 18. Jahrhundert Bildungsgesellschaften stehen damit in Verbindung. Kirchliche Institutionen unterhalten dort zahlreiche Stadthöfe. (Dies gilt vom Reformationszeitalter an natürlich nur für katholische Städte.) Die größeren Gewerbe- und Handelsstädte besitzen entweder ein Territorium oder abhängige Dörfer. Das umliegende Land wird häufig mittels des Verlags oder in Zuliefererfunktion in die gewerbliche Produktion der Städte einbezogen.

Handelsemporien:

Dabei handelt es sich um Seehandelsplätze, um Orte mit bedeutenden Messen oder maßgebendem Stapelrecht, mit Börsen, städtischen Banken (Geldwechsel). Ein auf den Bedarf einer reichen Oberschicht ausgerichtetes Handwerk, ein ausgedehnter Dienstleistungsbereich ist in den Handelsemporien stets anzutreffen. Häufig entwickelt sich in ihnen ein ausgesprochen auf Fernhandel orientiertes Spezialgewerbe (z. B. Silberschmiede, Seidenmanufakturen). Ein umfangreicheres Bildungsbürgertum und entsprechende kulturelle Einrichtungen (z. B. höhere Schulen, Verlage und Druckereien, gemeinnützige Gesellschaften, später Theater) sind charakteristisch. Den wirtschaftlich dynamischen Kräften der Exulanten erscheinen diese Städte besonders attraktiv; wenn sie wegen strenger Konfessionalität in ihnen nicht Fuß fassen können, siedeln sie in Städten in der Nähe der Emporien, in denen Toleranz geübt wird. Es entstehen zwar noch keine städtischen Agglomerationen, aber städtische Siedlungen in mehr oder minder geringer Entfernung stehen in einem Funktionszusammenhang mit den Emporien.

Durch den Ausbau des frühneuzeitlichen Staates wuchsen den Städten neue Funktionen zu, durch welche die oben beschriebenen vier Grundtypen überlagert bzw. verändert wurden oder durch die vollkommen neue Typen entstanden. Die flächendeckenden Verwaltungen schufen sich in Ackerbürgerstädten Amtsverwaltungen, Akzisebehörden, Steuereinnehmereien. In den so entstandenen *Amtsstädten* wurde der Typus der Ackerbürgerstadt kaum verändert.

Residenz- und Hauptstädte zeigten viele Ähnlichkeiten mit den Gewerbe- und Handelsstädten, wobei besonders die Konsumentenfunktion des Hofes sowie der Bürokratie das Gewerbe und den Handel begünstigte. Im Unterschied zu diesem Typus kam es in den Residenzstädten zu einer Ausweitung und Differenzierung des Dienstleistungssektors. Manufaktur- und Verlagsbetriebe waren nicht notwendig mit ihnen verbunden. Wirtschaftslenkende Maßnahmen in der Zeit des Absolutismus (Merkantilismus) konnten aber zur Verdichtung der Gewerbestruktur führen, religiöse Toleranz stärkte diese Tendenz. Weitgreifende Raumbeziehungen durch Verwaltungsfunktionen und Handel konnten solche Städte zu *Metropolen* werden lassen.

Andere Sonderfunktionen, die etwa durch die Belegung mit einer Garnison, die Anlage eines Festungsgürtels, das Vorhandensein einer Universität, aber auch aus dem Charakter als Wallfahrtsort, Badeort oder kirchliches Zentrum gegeben waren, ließen einer Stadt nicht von sich aus einen bestimmten Stellenwert in der Hierarchie der skizzierten Typologie zuwachsen, weitere Funktionen mußten jeweils hinzukommen. Wenn in einer Bischofsstadt etwa fünf Prozent der Einwohner Geistliche waren und Stifte und Klöster mit ihren Immunitäten die Einheitlichkeit der Bürgergemeinde durchbrachen, so war das jedoch letzten Endes nur ein zusätzliches, wenn auch die Stadt stark prägendes Kriterium. Ähnliches gilt offenkundig von Garnisonsstädten, wobei die Festungsfunktion jedoch wesentlich bestimmender war. Wo eine Festungsstadt auf der grünen Wiese angelegt wurde, konnte ihr inneres Leben ganz von ihrer militärischen Funktion bestimmt sein, wie sich auch die Bergstädte oder reine Manufakturstädte ganz von der oben aufgeführten 'Normaltypologie' ablösten.

Fassen wir also zusammen: Ackerbürgerstädte, Marktstädte, Gewerbe- und Handelsstädte, Handelsemporien stellten die Hauptkategorien einer Hierarchie der frühneuzeitlichen Städte dar, vor allem aufgrund der gewerblichen Ausstattung und des Entwicklungsstandes des Handels. Der frühmoderne Staat konnte diese Strukturen mit seinen Institutionen überlagern, verändern, so daß aus Ackerbürgerstädten Amtsstädte wurden oder aus Gewerbe- und Handelsstädten Residenz- und Hauptstädte. Weitere Funktionen konnten hinzutreten, ohne die Hierarchie grundlegend zu verändern, wenn sie auch das Erscheinungsbild der Städte wesentlich mitprägten. Losgelöst von dieser 'Normaltypologie' und ihren Bedingungen konnten vor allem die Sondertypen Festungsstädte, Bergstädte, Manufakturstädte sein.

Eine solche Typologie wird den in der Frühen Neuzeit auftretenden Differenzierungen aber nur begrenzt gerecht. Insbesondere wenn man mit ihr die unterschiedliche Entwicklung in der Bevölkerungszahl aufgrund struktureller Gegebenheiten deutlich machen will, kann die Festlegung auf wenige Städtetypen zu kurz greifen. Aus diesem Grund sollte man auf eine typologische Beschreibung mit Hilfe von Variablen zurückgreifen. Diese Variablen lassen sich in drei Kategorien ordnen: traditionelle Elemente rechtlicher und wirtschaftlicher Art, zentralitätsfördernde Komponenten und Sonderfunktionen. Dabei zeigt es sich, daß in der Frühen Neuzeit sowohl Landwirtschaft, traditionelles Handwerk und Nahmarktfunktionen als auch eng mit der höfischen Entwicklung verbundene Merkmale wie auch typische frühneuzeitliche Sonderfunktionen (Bergbau etc.) für sich allein genommen kaum oder nur in begrenztem Maße oder nur vorübergehend zu einem grundlegenden demographischen Wandel der Städte beitragen, während Qualitäten wie Fernhandel, Produktion für einen Massenabsatz (in neuen Organisationsformen) und neue Zentralitätsfunktionen (Verwaltung, Bildung, Dienstleistungen), die häufig die anderen Komponenten überlagern, zu einem überdurchschnittlichen Bevölkerungsanstieg und zu einer Entwicklung führen, an die das 19. Jahrhundert anschließt. Es ergibt sich folgende schematische Auflistung von Variablen:

(1) *'Traditionelle' Merkmale:*
- a) rechtliche Elemente: Reichsstadt oder Territorialstadt, Markt-, Stapelrecht, innere Verfassung;
- b) Landwirtschaft;
- c) nahmarktorientiertes Handwerk, regionaler Handel.

(1–2) Zwischen 'traditionellen' Merkmalen und frühneuzeitliche Sonderentwicklungen begründenden Merkmalen steht der *Fernhandel* (wobei unterschieden werden kann zwischen Transithandel, Überseehandel, mit Massenproduktion verbundenem Handel).

(2) *'Zukunftsorientierte' Merkmale:*
- a) flächenstaatliche Verwaltung (Amtsfunktionen und Zentralverwaltungssitze);
- b) Dienstleistungen, Bildungseinrichtungen;
- c) fernmarktorientierte Massenproduktion in neuen Organisationsformen;
- d) Bank- und Kreditwesen;
- e) Residenzen (in Mittel- und Großstaaten).

(3) *Frühneuzeitliche Sonderfunktionen,* die allein keine kontinuierliche Entwicklung begründen:
- a) Militärwesen;
- b) Residenzen (in Duodezstaaten);
- c) Bergbau;
- d) Exulanten.

Die Bevölkerungsentwicklung der Städte in der Frühen Neuzeit ist nun – idealtypisch gesehen – von der Kombination der Elemente aus den drei Kategorien abhängig. Überwiegen die Merkmale einer Stadt aus der ersten Gruppe, dann kommt es in der Regel nur zu einem geringen Bevölkerungsanstieg in den fraglichen drei Jahrhunderten. 'Frühneuzeitliche Sonderfunktionen' lassen die Städte zwar häufig einen überraschenden Aufschwung nehmen, die Einwohnerzahlen können aber rasch stagnieren oder gar zurückgehen, wenn diese Sonderfunktionen wieder verschwinden, was einfache strategische, dynastische oder politische Ursachen haben kann. Bestimmen Elemente aus der zweiten Kategorie das Gesicht einer Stadt, dann kann nicht selten eine Kontinuität von frühmoderner zur modernen Entwicklung festgestellt werden. Dabei stellt die Massenproduktion das noch bei weitem instabilste Element dar: Reichsstädtische Massenproduktion kann von merkantilistischer Fürstenpolitik erdrosselt werden, von territorialstaatlichen Verwaltungen installierte Manufakturen waren nicht selten von kurzer Lebensdauer. Aber auch die territorialstaatliche Neuordnung zu Beginn des 19. Jahrhunderts hat manche Städte mit Zentralverwaltungsfunktionen zurückgeworfen.

5. ERSCHEINUNGSBILD UND ÄUSSERE GESTALT DER STADT[38]

a) Vor den Toren

Nähern wir uns den frühneuzeitlichen Städten von außen im wörtlichen Sinne. Weit außerhalb der Städte stieß man bereits auf ihre baulichen Aktivitäten; und zwar einmal ganz abgesehen von der wirtschaftlichen und sozialen Zentralität der Städte, also etwa von ihrem ins Umland ausgreifenden Verlagswesen oder ihren Nahmarktfunktionen. Die Verwaltungen der Reichsstädte, die ein eigenes Territorium hatten, machten sich schon weit vor ihren Toren mit Amtshäusern, Wirtschaftshöfen, Gebäuden zur Steuererhebung in den städtischen Dörfern und Städtlein bemerkbar. Als schönes Beispiel sei der 'Stadtulmische Fruchtkasten', wo die städtischen Getreideeinnahmen eingeliefert und gelagert wurden, in Geislingen an der Steige genannt. In der Nähe fürstlicher Residenzen befanden sich Sommersitze, Jagdschlösser, Landsitze, 'Retiraden' (man denke nur an Schwetzingen bei Mannheim, Poppelsdorf bei Bonn, die Schlösser um Berlin). Solche fürstlichen Sommersitze wurden durch Alleen mit den Stadtschlössern in den Hauptstädten verbunden, die allerdings nicht dem Durchgangsverkehr dienten, sondern Ausdruck fürstlichen Gestaltungswillens waren. Parkartige Jagdbezirke, wie der Prater bei Wien oder der Tiergarten bei (Alt-)Berlin, griffen weit in die Landschaft hinaus, wurden in späterer Zeit dem städtischen Leben geöffnet.

Landwehren (einfache Befestigungswerke mit Wällen und Gräben, Palisaden oder Dornenhecken) sicherten die Territorien der Städte. An der Grenze dieser Territorien traf man gelegentlich auch auf Zollstellen, die an dem Durchlaß durch die Landwehren errichtet waren. Charakteristisch sind die Frankfurter Warten. Sie waren

[38] Eine ausführliche Beschreibung des Wandels im Erscheinungsbild einer deutschen Stadt durch die Jahrhunderte bei: Erich Keyser, Baugeschichte der Stadt Danzig (Ostmitteleuropa in Vergangenheit und Gegenwart 14), Köln 1972. – Allgemein: Karl Gruber, Die Gestalt der deutschen Stadt. München ^{3}1977, sowie die Abbildungswerke zur Geschichte einzelner deutscher Städte im Literaturverzeichnis.

außerdem Auslug der städtischen Wachen, Zuflucht für die ländliche Bevölkerung aus dem Frankfurter Territorium in Kriegsfällen.

Bereits in der Frühen Neuzeit kam es auch zur Herausbildung von städtischen 'Vororten'. Vororte sind nicht allzuweit von Städten entfernt liegende Dörfer, die durch die Stadtnähe einen besonderen Charakter angenommen hatten. 'Vororte' sind von 'Vorstädten' zu unterscheiden, die in unmittelbarem, baulichem Zusammenhang mit der Stadt stehen. Poppelsdorf[39] bei Bonn ist ein charakteristisches Beispiel dafür. Bonn hat sich seit etwa 1525 zur kurkölnischen Residenz und Hauptstadt entwickelt. Durch die Verwaltungsfunktion nahm die Zahl der Bevölkerung Bonns besonders im 18. Jahrhundert rasch zu. 1790 wurden über 10000 Einwohner gezählt. Durch die Bevölkerungszunahme, durch Festungsbau und fürstliche Gartenanlagen nahm das Gartenland in Bonn selbst stark ab, so verlagerten sich Versorgungsaufgaben verstärkt auf die Umlanddörfer, so auch auf Poppelsdorf. Charakteristisch für die Vorortfunktion war also hier zunächst die Zunahme an Gartenbau.

Da die Stadt Bonn eifersüchtig darüber wachte, daß in ihrem Umland kein städtisches Gewerbe, kein zünftisches Handwerk betrieben wurde, bildete der Gartenbau einen wesentlichen Erwerbszweig in Poppelsdorf, denn die Besitzgrößen lagen deutlich unter dem Durchschnitt der im Umland Bonns gelegenen ländlichen Gemeinden. In der ersten Hälfte des 17. Jahrhunderts wurde in Bonn ein Residenzschloß am Rande der Stadt errichtet, dessen Anlagen sich über die geschleiften Festungswälle in die Landschaft öffneten. Auf dem Gelände einer mittelalterlichen Wasserburg wurde später dazu ein Lustschloß in Poppelsdorf errichtet, die 'Clemensruhe', und beide wurden durch eine schnurgerade Allee verbunden. Schloßbedienstete siedelten sich in Poppelsdorf an. Diese versuchten sich in nichtzünftischen Unternehmungen: Orgelbau und (Versuchen einer) Porzellan-Manufaktur, die Tuchmanufaktur des städtischen Arbeitshauses wurde nach Poppelsdorf verlegt. Durch den Schloßbau gewann Poppelsdorf als Vorort also erheblich an Bedeutung.

Im Umland der Reichsstädte finden wir größere Wirtschaftsbe-

[39] Busso von der Dollen, Vorortbildung. Zur Überformung ländlicher Siedlungen durch die Stadt vor der Industrialisierung, in: Die Alte Stadt 7 (1980), S. 3ff.

triebe, wie Klostergüter und säkularisierte, nunmehr städtische Güter. Patrizier siedelten sich in Landhäusern außerhalb der Stadt an, in Verbindung nicht selten mit ausgedehntem Landbesitz: Nürnberg ist ein Beispiel dafür. Meiereien und herrschaftliche Schäfereien waren kennzeichnend für das Vorland von Berlin. Vor der Stadt finden wir in der Frühen Neuzeit auch weiterhin Klosteranlagen, Leprosen- und Siechenhäuser, auch Richtstätten, Schindanger und Friedhöfe (vorwiegend im 18. Jahrhundert, in Nürnberg aber schon seit dem Ausgang des Mittelalters). Standortgebundene Wirtschaftsbetriebe: Mühlen, Bleichen, Ziegeleien lagen nicht selten außerhalb der Stadtmauern. Gartenanlagen – mit entsprechenden Gartenhäusern, die in der späteren Zeit die Form aufwendiger barocker Pavillons annahmen – Weingärten, Festwiesen erstreckten sich vor den Toren der Städte.

Den Städten vorgelagert waren häufig auch Vorstädte, teilweise nicht in die Befestigungsanlagen einbezogen, teilweise aber auch innerhalb der Mauern oder von Palisaden umgeben, dann durch eine ältere Befestigungsanlage von der Altstadt getrennt. Friedrich Wilhelm I. ließ ab 1734 um die bei Berlin/Cölln entstandenen Neustädte eine 'Akzisemauer' anlegen, deren Name schon deutlich macht, daß ihre wichtigste Funktion darin bestand, das Einschmuggeln von unversteuerten Waren zu verhindern. Das Erscheinungsbild dieser Vorstädte ist ganz unterschiedlich: Manchmal zogen sich kümmerliche Behausungen von Tagelöhnern, weniger gutgestellten Handwerkern und Gärtnern an den Straßen vor den Toren hin. Gasthöfe, Schenken und Fremdenherbergen lagen an den Ausfallstraßen. Andererseits ließen Patrizier in Leipzig, Nürnberg oder Frankfurt Lustgärten vor den Toren anlegen, die das verkleinerte Abbild adeliger und fürstlicher Gärten waren. Da die Städte zunehmend die Haltung von Schweinen mit freiem Auslauf auf den Straßen verboten, wurden vor den Toren Schweineställe angelegt. Verschiedene Gewerbe konnten aus der Stadt herausgedrängt werden: Gerber, Schmiede, Färber, Leineweber. Czok ist allerdings der Auffassung, daß bei aller Vielgestaltigkeit der Vorstädte sich generell feststellen lasse, „daß die Vorstadtbevölkerung aus den ärmeren bürgerlichen Mittelschichten und der Stadtarmut bestand“ [40]. Dieses Urteil hat Czok für Leipzig freilich selbst revi-

[40] Karl Czok, Vorstädte. Zu ihrer Entstehung, Wirtschaft und Sozialentwicklung in der älteren deutschen Stadtgeschichte, in: Sbb. der Sächs. Akad. Wiss. Leipzig, Phil.-hist. Klasse, Bd. 121, H. 1, Berlin 1979, S. 25f.

diert, wo er neben den ärmeren Behausungen „kunstvolle Pracht- und Lustgärten" der wohlhabenden Bürger sowie Manufakturen registriert.[41]

Die Vorstädte standen rechtlich in den unterschiedlichsten Verhältnissen zu den Städten. Aber selbst da, wo man für den Immobilienerwerb das Bürgerrecht besitzen mußte, scheint der Zuzug in die Vorstädte leichter gewesen zu sein als in die Städte selbst. Auch zogen Verarmte, Ältere und solche Personen, die keine Gewerbeerlaubnis in der Stadt erhalten konnten, aus der Stadt heraus, um sich von dort aus als Tagelöhner bei den Meistern innerhalb der Mauern zu verdingen. Da Stadt und Vorstädte exakt voneinander zu trennende Rechtsbereiche waren, was in den meist dazwischenliegenden Befestigungsanlagen augenfällig zum Ausdruck kam, kann man bei der frühneuzeitlichen Vorstadt nicht von einer Übergangszone zwischen Stadt und Land sprechen, aber von den oben angestellten Erwägungen her kann man sie als Bindeglied zwischen Stadt und Umland ansehen, zumal die Häcker, Weingärtner, Gärtner und Fischer häufig in solchen Vorstädten konzentriert waren. Bei verstärktem Bevölkerungswachstum konnten die Vorstädte auch als Auffangbecken für die überproportional anwachsenden Unterschichten dienen, insbesondere dann, wenn die Zünfte durch Erhöhung der Einkaufsgelder oder wenn die Stadt durch eine restriktive Bürgeraufnahmepraxis den Zuzug erschwerten, wie in der zweiten Hälfte des 18. Jahrhunderts. Ansatzpunkte oder Ausdruck einer neuen wirtschaftlichen Entwicklung waren die Vorstädte aber nur in den seltensten Fällen, wenn in Zusammenhang mit den Gärten der reichen Kaufleute und Unternehmer Manufakturen angelegt wurden. In der Regel verlängerte sich die traditionelle gewerbliche Struktur der Städte in die Vorstädte hinaus.

Das Erscheinungsbild, das eine Stadt von außen her bot, war abhängig von der topographischen Lage, ihrer jahrhundertelangen Entwicklung, der Art der Befestigung usw. Festungsstädte und Städte in der Ebene mit modernen Festungswerken duckten sich hinter die Wallanlagen. Viele kleine Städte unterschieden sich in der Anlage kaum von dörflichen Siedlungen. Lediglich anhand der unterschiedlichen wirtschaftlichen Funktionen ließ sich erkennen, ob

[41] Ders., Zu Kultur und Baukunst in Stadt und Vorstädten im 18. Jahrhundert, dargestellt am Beispiel der Messestadt Leipzig, in: Städtische Kultur in der Barockzeit. Hrsg. von Wilhelm Rausch (Beitr. zur Gesch. der Städte Mitteleuropas 6), Linz 1982, S. 90.

es sich um eine städtische oder eine agrarische Siedlung handelte. Die topographischen Werke Merians bieten ungezählte Beispiele für 'tiefstes Mittelalter' in den Kleinstädten. Da finden wir winzige Suburbien bei süddeutschen Burgen, Kleinstädte mit zwei Häuserzeilen entlang eines Straßenmarktes, an den beiden Enden durch Tortürme gesichert.

Viele Städte boten mit ihren alten Stadtmauern und Türmen auch weiterhin das traditionelle mittelalterliche Bild, wie es uns aus Münsters 'Cosmographie' und anderen graphischen Sammelwerken bekannt ist. Gegen Ende unserer Epoche neuangelegte Städte aber erhielten, wie Karlsruhe, keine Befestigungen mehr, konnten sich ungehindert in das Umland ausdehnen. In manchen Fällen wurden Festungen geschleift. An den Ausfallstraßen wurden allenfalls Wachhäuser oder Toranlagen errichtet. Allerdings wurden auch im 18. Jahrhundert aus steuerlichen und polizeilichen Gründen noch Mauern (Palisaden) um Neustädte und Vororte gezogen.

b) Stadtgrundriß

Die durch Jahrhunderte gewachsenen Städte behielten auch in der Frühen Neuzeit ihr Erscheinungsbild bei, veränderten ihre Anlageformen kaum, die sie im Mittelalter erhalten hatten.

Die Darstellung der Stadt Frankfurt von Braun-Hogenberg (1574) läßt beispielsweise die mittelalterliche Wachstumsentwicklung erkennen: die staufische Stadt ist dicht besiedelt, die innere Stadt ist durch ihre Festungsanlagen deutlich von der spätmittelalterlichen Neustadt abgesetzt. Zwei Durchgangsstraßen bestimmen die innere Gliederung (Nord-Süd-Achse mit Mainbrücke, die Ost-West-Achse durchläuft die Neustadt). Das Modell der Stadt Trier (um 1800) im Trierer Historischen Museum zeigt diese Zuordnung der Stadt zu den Hauptverkehrsstraßen noch eindeutiger: den Weg vom Markt zur Moselbrücke, auch die radial vom Markt zu den Toren ausstrahlenden Straßen.

Die Frankfurter Neustadt ist auf der erwähnten Darstellung weniger dicht besiedelt (enthält Gärten, die Viehmärkte). Auch wenn die Aussagen über die Bausubstanz aufgrund solcherart Vogelschaubilder schwierig erscheinen, so läßt sich doch wohl feststellen, daß die Neustadt offensichtlich zu einem großen Teil kleinere, sozial weniger attraktive Häuser umfaßte. Andererseits scheinen gerade dort die Durchgangsstraßen und die Torstraßen anziehende

Wohnplätze gewesen zu sein. Deutlich wird auch die bestimmende Rolle der Deutschordens-Kommende in Sachsenhausen, d. h. überhaupt die der Klöster in den weniger dicht besiedelten Bereichen der Stadt. Auch wenn der Stich den Eindruck einer gewissen Regelmäßigkeit der Baublöcke zu vermitteln versucht, so ergibt sich doch nicht der Eindruck eines die Häuser zu Gruppen und Blökken zusammenschließenden Gestaltungs- und Planungskonzeptes.

Die beiden Kupfer Frankfurts von Merian (1628 und 1770) zeigen zwar eine wachsende Verdichtung in der Bebauung und eine Veränderung des äußeren Verteidigungsgürtels, aber kaum eine radikale Neuentwicklung in der Struktur der Stadt.[42] Manche Städte füllten den Raum innerhalb der mittelalterlichen Stadtmauern auch während der Frühen Neuzeit durch ihre Wohnbebauung kaum aus, so vor allem die alten, auf ausgedehntere römische Stadtanlagen zurückgehenden Orte wie Trier oder Köln. Einige (nichtfürstliche) Handelsstädte mußten in der Frühneuzeit erhebliche Stadterweiterungen vornehmen, wie etwa Hamburg oder – um ein prägnantes Beispiel aus den Niederlanden zu nennen – Amsterdam.

Manche Städte behielten ihren mittelalterlichen Aufbau bis ins 19. Jahrhundert. Die schwäbische Reichsstadt Isny hatte während der ganzen Zeit ihrer Reichsunmittelbarkeit mit verschiedenen Herren um ihre politische Existenz zu kämpfen. Nachdem sie früh die Reformation eingeführt hatte, wurde sie gezwungen, 1547 dem Kaiser Abbitte zu leisten und das Interim anzunehmen. Die Stadt hatte kein eigenes Territorium, zudem saßen die Truchsessen von Waldburg als Herren der Benediktiner-Abtei in der Stadt. Eine Vorstadt jenseits des Wassertores war bereits im Mittelalter angelegt worden, in die in der Frühen Neuzeit die Leineweber abgedrängt

[42] Für die Neuauflage des Stiches (1770) hatte man lediglich die in der Zwischenzeit entstandenen öffentlichen und Sakralbauten ergänzt. Hätte sich der Grundriß der Stadt grundlegend verändert, hätte man dieses Verfahren wohl kaum anwenden können. Die Auswertung historischer Stadtdarstellungen bringt eine Reihe von methodischen Problemen mit sich. In Rechnung zu stellen ist vor allem, daß die Stecher bei ihren Stadtprofilen nicht jeweils vom selben Betrachterstandort ausgegangen sind. Straßen erscheinen in Vogelschauen oft zu breit, da es möglichst keine Überschneidungen der Gebäudeblöcke geben sollte, auch bei Sakralbauten sind stets Überschneidungen vermieden. Michael Schmitt u. Jochen Luckhardt, Realität und Abbild in Stadtdarstellungen des 16. bis 19. Jahrhunderts. Untersuchungen am Beispiel Lippstadt (Beitr. zur Volkskultur in Nordwestdeutschland, H. 31), Münster 1982.

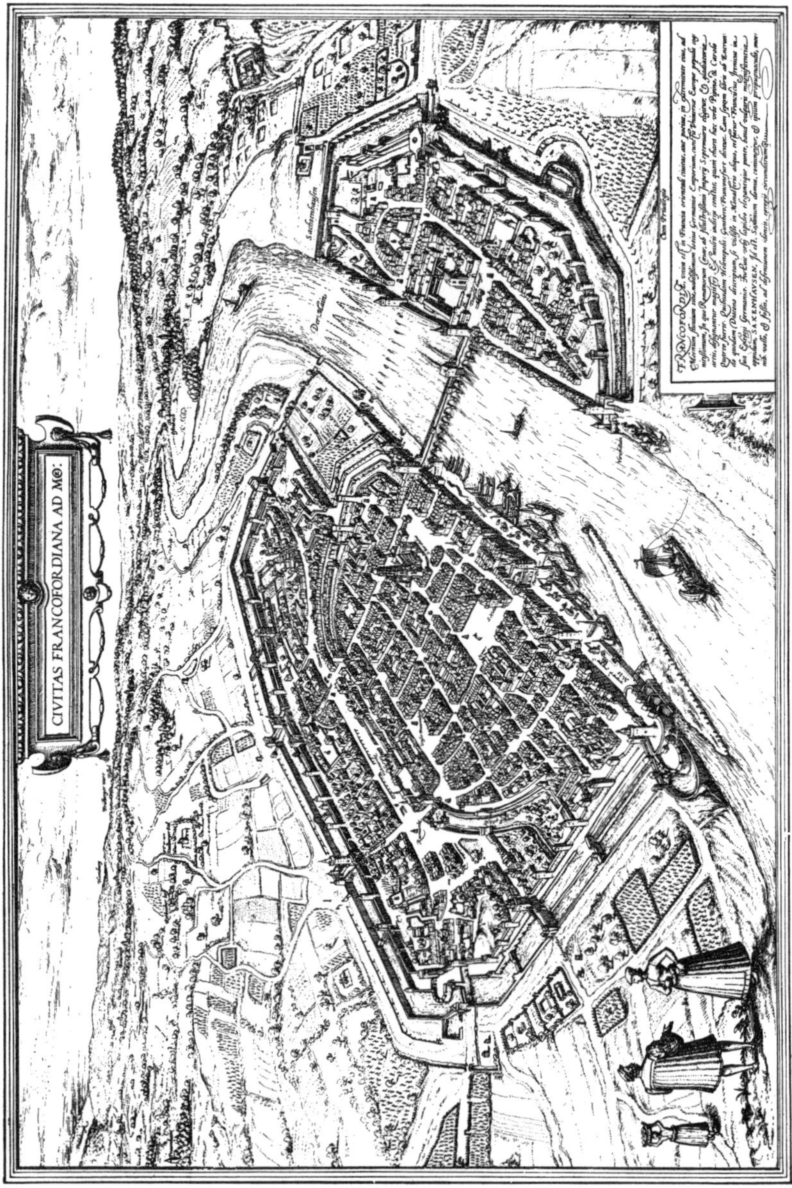

Abb. 2: Civitas Francofordiana, in: G. Braun und F. Hogenberg, Beschreibung und Contrafactur der vornembster Stadt der Welt, Cöln 1574, Bd. 1, Bl. 24.

wurden, die noch zu Beginn der Neuzeit für einen gewissen Wohlstand der Stadt gesorgt hatten. Die einzige wesentliche Erweiterung der Stadt über das mittelalterliche Areal hinaus ging von dem erwähnten, dem alten Glauben erhalten gebliebenen Kloster aus, das ab 1720 die sogenannte 'Katholische Vorstadt' erbauen ließ, eine wesentlich agrarische Siedlung mit eigenem Friedhof und eigener (katholischer) Kapelle.

Andere Städte sanken unter das mittelalterliche Niveau ab, sei es weil die Verkehrswege sich verlagerten oder Residenzen und Behörden in andere Orte verlegt wurden. Die einst wichtige Reichs- und Hansestadt Dortmund, an der Kreuzung wichtiger Handelsstraßen gelegen, hatte vor dem Dreißigjährigen Krieg rund 1400 Haushalte, was einer Bevölkerungszahl von 7–10 000 Einwohnern entsprochen haben könnte. Bis 1650 ging die Einwohnerzahl auf 2000 zurück, eine hohe Kapitalverschuldung war das Erbe des Dreißigjährigen Krieges, bis zur Mitte des 18. Jahrhunderts bedrückten die Stadt stets erneute Einquartierungen. 1809 hatte sie gerade erst halb so viele Einwohner wie vor dem Dreißigjährigen Krieg, nämlich 4394. Sie wurde treffend als „Land- und Feldstadt" charakterisiert. Noch die Katasteraufnahme von 1826 spiegelt diesen Zustand wider.[43]

Die Stadt Saarbrücken hingegen zeigt eine kontinuierliche aufsteigende Entwicklung durch die Jahrhunderte. Den Kern bildeten eine Burg und eine Plananlage aus der Zeit von 1200, daran schloß sich eine spätmittelalterliche Vorstadt an. Jenseits des Flusses entstand bei einem Dorf die spätmittelalterliche Marktsiedlung St. Johann. Der Brückenbau zwischen 1545 und 1554 leitete eine Blütezeit der Stadt ein. Eine Stadterweiterung von 1560 und eine planmäßige großräumige Erweiterung ab 1740 waren die Folge, wie auch die St. Johanner Befestigung aus dem 17. und 18. Jahrhundert.

c) Bauordnungen

Das Planerische ist eines der Elemente, die für die frühneuzeitliche Stadt charakteristisch sind. Planstädte hat es allerdings auch

[43] Die Bezeichnung 'Bauerschaften' neben den 'Kirchspielen' als Untergliederungskategorie der Stadt Dortmund hat allerdings nichts mit dem Vorherrschen agrarischer Nutzung zu tun, sondern ist ein Überrest aus der mittelalterlichen Verfassung der Stadt; sie war aus verschiedenen Gebietskörperschaften hervorgegangen. – Vgl. Deutscher Städteatlas. Hrsg. von Heinz Stoob. Lieferung I, Dortmund 1973, Nr. 3: Dortmund, Falttaf. 1.

schon im Mittelalter gegeben. Beispiele liefern die Kolonialstädte im Osten, die im Zuge der deutschen mittelalterlichen Ostbewegung entstanden. Nicht nur die Regelmäßigkeit, das Anlegen von Schnüren und Winkeln, ein rechtwinkliges Straßensystem oder ein rechteckiger Zentralmarkt machen die Planstadt aus, sondern der Wille, die Stadt in ein Ganzes zusammenzufügen, sowohl im Aufriß als auch im Grundriß einer Idealfigur anzunähern. Die fürstlichen Bauten, seien es nun Festungsanlagen im regelmäßigen Sechs- oder Achteck oder das Schloß, bildeten die Maßstäbe für alle anderen Anlagen in der Planstadt. Plätze, Alleen, Straßen, Märkte, Häuser wurden dem fürstlichen Bauwerk zugeordnet. Stadt und Schloß erschienen als 'Gesamtkunstwerk'.[44]

Der größte 'Baumeister' der deutschen Städte des Mittelalters und der Frühen Neuzeit (bis ins 19. Jahrhundert hinein) war das Feuer. Verheerende Brände, auch ohne kriegerischen Einfluß, legten große Teile der Städte wiederholt in Schutt und Asche. Vorstädte wurden wegen der dort zahlreichen Scheuern in regelmäßigen Abständen ein Raub der Flammen. Dennoch vermochten die Brände die Besitzverhältnisse an Grund und Boden häufig kaum zu verändern. Das freie Besitzrecht an den Grundstücken war ein wichtiger Bestandteil städtischer Freiheit. Ein Vergleich von Stadtplänen und Vogelschaubildern zeigt eine erstaunliche Beharrlichkeit in Straßenführung und bei Baublöcken der Städte durch die Jahrhunderte. Selbst das im Jahre 1631 total zerstörte Magdeburg wurde nicht, wie von Otto von Guericke geplant, mit breiten Durchgangsstraßen wiederaufgebaut, sondern behielt sein verwinkeltes spätmittelalterliches Straßennetz.

Die Stadtmagistrate und die Landesherren erließen seit dem Mittelalter in zunehmendem Maße Bauordnungen, die die Entstehung und Ausbreitung von Bränden verhindern sollten.[45] Seit dem Spätmittelalter wurde von verschiedenen Städten die Errichtung von Brandmauern und die Benutzung von Ziegeln an der Stelle von Schindeln oder Stroh zur Dachdeckung vorgeschrieben. Das Regensburger Friedgerichtsbuch aus der Mitte des 14. Jahrhunderts verlangte: „Die Feuermauer soll 36 Schuh hoch sein; wer mit Holz-

[44] Architekt und Ingenieur. Baumeister in Krieg und Frieden. Katalog der Herzog-August-Bibliothek Wolfenbüttel. Bearb. von Ulrich Schütte u. a., Wolfenbüttel 1984.

[45] Zum Baurecht vgl.: Wolfgang T. Kantzow, Sozialgeschichte der deutschen Städte und ihres Boden- und Baurechts bis 1918 (Campus Forschung, Bd. 163), Frankfurt a. M. 1980.

werk an sie bauen will, muß einen Abstand von 6 Schuh einhalten; mit Stein darf unmittelbar an sie gebaut werden." [46] Die Brandmauern ermöglichten erst die für spätmittelalterliche und frühneuzeitliche Städte so charakteristischen Häuserzeilen. Aber noch die Frankfurter Bauordnung von 1719 verlangte eine Brandmauer erst alle drei, höchstens vier Häuser.

Charakteristisch für die ältere Zeit, im Grunde bis in das Barock hinein, ist das giebelständige Haus auf einem schmalen, in die Tiefe reichenden Grundstück. Wurden nun die Verbindungsgänge zwischen zwei Straßen an den Seiten auch mit Häusern besetzt, so konnte der Eindruck eines Häusergevierts entstehen, das sich jedoch wesentlich von der Geviertbauweise der geplanten frühneuzeitlichen Städte unterschied.[47]

In den Gevierten der frühneuzeitlichen Planstädte war in der Regel die Wendung der Traufseiten zur Straße hin vorgeschrieben. Dadurch erfüllten die Brandmauern erst vollkommen ihren Zweck. Teilweise konnte diese Bauweise auch bei dem Wiederaufbau niedergebrannter Städte durchgesetzt werden. Schwieriger war es schon, eine bestimmte Straßenbreite durchzusetzen, was in der Regel nur bei Neuanlage von Städten im 17. und 18. Jahrhundert gelang, wo ein Mindestmaß von 30 Fuß angestrebt wurde, so daß zwei Wagen ohne Gefährdung der Fußgänger einander passieren konnten. In der Regel wurde lediglich das Erdgeschoß der Häuser aus Stein errichtet und darüber mit Holz weitergebaut. Um die Brandgefahr zu mindern, wurde gefordert, daß die Fachwerkwände zumindest verputzt wurden. Bürgerhäuser ganz aus Stein zu errichten, ließ sich nur schwer durchsetzen, auch wenn es Bauordnungen gab, die dieses vorschrieben. Ein Grund für diese Vorschrift war auch die Sorge der Landesfürsten für die in ihrem Bestand bedrohten Wälder. Besondere Bestimmungen wurden für Kamine und Küchen erlassen. Küchen sollten mit einer Steindecke, nach den damaligen technischen Möglichkeiten mit einer Gewölbedecke, versehen werden.

Ging es im Mittelalter vor allem darum, den Nachbarn und seine Rechte (Licht, Wasser, Zugang usw.) zu sichern, so wird aus den Bauordnungen der Neuzeit mehr der „Schutz der unbestimmten Allgemeinheit" als Leitgedanke ersichtlich.[48]

[46] Ebenda, S. 63.

[47] Karl Gruber, Die Gestalt der deutschen Stadt, München ^{3}1977, S. 143.

[48] Kantzow, Sozialgeschichte . . ., S. 97.

In den Neuanlagen von Städten wurde ganz allgemein der Gestaltungswille fürstlicher Verwaltungen deutlich. In Residenzen, Planstädten und Festungen mußte nach vorgegebenen Rissen gebaut werden, so daß ganze Straßen und Plätze ein einheitliches Ensemble ergaben. Geschoßhöhen und Fensterformen sollten ein einheitliches Bild abgeben.

d) Hausformen

Die Hausformen waren in Deutschland regional sehr unterschiedlich, hinzu kamen funktionale und soziale Unterscheidungsmerkmale. An den Marktplätzen und Durchgangsstraßen herrschte eine zwei- und dreigeschossige Bauweise vor, in den abseits gelegenen Quartieren der ärmeren Bevölkerung die ein- und zweigeschossige Bauweise. Patrizier und Adelige errichteten Stadtpalais. In den Vorstädten siedelten die Armen in wahren 'Bruchbuden', die Bögen unter den Stadtmauern waren begehrte Bauplätze für diese Schicht. Die Stuben der Türme wurden Stadtbediensteten, Armen und Kranken als Wohnung überlassen.

Wo es die Wirtschaftsweise notwendig machte, wurden hohe Dachstühle errichtet. So in Gegenden des Anbaues von Waid (blaue Färberpflanze), dessen Fermentierung auf den Dachböden der Unternehmerhäuser in den Städten vorgenommen wurde. Die Dachräume dienten auch als Speicher für Getreide und Brennstoff (Torf). Gasthöfe erschlossen die ganze Tiefe der langrechteckigen Grundstücke durch Höfe. Brauereigebäude, Tabakmühlen und andere Produktionsstätten sowie Stallungen befanden sich in Hinterhäusern. Diese wurden auch oft vermietet. Werkstätten und Verkaufsstände bestimmten die individuelle Gestalt der Häuser.

Regionale Baustile und Baumaterialien ließen das Bild der Häuser von innen wie von außen sehr bunt erscheinen. Wenn man auch in der Höhe und in der Aufwendigkeit der Gebäude keine allzu starke Steigerung seit dem Spätmittelalter verzeichnen kann, benötigten die barocken Bauten mit ihrem oft dominierenden horizontalen Gliederungsprinzip in der Regel doch mehr Raum als die sich auch kleinsten Bauflächen anpassenden mittelalterlichen schmalen, in die Tiefe gehenden Bauten. Ziegelbauten in Norddeutschland und am Niederrhein, Fachwerk in waldreichen Gegenden, Natursteinbauten je nach der landschaftlich verfügbaren Art – vielfältig

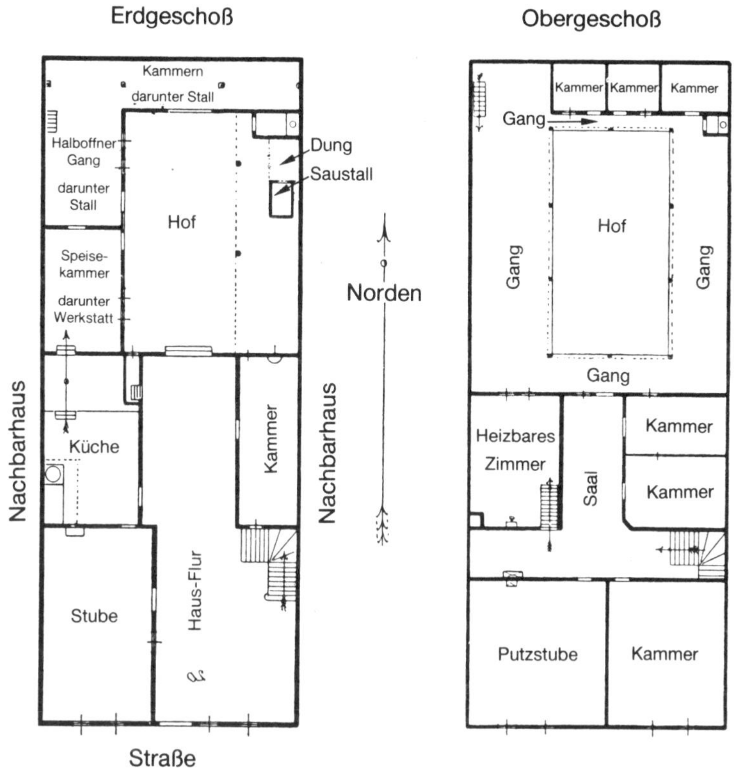

Abb. 3: Grundriß eines alten Bürgerhauses zu Naumburg a. S. (aufgenommen 1862) mit ursprünglicher Einteilung der Seiten- und Hintergebäude. – Vgl. u. Anm. 50.

waren die regionalen Baumaterialien und Formen.[49] So gab es Backstein-Stufengiebel, Walmdächer, hohe geschindelte Dachstühle. Ein seit dem Mittelalter bis tief in die Neuzeit gebräuchlicher Haustyp war zweigeteilt. Das zweigeschossige Vorderhaus

[49] Zum Hausbau vgl. vor allem die Reihe: Das deutsche Bürgerhaus. Begr. von Adolf Bernt. Hrsg. von Günther Binding. Bd. 1 ff., Tübingen 1959 ff. (45 Titel geplant). – Hans Vogts, Das Bürgerhaus in der Rheinprovinz (Das Bürgerhaus im Deutschen Reich und in seinen Grenzgebieten), Düsseldorf 1929. – Moriz Heyne, Das deutsche Wohnungswesen von den ältesten geschichtlichen Zeiten bis zum 16. Jahrhundert (ders., Fünf Bücher deutscher Hausaltertümer, Bd. 1), Leipzig 1899.

enthielt Laden, Werkstatt, Stube und Küche, dazu eine Durchfahrt oder einen breiten Durchgang zum Hinterhaus, bestehend aus Kammern, Stallungen, Werkstätten und Lagerräumen, meist L-förmig um einen Wirtschaftshof angeordnet, im ersten Stock mit einer Galerie versehen.[50] Drei- und viergeschossige Häuser wurden lange noch durch Wendeltreppen erschlossen.

Es gab sozial und wirtschaftlich attraktive Wohnlagen: an den Märkten, Durchgangsstraßen, Torgassen. Funktional und rechtlich bestimmte Sonderbereiche (Domimmunitäten, Klosterbezirke), die Nähe zu den wirtschaftlich attraktiven Plätzen, wie auch Areale mit weniger begehrten Bauplätzen, die für sozial tiefer stehende Gruppen die Errichtung eines einfachen Hauses möglich machen konnten, bestimmten die Baudichte in den Städten. Einige Bauten waren standortgebunden. So lagen Schlachthäuser und Gerbereien in der Regel an fließenden Gewässern.

e) Öffentliche Bauten und Stadtplanung

Charakteristisch für die innere Entwicklung der Städte in der Frühen Neuzeit erscheinen mir zwei äußere Veränderungen im Stadtbild; erstens: die Monumentalität der 'öffentlichen Bauten' in den Reichsstädten, zweitens: die Bemühungen um Einheitlichkeit im Stadtbild unter dem Absolutismus.

Die Rathäuser der Städte waren in der Regel im Mittelalter bescheidene Gebäude, und auch viele in der Frühen Neuzeit errichteten Rathäuser paßten sich zwar den aufwendigeren Bauten dieser Jahrhunderte an, waren aber häufig kaum von Patrizier- oder Zunfthäusern (z. B. die 'Steipe' in Trier, Teile der Häuser im 'Römer' in Frankfurt) zu unterscheiden. In bedeutenden Reichsstädten jedoch waren die Neubauten im Verlaufe der Frühen Neuzeit Ausdruck des Selbstbewußtseins der Magistrate und Räte, Obrigkeit eines reichsfreien Standes zu sein. Beispiel hierfür sind die Rathäuser und mehr noch die Ratssäle von Nürnberg und Augsburg (wie auch zahlreiche niederländische Rathäuser). Der mittelalterliche Rat versammelte sich noch auf der Rats*stube*, während der frühneuzeitliche Rat im Rats*saal* repräsentierte.

Die reichsstädtischen Obrigkeiten entwickelten ähnlich wie Lan-

[50] Ein Beispiel bei Heyne, Das deutsche Wohnungswesen . . ., S. 223, Fig. 34. – Vgl. unsere Wiedergabe durch Abb. 3.

desfürsten ein Repräsentationsbedürfnis. Außerdem waren immer aufwendigere Verwaltungen unterzubringen. Die Stadt hatte für ihre obrigkeitlich gelenkte Wirtschaft Gebäude zu errichten: Kaufhäuser, Tuchhallen, Maut- und Zollhallen, städtische Einnehmereien, auch Rathäuser mit wirtschaftlichen Funktionen (Waage, Kaufhallen); Beispiele bieten etwa Frankfurt und Nürnberg. Zeughäuser bewahrten das umfangreicher werdende städtische Arsenal. Städtische Brunnen wurden mit reichem Figurenschmuck versehen. Die absolutistischen Fürsten plazierten mit Vorliebe ihre Zucht-, Arbeits-, Waisen- und Siechen-, Kranken- und Tollhäuser in den Städten, da sie sich davon einen Beitrag zur Förderung der städtischen Wirtschaftsentwicklung erhofften.

Wo der Absolutismus Städte vollkommen neu errichten ließ, ohne auf Besitzstrukturen Rücksicht nehmen zu müssen, versuchte er, seine Gestaltungsprinzipien bis ins Detail zu verwirklichen. Risse legten auch die äußere Gestaltung der Häuser fest. Nach dem Vorbild geschlossener Platzarchitektur des französischen Absolutismus (man denke nur an die Place Vendôme in Paris) sollte das Einzelhaus hinter geschlossenen Fassadengestaltungen zurücktreten. Während im Mittelalter die Funktion jeden Gebäudes (trotz einheitlicher Stilmerkmale) augenfällig war, trat die Funktion in der frühneuzeitlichen Planstadt der Fürsten hinter der Einheitlichkeit architektonischer Gestaltung zurück. Es war im Falle Mannheims etwa an der äußeren Gestaltung kaum zu unterscheiden, ob es sich um ein Privathaus, ein Rathaus, ein Kaufhaus oder eine Kirche handelte. In Mannheim wurden (ähnlich der reformierten Doppelkirche) eine katholische Pfarrkirche und das Rathaus mit einem gemeinsamen 'Mittel'-Turm zusammengeschlossen; die Funktion der beiden Bauten gab sich nur durch die Aufschrift „iustitiae et pietati“ (eventuell noch durch die Fensterform) bei näherem Hinsehen zu erkennen.[51] Das gleiche Gestaltungsprinzip galt auch für das Kaufhaus.

Wo die Residenz in Verbindung mit einer bestehenden Stadt errichtet wurde, erschien sie im 17. Jahrhundert zunächst als ein wenn auch aufwendiges Anhängsel an die sonst unberührt gebliebene Stadt: Stuttgart (17. Jh.), Kassel (1. Hälfte 17. Jh.), Berlin und Cölln (1652). In den residenzstädtischen Planungen des 18. Jahrhunderts traten die alten Stadtkerne dagegen vollkommen in den Hintergrund, wie die Planungen von Koblenz (1777–90)

[51] Gruber, Die Gestalt der deutschen Stadt . . ., S. 153.

zeigen.[52] Auch Kleinstädte wurden von den Neuanlagen bedrängt, wobei zum Teil sehr unorganisch verfahren wurde. Das ansbachische Schwabach macht das besonders anschaulich, wo an den gewachsenen Ortskern übergangslos eine Schachbrettanlage angegliedert wurde.[53] Hier wurde das Gelände zur Neuanlage noch in geregeltem Verfahren vom Landesherrn gekauft. In anderen Fällen übte die fürstliche Verwaltung mit Enteignung und Bauzwang einen rigorosen Druck aus.

In einer späten Phase ging man nicht mehr von der bestehenden Stadt aus, gliederte ihr Schloßbauten und Neuanlagen nicht mehr an, sondern ging den umgekehrten Weg: von außen wurden Achsen und Anlagen an die Stadt herangeführt, wurde die Stadt zum Bestandteil einer 'Residenzlandschaft'. Beispiele sind Kassel (Plan des Architekten Guernieri von 1705) und Berlin, wo die fünf Städte (Berlin, Cölln, Friedrichswerder, Dorotheenstadt und Friedrichstadt) zu einer Mammutanlage zusammengeschlossen wurden.

f) 'Reihenhäuser'

Charakteristisch für das Erscheinungsbild frühneuzeitlicher Städte erscheint auch das 'Reihenhaus' im eigentlichen Sinne des Wortes. Planvolle Siedlungen mit kleinen Häusern kennen wir seit dem Beginn der Neuzeit: Das bekannteste Beispiel ist die sog. 'Fuggerei' in Augsburg. 1516–1523 errichteten die Fugger in einer geschlossenen Siedlung zweigeschossige Häuser, mit jeweils zwei Wohnungen, in denen verarmte katholische Mitbürger für einen Gulden Jahresmiete wohnen sollten – mit der Verpflichtung allerdings, für das Seelenheil der Stifter zu beten. Das umfangreiche Stiftungsvermögen ermöglichte es, die im Zweiten Weltkrieg zerstörte Fuggerei vergrößert wiederaufzubauen.

Der Ulmer Ratsherr, Architekt und Stadtbaumeister Josef Furttenbach errichtete im Jahre 1633 eine Reihenhaussiedlung in Ulm mit 44 Wohnungen, in der die städtischen Soldaten mit ihren Familien untergebracht werden sollten. Zu diesem Zweck erwarb er

[52] Busso von der Dollen, Die Koblenzer Neustadt. Planung und Ausführung einer Stadterweiterung des 18. Jahrhunderts (Städteforschung A, 6), Köln . . . 1979.

[53] Schwabach. Beiträge zur Stadtgeschichte und Heimatpflege, Schwabach 1977, S. 45ff.

vom Scharfrichter einen Garten. Den Familien der Musketiere standen jeweils Wohnungen mit einem Flur und zwei Kammern zur Verfügung. Am Ende der durch die Häuschen gebildeten Gassen befanden sich gemeinschaftliche Latrinen.[54]

Anderen Charakter nahmen die planmäßigen Reihenhausbauten an, die als Zinshäuser, also als Geldanlage mit entsprechender Rendite, erbaut wurden. Ein Beispiel sind die zweigeschossigen Reihenhäuser der Ursulinen in Köln von 1697.[55] 1737 errichtete die Hannoversche Verwaltung im Bremischen Glockengang Reihenhäuser,[56] die nur ein Geschoß und einen Dachboden hatten. Die Grundfläche von 38 m^2 teilte sich in eine vordere Stube, die als Küche, Flur, Treppenhaus diente, und einen hinteren Teil mit zwei kleinen Kammern, von denen die eine beheizbar war. Der Speicher konnte als zusätzliche Kammer dienen, wurde jedoch in der Regel zur Lagerung von Korn und Torf genutzt. Die Miete dieser Häuser betrug 12 Reichstaler pro Jahr. Sie sollten vor allem als Unterkunft für verheiratete Soldaten, Tagelöhner, Bedienstete dienen. Als gegen Ende des Jahrhunderts durch die steigenden Bevölkerungszahlen die Wohnungsnot zunahm, errichteten auch Private und der Bremer Rat solche Reihenhäuser.

Fassen wir unsere Eindrücke vom Erscheinungsbild der Städte in der Frühen Neuzeit zusammen: Eine tiefgreifende Veränderung seit dem Spätmittelalter ist in den frühneuzeitlichen Städten insgesamt nicht zu beobachten, sondern nur graduell, in kleinen Schritten und punktuell vollziehen sich die Veränderungen. Alte Städte zeigen eine erstaunliche Kontinuität in den Besitzstrukturen. Auch nach Flächenbränden werden alte Hausgrundstücke in der Regel wieder in ähnlicher Weise wie vor den Bränden bebaut. Wohn- und Arbeitsplätze scheinen weitgehend noch nicht voneinander getrennt. Sieht man von Einzelfällen ab, werden größere wirtschaftliche Betriebe noch nicht aus den städtischen Wohn- und Arbeitsbereichen herausgelöst.

[54] Margot Berthold, Josef Furttenbach von Leutkirch, Architekt und Ratsherr in Ulm. 1591–1667, in: Ulm und Oberschwaben. Zeitschrift für Geschichte und Kunst 33 (1953), S. 119ff., S. 162, Taf. 12.

[55] Vogts, Das Bürgerhaus in der Rheinprovinz . . ., S. 30.

[56] Klaus Schwarz, Bremer Reihenhäuser in vor- und frühindustrieller Zeit, in: Bremisches Jahrbuch 57 (1979), S. 125ff.

In Neuanlagen und Erweiterungen macht sich allerdings eine größere Planmäßigkeit bemerkbar. Die Plananlagen gehen über die Anlage des Stadtgrundrisses nach regelmäßigen geometrischen Figuren (wie wir sie ansatzweise auch schon im Mittelalter finden) hinaus, das gesamte Erscheinungsbild der Stadt wird in die angestrebte Gleichförmigkeit einbezogen. Insgesamt spiegelt sich der Ausbau moderner Staatlichkeit im Erscheinungsbild der Städte wider. Die Entwicklung der Stadtgrundrisse verläuft dabei in ganz unterschiedlicher Weise, was grundsätzlich für eine Übergangsepoche charakteristisch zu sein scheint. Während in mittelalterlichen Städten von einer gewissen Größe und aus einer bestimmten Gründungszeit eine schematische Abfolge von Kernstadt – in Anlehnung an eine Burg, eine Immunität, einen Markt – und von Stadterweiterung oder Neustadt zu beobachten ist, verläuft die Entwicklung der Grundrisse der Städte in der Frühen Neuzeit auf ganz verschiedenartige Weise, was mit einer zunehmenden Differenzierung in der gesellschaftlichen, politischen und ökonomischen Entwicklung der Städte in der Frühen Neuzeit in Zusammenhang steht.

Stadtbefestigungen haben nicht mehr die konstitutive Bedeutung für das Stadtbild. Viele Städte behalten ihre für militärische Zwecke kaum noch geeigneten alten Stadtmauern, die dann weniger das Eindringen in die Stadt als das Entweichen der in der Stadt stationierten Soldaten verhindern sollen. Diese Mauern haben in der Regel fiskalische Aufgaben, haben den Schmuggel mit unversteuerter Ware zu verhindern. Nur eine begrenzte Zahl von Städten kann sich aufwendige Bastionärbefestigungen leisten. In vielen Fällen sind solche modernen Befestigungsanlagen das Zeichen für Eingriffe des Landesherrn.

Außer durch Festungsanlagen verändern die Städte ihr Erscheinungsbild noch am stärksten im Zusammenhang mit der Anlage von Residenzen. Auch bei den öffentlichen Bauten der Reichsstädte wird ein Wandel deutlich: eine Zunahme 'moderner' Verwaltungsfunktionen und Entwicklung 'moderner' Staatlichkeit auch in diesen Städten kommt darin zum Ausdruck.

Eine stärkere Reglementierung des Hausbaus durch die Entwicklung merkantilistischer, verwaltungsstaatlicher Grundsätze führt zu einer allmählichen Veränderung der Bauweise. Umbrüche in den gesellschaftlichen oder ökonomischen Strukturen lassen sich allerdings darin kaum beobachten, wenn man von einer Zunahme repräsentativer Bauweise auch bei bürgerlichen Privathäusern absieht. In der zweiten Hälfte des 18. Jahrhunderts kommt es zu planmäßigen Kleinhaussiedlungen, was von steigenden Bevölkerungszahlen und einer Zunahme unterbürgerlicher Schichten zeugt.

6. DEMOGRAPHIE

Eine Geschichte der Bevölkerungszahlen der Städte ist zunächst ein Quellenproblem. Dabei stehen die Städte gegenüber dem flachen Land noch relativ günstig da, weil sie einen in der Regel fest umgrenzten räumlichen Bezugsrahmen liefern. Dennoch erlauben die überlieferten Quellen nur in seltenen Fällen sichere Aussagen über die Einwohnerzahlen einzelner Städte oder der Städte eines ganzen Territoriums. Die Quellen für das 16. und 17. Jahrhundert sind in ganz unterschiedlichem Maße erhalten und lassen fast durchweg nur approximative Angaben zu. Erst das 18. Jahrhundert liefert uns verläßlichere Einwohnerzahlen in größerer Dichte. Für die frühe Zeit sind wir auf Zählungen angewiesen, die uns nur indirekte Auskünfte über die Einwohnerzahlen geben.

Für das 16. und 17. Jahrhundert sind vor allem Steuerlisten, Verzeichnisse der Kommunikanten sowie der Wehrpflichtigen überliefert. Darin sind in der Regel verzeichnet: Herdstellen, Häuser und Hausbesitzer, Wirte (d. h. Familienvorstände), Steuerpflichtige, Wehrpflichtige. Weiterhin kann man die Kirchenbücher mit den darin eingetragenen Taufen, Beerdigungen und Eheschließungen als eine weitere wichtige Quelle zur Schätzung von Einwohnerzahlen heranziehen, wie auch die Bürgerbücher, in denen die Bürgeraufnahmen eingetragen wurden.

Bei den Steuerregistern und ähnlichen Quellen, die uns die Zahl der 'Haushalte' nennen, wobei dieser Begriff in der Frühen Neuzeit wie im Mittelalter natürlich in den Quellen nicht vorkommt und ganz verschiedenartige Verhältnisse betreffen kann, wird in der Regel mit einem Multiplikationsfaktor pro Haushalt gerechnet. Zu den Haushalten gehörten die im Hause lebenden unverheirateten Kinder, andere Verwandte, Gesinde, Gesellen und Lehrlinge. In der älteren Forschung wurde häufig der Faktor 5 angewendet, je mehr man aber damit arbeitete, desto unsicherer wurde man. Die meisten Autoren rechnen mit 3–5 Köpfen pro Steuerzahler. Fest steht jedenfalls, daß seit dem 16. Jahrhundert in vielen Regionen mit einer Zunahme der Haushalte bei Verkleinerung der Haushaltsgrößen in den Städten zu rechnen ist. Diese Verschiebung braucht nicht in erster Linie auf einen Umbruch der Familienstrukturen hinzudeuten, eher wohl auf allgemeine wirtschaftliche und soziale Entwicklungen, vielleicht auch auf sich wandelnde Erfassungsmethoden.

Die Ermittlung der Gesamtzahl der Bevölkerung einer Stadt aus Steuerlisten ist auch deshalb besonders schwierig, weil es in der Regel eine relativ große Zahl von Personen gab, die von der Steuer befreit waren, in preußischen und anderen Garnisonsstädten kann man einen Anteil von 25–30% an nichtsteuerpflichtigen Militärpersonen annehmen. Der Adel war in etlichen Städten erst im Verlauf der Neuzeit zum städtischen Haus- und Grundbesitzer geworden, von den städtischen Steuern war auch die Geistlichkeit befreit.

Gerd Wunder äußert am Beispiel der Stadt Hall seine grundsätzlichen Zweifel über die Anwendbarkeit von Umrechnungsfaktoren. Für Hall liegen Personenzählungen erst für das 19. Jahrhundert vor. „Es gibt viele Versuche, aus der Zahl der Gestorbenen oder Geborenen, aus der Zahl der Haushaltungen die Zahl der Einwohner zu berechnen, aber keine der – mehr oder minder willkürlich – angesetzten Schlüsselzahlen scheint uns überzeugend zu sein. Denn da sind die wechselnden Schreibergewohnheiten, die etwa Stiefkinder im Haushalt des Stiefvaters aufführen oder nicht, da ist die 'Dunkelziffer' der Dienstboten, die Frage, ob sie im Haushalt wohnen oder nur tagsüber ihrem Dienst nachgehen, ob sie steuerpflichtiges Vermögen besitzen oder nicht, da sind die Handwerksgesellen, die zeitweilig in der Stadt arbeiten, da sind endlich die völlig unbekannte 'durchschnittliche' [!] Kinderzahl und die noch wichtigere Zahl der Kindersterblichkeit – alles Faktoren, die mit dem Ort und mit der Zeit wechseln. In Pestjahren müßte der Umrechnungsfaktor ohnehin anders angesetzt werden als in Normaljahren oder in den Jahren nach Kriegen oder Seuchen. Auch die Abtrennung von Frauen- und Witwenhaushalten, Vormundschaften, Waisen, ja, sogar von (mutmaßlichen) Junggesellen (mit oder ohne Hauspersonal?) läßt nur willkürlich angesetzte Schlüsselzahlen zu." [57] Konsequent verzichtet Wunder in seiner Geschichte der Bürger der Stadt Hall auf die Nennung von geschätzten oder angenäherten Einwohnerzahlen, sondern er liefert durch die Jahrhunderte lediglich die Gesamtzahlen der 'Haushaltungen'.

Andere Arbeiten wiederum, insbesondere ältere Stadtgeschichten und statistische Abrisse sprechen mit Überzeugung von der

[57] Gerd Wunder, Die Bürger von Hall. Sozialgeschichte einer Reichsstadt. 1216–1802, Sigmaringen 1980, S. 186.

Gültigkeit der ermittelten Daten. Nach meiner Meinung muß eine Untersuchung, die sich mit der Ermittlung von Einwohnerzahlen der Städte in der Frühen Neuzeit befaßt, in besonderem Maße die Fehlerquellen und den statistischen Annäherungscharakter ihrer errechneten Werte deutlich machen. Auf der anderen Seite liefert die Umrechnung in 'Personen' bisher noch den objektivsten Vergleichsmaßstab, wenn 'Haushalte' in verschiedenen Zeiten und Räumen so Unterschiedliches bedeuten können.

Drei Fragen stehen im Vordergrund bei der Demographie der Städte. Erstens: Wie groß war die Gesamtzahl der deutschen Städte im Zeitalter zwischen Mittelalter und Industrialisierung, und wie veränderte sich ihre Zahl in diesem Zeitraum? Zweitens: Wie groß waren die Städte, und wie entwickelte sich ihre Einwohnerzahl in diesen drei Jahrhunderten? Drittens: In welchem Verhältnis stand die Gesamtzahl der städtischen Bevölkerung zur Gesamtbevölkerung?

Als kurz nach der Mitte des 15. Jahrhunderts das von Haase und Stoob so bezeichnete 'Städtetal' sich auftat und es für dreihundertfünfzig Jahre nur in ganz geringem Umfang zu Stadtneugründungen kam, wird mit 3000 Städten in Deutschland zu rechnen sein. Berücksichtigt man die Bereiche, die damals noch in engerer Verbindung zum Reich standen, kommen wohl noch einige hundert Städte hinzu, so daß man für 'Mitteleuropa' auf etwa 3500 bis 4000 Städte zu Beginn der Neuzeit kommt. Stoob rechnet bis zum Ende des 'Städtetals' mit kaum mehr als 400 Neugründungen. Einigen Städten wird auch das Stadtrecht in dieser Zeit verlorengegangen sein, so daß die Zahl in Grenzen als konstant bezeichnet werden kann.

Köln war im 15. Jahrhundert Deutschlands einwohnerreichste Stadt mit 30 000–40 000 Einwohnern. Weitere 15–20 Reichs- und Handelsstädte kamen über 10 000 Bewohner: Nürnberg, Danzig, Lübeck, Prag, Hamburg, Straßburg, Ulm, Augsburg, Braunschweig, Frankfurt a. M., Rostock, Magdeburg, Breslau, Bremen, Erfurt, Königsberg, Stralsund, vielleicht auch Mainz und Aachen.[58]

Um 1800 ließen in den Nationalstaaten Westeuropas die Hauptstädte bei weitem alle anderen Städte hinter sich (London hatte eine Million, Paris mehr als eine halbe Million Einwohner). Dagegen

[58] Roger Mols, Introduction à la démographie des villes d'Europe du XIVe au XVIIIe siècle. Bd. 1–3, Louvain 1954–1956.

blieben die deutschen Städte deutlich zurück, nur Wien, Berlin und Hamburg hatten über 100 000 Einwohner (Wien 247 000, Berlin 172–180 000, Hamburg 105–130 000). Dresden, Breslau, Königsberg und Köln lagen zwischen 50 000 und 60 000 Einwohnern.

Wie verlief nun das Wachstum der Städte in diesen drei Jahrhunderten? Seit der zweiten Hälfte des 15. Jahrhunderts ist im Rahmen des allgemeinen Bevölkerungsanstiegs eine allmähliche Zunahme der Einwohnerzahlen in fast allen Städten zu verzeichnen. Einige, wie die Bergstädte, erlebten einen kometenhaften Aufstieg, aber auch einen ebensolchen Abstieg (Annaberg, Joachimsthal). Lediglich in Fernhandelsplätzen (wie Hamburg oder Frankfurt) und Residenzen größerer Territorien (wie München) erfolgte der Anstieg vergleichsweise steiler.

Fernhandelsstädte, wie Hamburg, Danzig und Augsburg, verdoppelten ihre Bevölkerung und erreichten gegen 1600 40–50 000 Einwohner, überholten dabei die älteren Handelszentren Köln und Lübeck. Nach den vorliegenden Daten kann man insgesamt – trotz immer wiederkehrender Pestepidemien – von einem *gebündelten* (d. h. stadttypusübergreifenden), *kontinuierlichen Weiterwachsen* der Städte im Anschluß an die spätmittelalterliche Wachstumsstokkung *parallel* zur allgemeinen Wachstumsphase der Bevölkerung in Mitteleuropa im 16. Jahrhundert sprechen. Von 12–13 Millionen am Ende des Mittelalters stieg die Gesamtbevölkerung Deutschlands im 16. Jahrhundert auf etwa 15 Millionen gegen 1600 an. Daß gewisse Sättigungserscheinungen wie auf dem flachen Lande so auch in den Städten zu beobachten sind, wird sich bei der Behandlung der sozialen Entwicklung der Städte ergeben, in deren Verlauf durch eine überproportionale Zunahme der Unterschichten ein Höhepunkt innerstädtischer sozialer Konflikte um die Jahrhundertwende zu beobachten ist.

Eine deutliche Unterbrechung im Aufstieg der Städte brachte in demographischer und anderen Hinsichten der Dreißigjährige Krieg.[59] Die Verluste der ländlichen Bereiche wie der Städte waren dabei regional sehr unterschiedlich. Große Teile Niederdeutschlands blieben vom Krieg weitgehend verschont. Hamburg zum Beispiel blühte während des Dreißigjährigen Krieges auf und festigte seine Vormachtstellung im norddeutschen Raum. Die Einwohner-

[59] Günther Franz, Der Dreißigjährige Krieg und das deutsche Volk. Untersuchungen zur Bevölkerungs- und Agrargeschichte (Arbeiten zur Landes- und Volksforschung, Bd. 6), Jena 1940, Stuttgart [4]1979.

schaft Hamburgs vermehrte sich in dieser Zeit um fast die Hälfte (von ca. 40 000 auf 60 000, im Jahre 1600 hatte Hamburg 36 000, 1662 etwa 75 000 Einwohner). Auch Schleswig-Holstein, Niedersachsen, Westfalen und große Bereiche des Rheinlandes erlebten durch den Krieg keinen entscheidenden Einschnitt in der Bevölkerungsentwicklung. Lediglich einige Orte, die an den Durchgangsstraßen lagen, erlitten erhebliche Verluste. In Dortmund z. B. ging die Einwohnerzahl von wenigstens 6500 auf 2000 zurück. Die Schweiz, die österreichischen Erblande, Tirol, Vorarlberg und Salzburg wurden vom Krieg nur wenig berührt. Die Schweiz zog darüber hinaus aus dem Krieg ausgesprochenen Nutzen, da sie als Versorgungsbasis für die umkämpften ober-, mittel- und ostdeutschen Landschaften diente. Gegen Ende des Krieges waren viele Bereiche der Nordschweiz so stark überbevölkert, daß sie für entvölkerte deutsche Gebiete Einwanderer stellen konnten.

Verlustgebiete waren vor allem die Mark Brandenburg, Mecklenburg und Schlesien, das Erzstift Magdeburg, Thüringen und Hessen, Franken, Bayern und Württemberg, die Pfalz, das Elsaß und das Kurfürstentum Trier. In der Altmark waren in den kleineren Städten Verluste von 60–80 % der Bevölkerung zu verzeichnen. In der brandenburgischen Neumark standen 1660 noch die Hälfte der Häuser in den Städten leer. Einzelne Städte in Schlesien waren nach dem Kriege fast vollkommen verlassen.

In den Städten der 'Pflege' Coburg sank die Einwohnerzahl um 62 %. Die Stadt Friedberg in der Wetterau verlor 75 % ihrer Bevölkerung. Für das gesamte Herzogtum Württemberg wurden vor dem Krieg etwa 450 000 Einwohner gezählt. Nach der Schlacht von Nördlingen 1634 setzten hier die rapiden Bevölkerungsverluste ein. 1639 zählte diese stadtreiche Region, obwohl niemals selbst Kriegsschauplatz, nur noch 100 000 Einwohner. Erst 1750 waren die Bevölkerungsverluste des Krieges in Württemberg ausgeglichen.

Günther Franz hat die Gesamtverluste der deutschen Bevölkerung durch den Dreißigjährigen Krieg für die ländliche Bevölkerung mit 40 % und für die Städte mit höchstens 33 % beziffert. Die Verluste waren, wie dargestellt, in den einzelnen deutschen Landschaften verschieden. Aber auch innerhalb der betroffenen Gebiete ist eine kleinräumige Differenzierung zu beobachten. Die geringsten Verluste erfolgten noch durch die unmittelbaren Kriegshandlungen. Hunger und in der Folge Epidemien waren die Ursachen für die verheerenden Auswirkungen des Krieges. Dabei wurden insbesonders die Durchzugsgebiete der Heere betroffen, so längs der traditionellen Heerstraßen (der 'Hohen Straße' von Nürnberg über Coburg nach Erfurt–Leipzig; des 'Hellwegs' über Essen, Dortmund, Soest, Paderborn verlaufend) und die Gebiete, in denen die Heere längere Zeit Quartier bezogen hatten. Waldreiche und unwegsame Gebiete waren in geringerem Maße entvölkert worden. Die kleinen offenen Landstädte litten mehr als die größeren Städte mit umfangreichen Befestigungsanlagen. Die Bevölkerung im Umkreis solcher befestigter Orte konnte hinter deren Stadtmauern fliehen. Außerdem konnten einige einflußreiche Landesherren die Verschonung ihrer Territorien erreichen. In Thüringen haben in dem Gebiet um Weimar und Jena die Dörfer in unmittelbarer Nähe der Städte am wenigsten gelitten. Die Truppen und Marodeure hüteten sich, den Mauern einer Residenz wie Weimar zu nahe zu kommen. Die Bauern konnten sich in die Städte flüchten und von hier aus in ruhigeren Zeiten ihre Felder bebauen. Die Stadt Weimar wies zum Beispiel 1640 bei nur 2863 Einwohnern über 4000 Fremde auf. So wurde denn auch in der Weimarer Gegend 1642 noch vielfach die ganze Feldflur bebaut, während durchschnittlich im Herzogtum zwei Drittel der Felder brachlagen. Breslau hatte 1618 30 000 und 1675 28 000 Einwohner, wogegen Schlesien insgesamt 22 % seiner Bevölkerung im Krieg verlor. Während die großen Dörfer in der Coburger Pflege 75 % ihrer Bevölkerung einbüßten, ging das stark befestigte Coburg selbst nur um ein Drittel zurück. In der Mark Brandenburg hatten viele Gebiete einen Verlust von 50 % der Bevölkerung zu beklagen, Berlin-Cölln aber 'nur' von 25 %. Zuzüge von Flüchtlingen mögen außerdem eine Rolle bei den geringeren Verlusten der Städte gegenüber dem flachen Land gespielt haben.

Das Ende des Dreißigjährigen Krieges traf mit einer gesamteuropäischen Stockung im Bevölkerungswachstum zusammen, einem der Hauptmerkmale der sog. 'Krise des 17. Jahrhunderts'. In Deutschland nahm durch die gesteigerte Geburtenhäufigkeit und Zuwanderung die Bevölkerung aber in den nächsten hundert Jahren relativ stark zu, so daß um 1750 die Gesamtbevölkerung wieder 16–18 Millionen betrug, das heißt, in der Mitte des 18. Jahrhunderts die Verluste des Krieges wieder ausgeglichen waren und verglichen mit 1600 insgesamt eine wenn auch nur geringfügige Zunahme zu verzeichnen war. In der zweiten Hälfte des 18. Jahrhunderts setzte dann, wie in Gesamteuropa, eine Beschleunigung des Bevölkerungswachstums ein, die sich in einer steil ansteigenden Bevölkerungskurve in einer ganzen Reihe von Städten niederschlägt.

Insbesondere die Residenzen erlebten einen überdurchschnittlichen Anstieg der Einwohnerzahlen. Die Zunahme der städtischen Bevölkerung verlief auch hier, wie im 16. Jahrhundert, parallel zu einer allgemeinen Beschleunigung des Gesamtbevölkerungswachstums in Mitteleuropa. Hinzu kam aber in Deutschland aufgrund vielfach religiös begründeter Emigration aus den westlichen Nachbarländern ein erheblicher Wanderungsgewinn. Von den 284 000 Kolonisten, die unter der Regierung Friedrichs II. in Preußen Aufnahme fanden, gingen 75 000 in die Städte. Diese Immigration brachte häufig den Zuzug ökonomisch-innovatorischer Kräfte in den Städten.

Die Wachstumsphasen des 16. und 18. Jahrhunderts sind zwar nicht mit denen des 19. Jahrhunderts zu vergleichen, führten aber doch auch in der Zeit des 'Städtetals' zu einem weiteren Wachstum der Städte, das nicht ohne Folgen für die Wirtschaft und Gesellschaft bleiben konnte. Neuere Untersuchungen für Westfalen machen deutlich, daß eine Auflistung der Städteneugründungen durch entsprechende Kartierungen der Größenentwicklungen der Städte ergänzt werden müßte.[60] Hildegard Ditt hat in Ergänzung zu Carl Haase die Größenklassen der westfälischen Städte durch die Jahrhunderte der Frühen Neuzeit verfolgt. Sie kommt für ihr Untersuchungsgebiet zu dem Ergebnis, daß im 16. Jahrhundert vor allem eine verkehrsgünstige Lage in Verbindung mit einem fruchtbaren agrarischen Umland für einen relativ hohen Bevölkerungszuwachs der jeweiligen Stadt verantwortlich war. Im 18. Jahrhundert verzeichnen hingegen die Städte in 'Industrie'-Regionen, auch wenn sie diese beiden Bedingungen nicht erfüllten, eine vergleichsweise hohe Zuwachsrate bei den Bevölkerungszahlen. Das gleiche gilt für Residenzen und Regierungsorte.

Gustav Schmoller sieht einen Zusammenhang zwischen städtischer Unabhängigkeit bzw. Einordnung der Städte in die modernen Territorialstaaten einerseits und der Entwicklung der städtischen Bevölkerungszahlen andererseits. Nachdem sich die Unabhängigkeit der Städte im Spätmittelalter positiv auf Wirtschaft und Bevölkerung ausgewirkt habe, komme es im weiteren Verlauf zu einer Stockungsphase durch den Kampf zwischen Städten und Landesherren. „Erst die Einfügung der Stadtwirtschaft in den Territorial-

[60] Hildegard Ditt, Ältere bevölkerungs- und sozialstatistische Quellen in Westfalen, in: Voraussetzungen und Methoden geschichtlicher Städteforschung, hrsg. von Wilfried Ehbrecht, Köln 1979, S. 111 ff.

staat [17.–19. Jh.], noch mehr in den modernen Staat und die moderne Volkswirtschaft machte endlich die neue Blüte der Städte, ihr modernes riesenhaftes Anwachsen möglich." [61]

Ein schwieriges Problem stellt die Ermittlung des Anteils der Städte an der Gesamtbevölkerung in der Frühen Neuzeit dar. Die Schätzungen gehen hier relativ weit auseinander: Karl-Otto Bull hat aufgrund der Türkensteuerliste von 1544/45 einen Anteil von 29,4% der Gesamtbevölkerung Württembergs für die Städte errechnet.[62] Er bezeichnet diesen Anteil als relativ hoch im Vergleich mit der für das gesamte Reich gültigen Relation. Nach Wolfgang Leiser lebten in vorindustrieller Zeit in süddeutschen Kleinstaaten 18–25% der Bevölkerung in Städten und Märkten. Für Thüringen ist am Ende des 16. Jahrhunderts allerdings auch ein 28%iger Anteil der städtischen Bevölkerung ermittelt worden.[63] Eine wichtige Rolle werden bei solchen Gesamtermittlungen die Faktoren spielen, mit denen man Steuerpflichtigenzahlen in Einwohnerzahlen umrechnet. Es ist jedenfalls wohl anzunehmen, daß im 16. Jahrhundert bis zu einem Viertel der deutschen Bevölkerung in Städten lebte. Dabei kann man allerdings nicht von einem 'Verstädterungsgrad' (im modernen Sinne) von 25% ausgehen, da ja auch ein großer Teil der 'städtischen' Bevölkerung in der Landwirtschaft tätig war. Angesichts des gleichwohl erstaunlich hohen Anteils der in den Städten lebenden Bevölkerung gewinnt die Erforschung der Geschichte der Städte in der Frühen Neuzeit einen neuen Stellenwert. Dieser Anteil scheint durch die Jahrhunderte relativ stabil geblieben zu sein. In dem älteren Werk zur preußischen Statistik von Otto Behre[64] ist die Entwicklung der einzelnen Provinzen in der zweiten Hälfte des 18. Jahrhunderts aufgeschlüsselt nach städtischer und ländlicher Bevölkerung. Ostpreußen hatte trotz eines

[61] Gustav Schmoller, Die Bevölkerungsbewegung der deutschen Städte von ihrem Ursprung bis ins 19. Jahrhundert, in: ders., Deutsches Städtewesen in älterer Zeit, Bonn 1922, ND Aalen 1965, S. 104.

[62] Karl-Otto Bull, Die württembergischen Steuerlisten von 1544/45 und ihre Bedeutung für die Sozial- und Wirtschaftsgeschichte, in: Voraussetzungen und Methoden geschichtlicher Städteforschung, Köln 1979, S. 103.

[63] Fritz Koerner, Die Bevölkerungszahl und -dichte in Mitteleuropa zum Beginn der Neuzeit, in: Forschungen und Fortschritte 33 (1959), S. 325–331.

[64] Otto Behre, Geschichte der Statistik in Brandenburg-Preußen, Berlin 1905, ND Vaduz 1979.

Wachstums von 1748 bis 1800 von ca. 570 000 Einwohnern auf über 930 000 Einwohner einen stabilen Anteil von 20 % städtischer Bevölkerung. Der städtische Bevölkerungsanteil in Pommern ging im gleichen Zeitraum von etwa 27 auf 23,5 % zurück. In der Neumark war der Anteil der städtischen Bevölkerung 1800 immerhin noch bei 28 %, in Schlesien blieb er stabil bei 18 %. Lediglich in der Kurmark bewegte sich der betreffende Anteil bei 43/45 %, was auf die überragende Rolle Berlins zurückzuführen ist.[65]

Mit dem Bevölkerungsanstieg in der zweiten Hälfte des 18. Jahrhunderts wuchsen also, wie schon im 16. Jahrhundert, auch die Städte. Im Unterschied zum 16. Jahrhundert, wo ich von einem 'gebündelten' Städtewachstum sprechen möchte, richtete sich im 18. Jahrhundert die Intensität der Entwicklung verstärkt nach dem Typus. Residenzen, Verwaltungszentren, 'Industrieorte' nahmen in stärkerem Maße zu als die vorwiegend traditionellen Stadttypen.

Woher kam nun das Wachstum der Städte? Waren es vor allem Wanderungsgewinne oder spielte das 'natürliche' Bevölkerungswachstum durch Geburtenüberschuß die ausschlaggebende Rolle?

Die Frage des Bevölkerungswachstums der Städte durch Zuwanderung ist für jeden Fall gesondert zu beantworten: Residenzen, fürstliche Neugründungen, Festungs- und Manufakturstädte erlebten häufig einen massenhaften Zuzug, der hier das ausschlaggebende Element bildete. Dabei spielten Exulanten eine gewisse Rolle. Bergknappen, Manufakturarbeiter, Kaufleute, ökonomisch bewegliche Elemente überhaupt kamen meist aus entfernteren Herkunftsorten. Diese Gruppen können aber kaum für das Anwachsen der städtischen Bevölkerung insgesamt verantwortlich gemacht werden, da sie sich nicht selten von einer Stadt in die andere bewegten. Im 18. Jahrhundert wurde die Bilanz zum Teil wieder durch aus den Städten in die osteuropäischen und später überseeischen Kolonisationsgebiete abwandernde Handwerker wettgemacht. Viele der Neusiedler der preußischen inneren Kolonisation kamen aus anderen deutschen Gebieten. Ähnlich war es mit Schülern, Studenten, Handwerksgesellen, Geistlichen. Bei den von weiter herkommenden Gruppen handelte es sich nach Feststellung neuerer

[65] Schmoller berechnet für die Kurmark im Jahre 1617 einen Anteil von 42,30 % städtischer Bevölkerung an der Gesamtbevölkerung. 1688: 41,68 %, 1740: 43,36 %. Gustav Schmoller, Das Städtewesen unter Friedrich Wilhelm I., in: ders., Deutsches Städtewesen in älterer Zeit, Bonn 1922, ND Aalen 1964, S. 231 ff., S. 288.

Untersuchungen um im wesentlichen zwischenstädtische Wanderungen.

Viele Städte hatten aber auch vor allem einen kontinuierlichen Zuzug aus der näheren ländlichen Umgebung. Diese Zuwanderer lassen sich in den Bürgerbüchern erfassen, wie auch bei den Eintragungen ihrer Verheiratung in den Kirchenbüchern. Zu einem hohen Prozentanteil kam dieser Zuzug aus einem Umkreis mit einem Radius von weniger als 50 Kilometern um den jeweiligen Zuzugsort.[66] Über den umgekehrten Weg allerdings, von der Stadt auf das 'flache Land' wissen wir so gut wie nichts. Durch die zunehmende Verstädterung zu Lasten der agrarischen Bereiche im 19. Jahrhundert ist vielleicht unser Blick zu einseitig auf den Zuzug *in* die Städte gerichtet.

Der Zuzug war in hohem Maße von Faktoren abhängig, die mittelfristig wirksam waren und die einen höheren Grad an regionaler Unterschiedlichkeit aufwiesen: ökonomische Konjunkturen oder Veränderungen, herrschaftliche Bedingungen waren dafür verantwortlich. Die rechtlichen Möglichkeiten mußten gegeben sein, daß die agrarische Bevölkerung das Land überhaupt verlassen durfte. In Gebieten mit Gutsuntertänigkeit – überwiegend im ostdeutschen Raum – oder in Gebieten mit hohen Abgaben auf den Abzug wurden diese Möglichkeiten erheblich eingeschränkt. Die Möglichkeiten des Zuzugs in die Stadt waren ebenfalls ganz unterschiedlich; das Bürgerrecht war hier leichter, dort nur unter Schwierigkeiten zu erwerben. Traditionelle Handwerkerstädte verlangten ein hohes Zunfteinkaufs- oder Bürgergeld bzw. den Nachweis eines hohen Vermögens (insbesondere auch im 18. Jahrhundert). In fürstlichen Neugründungen wurde die Ansiedlung durch Steuererlaß beim Zuzug erleichtert.

Auch der demographisch zentrale Aspekt der Heiratshäufigkeit generell war bis zu einem gewissen Grad von ökonomischen und herrschaftlichen Gegebenheiten abhängig, d. h. davon, ob die wirtschaftlichen Bedingungen für eine Existenzgründung günstig oder

[66] Arthur E. Imhof, Demographische Stadtstrukturen der frühen Neuzeit. Gießen und seine Umgebung im 17. und 18. Jahrhundert als Fallstudie, in: Zeitschrift für Stadtgeschichte, Stadtsoziologie und Denkmalpflege 2 (1975), S. 190 ff. – Und Hanno Vasarhelyi, Einwanderung nach Nördlingen, Esslingen und Schwäbisch Hall zwischen 1450 und 1550, in: Stadt und Umland. Hrsg. von Erich Maschke und Jürgen Sydow, 1974, S. 129–165, S. 146: Etwa die Hälfte der Einwanderer kam aus einer Entfernung bis 20 km, 70 % bis 50 km.

ungünstig waren, ob die Heiratserlaubnis durch die Obrigkeit leicht zu erreichen war oder nicht. Die Zahl des in der Regel unverheirateten Gesindes in den Städten, das sicher zu einem hohen Prozentsatz aus dem Umland kam, war abhängig von der jeweiligen ökonomischen Situation der bürgerlichen Mittel- und Oberschichten. Hier gab es wahrscheinlich eine schwer zu ermittelnde ständige Fluktuation vom Lande in die Stadt – aber auch umgekehrt. All diese regional und zeitlich unterschiedlichen Abhängigkeiten machen es schwierig, den Anteil des Zuzugs an der Bevölkerungsvermehrung der Städte pauschal zu ermitteln.

Im Gegensatz hierzu waren die Natalitäts- und Mortalitätsquoten weitgehend unabhängig von diesen Bedingungen, sie waren abhängig von langfristig wirksamen kulturellen Normen und außerdem naturdominiert, d. h. hingen von der Entwicklung des Klimas oder des sogenannten 'Todesursachenpanoramas', von den 'éléments biologiques de longue durée' ab. Diese Entwicklungen und Ursachenkomplexe müßten sich nach der Meinung Arthur E. Imhofs in „zeit- und raumübergreifenden Mustern" fassen lassen.[67]

Detaillierte Untersuchungen und Auswertungen der Kirchenbücher Gießens und seiner Umlandgemeinden durch Imhof belegen diese These. Monatskurven der Mortalität, der Empfängnishäufigkeit und der Heiraten zeigen in Stadt und Land über das ganze 18. Jahrhundert einen erstaunlich gleichartigen Verlauf (trotz Krisen, wie die des Siebenjährigen Krieges). Aufgrund namentlicher Auswertung der Kirchenbücher kommt Imhof zu dem Schluß, daß es in der zweiten Hälfte des 17. und zu Beginn des 18. Jahrhunderts deutliche Hinweise auf ein familienplanerisches Verhalten gibt. In der zweiten Hälfte des 18. Jahrhunderts spielte dieses Verhalten wohl wieder eine geringere Rolle, so daß bei einer Verlängerung der Lebensdurchschnittsdauer in dieser Zeit ein Anwachsen der Bevölkerung in den Städten insgesamt auch die Folge des 'natürlichen' Bevölkerungsüberschusses gewesen sein dürfte.

Es wird in der neueren Literatur allerdings auch die Auffassung vertreten, daß der Anstieg der Bevölkerungszahlen in den Städten in der zweiten Hälfte des 18. Jahrhunderts doch vor allem auf die Zuwanderung zurückzuführen sei, daß man bei der 'natürlichen' Bevölkerungsentwicklung geradezu von einem 'demographischen Defizit' der Städte ausgehen müsse, d. h., daß die Mortalitätsraten die Geburten überschritten hätten. Methodische Schwierigkeiten

[67] Imhof, Demographische Stadtstrukturen . . ., S. 196.

stellen sich meines Erachtens aber einer endgültigen Klärung der Frage in den Weg. Die Kirchenbücher enthalten zwar Geburten (Taufen) und Todesfälle (Begräbnisse), aber die Gesamtbilanz wird dadurch verfälscht, daß bei Zugewanderten der Todesfall zwar zu Buche schlägt, seine Geburt aber nicht in Rechnung gestellt wird, so insbesondere bei dem hohen Anteil des Gesindes, das vom Lande kam, häufig auch unverheiratet blieb. Auch sind die Abwanderungen, Bürgeraufnahmen, der ungeregelte Zuzug häufig nicht mit der gleichen Genauigkeit zu ermitteln wie die Geburten und die Sterbefälle. Endgültige Klarheit kann hier wohl erst die jetzt in Angriff genommene Familienrekonstruktionsforschung liefern. Die Zahl der illegitimen Geburten war in der zweiten Hälfte des 18. Jahrhunderts vielerorts trotz steigender Tendenzen immer noch erstaunlich gering, wenn auch die ursächlich damit in Zusammenhang stehenden Kriminaldelikte der Kindestötung die Öffentlichkeit bis hin zu den Akademien beschäftigten.

Für eine Zunahme der Bevölkerung in den Städten während der zweiten Hälfte des 18. Jahrhunderts sprechen eindeutig die Statistiken. Wenn in den preußischen Provinzen die Städte nicht ganz in gleichem Maße wuchsen wie die Einwohnerzahlen des flachen Landes, so ist das vor allem auf die Einwanderungspolitik des friderizianischen Staates zurückzuführen; die Kolonisten wurden ganz überwiegend auf dem Lande angesiedelt.

Unter den Voraussetzungen, daß (1) im Natalitätsverhalten wie auch beim Todesursachenpanorama zwischen Stadt und Land in der vorindustriellen Zeit kein gravierender Unterschied bestand und (2) *allgemein* ein beschleunigter Bevölkerungsanstieg in der zweiten Hälfte des 18. Jahrhunderts zu verzeichnen ist, müßte am Wachstum der Städte auch der 'natürliche' Anstieg der Bevölkerung – durch Geburtenüberschuß – einen Anteil gehabt haben. Defizitär wirkte sich in diesem Zusammenhang die hohe Zahl des unverheirateten Gesindes aus, wie auch die für Familiengründungen hemmende restriktive Zunftpolitik. Die Zahl des Gesindes aber stand in einem Wechselverhältnis zur Schicht der angesessenen Familien, zu ihrer Zahl, ihrem wirtschaftlichen Vermögen. Das Gesinde insbesondere ergänzte sich wohl in erheblichem Umfang durch Zuwanderung. Die restriktive Politik der Zünfte und städtischen Obrigkeiten bewirkte vor allem auch eine Zunahme der unterbürgerlichen Schichten. Jedenfalls ist es nachvollziehbar, daß und warum in der Forschung das Bild einer durchweg defizitären Bevölkerungsbilanz der Städte entstehen konnte, die sich nur durch Zuwanderung ausgleichen ließ. Insgesamt war die Bevölkerungsgeschichte der Städte jedoch komplexer, und auch die 'natürliche' Bewegung der Bevölkerungszahlen muß in den Städten in Rechnung gestellt werden.

Die demographische Forschung, insbesondere für die Frühe Neuzeit, befindet sich in der Bundesrepublik gegenüber Frankreich und England in einem ziemlichen Rückstand, so daß über punktuelle Ansätze hinaus noch keine Aussagen mit letzter Sicherheit über die allgemeine Entwicklung gemacht werden können. Wanderungsgewinne müssen vor allem bei überproportionalem Wachstum der Städte in Rechnung gestellt werden, während die 'éléments biologiques de longue durée' vor allem bei der 'gebündelten, parallel verlaufenden' Bevölkerungsentwicklung der Städte zu Buche schlagen.

Interessant erscheint, daß am Ende der Wachstumsphasen im 16. und 18. Jahrhundert jeweils die Zahl innerstädtischer, meist sozial mitgeprägter Konflikte, Tumulte und Revolten zunahm, die auf eine gewisse Überbevölkerung, auf Schwierigkeiten bei der Anpassung der ökonomischen Bedingungen an die steigenden Bevölkerungszahlen hindeuten.

7. STADTVERFASSUNG

Obwohl die Geschichte der Städte in der Neuzeit die grundsätzliche Unterscheidung von Reichsstädten und mediatisierten Territorialstädten nahelegt, sollte man nicht vergessen, daß die Verfassungen aus einer längeren, parallellaufenden mittelalterlichen Geschichte herkamen, viele Elemente ihnen gemeinsam waren und daß von den Grundlagen und Strukturen her viele der größeren Territorialstädte sich eigentlich nur unerheblich von den Reichsstädten unterschieden. Im Verlaufe der drei Jahrhunderte der Frühen Neuzeit entwickelten sich die beiden Verfassungstypen allerdings doch stärker auseinander, und zwar in dem Maße, wie sich in den Territorien eine moderne flächenstaatliche Verwaltung herausbildete, die verschiedenen herrschaftlichen Rechte sich in einer zentralistisch organisierten, in einer auf die territorialstaatliche Spitze zulaufenden einheitlichen Verwaltung bündelten.

a) Reichsstädte

Als Reichsstädte, als 'liberae Imperii civitates', sind die Städte anzusehen, die außer dem Kaiser keinen Herrn über sich hatten. Sie rückten staatsrechtlich in eine Ebene mit den reichsständischen Territorialstaaten. Kaiser und Reich übten über die Reichsstädte die Aufsicht und die Schutzherrschaft aus. Diese engere Oberhoheit des Reiches über die Reichsstädte äußerte sich in der Pflicht der Huldigung der Reichsstädte gegenüber dem neuerwählten Kaiser, in der Pflicht zur Zahlung von Reichsumlagen. Der Kaiser griff insbesondere im 16. und im 18. Jahrhundert in die Verfassung der Reichsstädte – mit Hilfe der Reichsgerichte, der Kreisorganisation sowie Kaiserlicher Kommissionen – häufiger ein. Im 16. Jahrhundert setzte Karl V. zur Sicherung des alten Glaubens in der Reichsstadt Augsburg z. B. einen patrizischen Rat ein. In insgesamt 20 oberdeutschen Reichsstädten ließ er die Räte durch seinen kaiserlichen Kommissar mit neuen Ratsmitgliedern besetzen. Diese Räte wurden nach dem kaiserlichen Kommissar Dr. Heinrich Hasse als 'Hasenräte' bespöttelt. – Als im 18. Jahrhundert Konflikte zwischen

Bürgerschaft und Rat in Hamburg und Frankfurt ausbrachen, wurden die Verfassungen durch kaiserlichen Spruch neu geregelt.

Ansonsten aber entwickelten sich die Reichsstädte zu Gebilden, die den Territorialstaaten gleichgestellt wurden. Sie besaßen alle landesherrlichen Rechte: das Recht, Steuern zu erheben, in ihrem Territorium Recht zu sprechen, eine eigene unabhängige Verwaltung zu errichten, die Wehrhoheit, das Bündnisrecht, das Statuarrecht (d. h. das Gesetzgebungsrecht). Die Räte übten dieses Recht der Landeshoheit in den Reichsstädten aus, ganz gleich wie sie zusammengesetzt waren oder gebildet wurden. Eine bildliche Darstellung des Nürnberger Ratsregimentes aus der zweiten Hälfte des 16. Jahrhunderts macht dieses recht deutlich. Der Zeichner läßt die Last der Stadt (im wörtlichen Sinne) auf den Schultern des Stadtmagistrats ruhen.[68] Dennoch war die Praxis und Begründung der Herrschaft von der der fürstlichen Territorialherrschaft unterschieden. Johann Jacob Moser, der bedeutendste deutsche Autor des 18. Jahrhunderts auf dem Gebiet des Reichsrechtes, schrieb über die reichsstädtische Ratsverfassung: „Der Magistrat ist der Bürgerschaft Obrigkeit, aber nicht ihre Herrschaft. [Und:] Wann schon der Magistrat superioritatem territorialem administriert; so constituiert doch die Burgerschaft das eigentliche Corpus der Reichsstadt um dessentwillen der Magistrat da ist und es guberniert.“ [69]

So bestand in den Reichsstädten, so fest gefügt ihre Ratsoligarchie auch war und so sehr sich der Rat als Obrigkeit aufführte, ein Dualismus zwischen Rat und Gemeinde auch in der Frühen Neuzeit fort.[70] Der Rat bildete in der Regel die oberste politische und administrative Behörde der Stadt, besetzte das oberste Gericht, in protestantischen Städten das Konsistorium. Der Idee nach sollte er auch als Repräsentant der Bürgerschaft fungieren. Diese Doppelfunktion kam häufig in der Bildung eines engeren Rates (mit Bürgermeistern, lebenslänglich gewählten bzw. ernannten Räten) und eines sogenannten weiteren, äußeren, größeren Rates zum Ausdruck. Dieser weitere Rat wurde im Regelfalle aus den Zünften, als der organisierten Bürgerschaft, oder aus Vertretern der Stadtquartiere gebildet. Er wurde vor allem als Kontrollorgan bei der Rech-

[68] Reformation in Nürnberg – Umbruch und Bewahrung. Katalog, 1979, S. 19.

[69] Zitiert nach: Adolf Laufs, Die Verfassung und Verwaltung der Stadt Rottweil 1650–1806, Stuttgart 1963, S. 31, Anm. 4.

[70] Otto Brunner, Souveränitätsproblem und Sozialstruktur in den deutschen Reichsstädten der frühen Neuzeit, in: VSWG 50 (1963), S. 329ff.

nungslegung, bei allen ökonomischen, die Zünfte betreffenden Angelegenheiten, bei Geschäften im Zusammenhang mit den Stadtprivilegien hinzugezogen.

Auch wo der Rat nicht ohnehin aus dem Patriziat genommen war, entwickelte er im Verlauf der Frühen Neuzeit immer wieder die Tendenz, als oligarchische, nicht gegenüber der Bürgerschaft verantwortliche Stadtobrigkeit aufzutreten. Reine Zunftherrschaft bestand häufig nur vorübergehend, im Anschluß an die sogenannten 'Zunftrevolutionen' des späten Mittelalters und des 16. Jahrhunderts kam es immer wieder zu einer 'Reoligarchisierung'. Das führte nicht selten zu erneuten Konflikten mit der Bürgerschaft, wobei diese in häufig wiederholten Anläufen neue Repräsentationsorgane gegenüber dem Rat entwickelte.

In der Reichsstadt Frankfurt am Main zum Beispiel läßt sich eine solche Neubildung von die Bürgerschaft repräsentierenden Gremien verfolgen. Seit dem Spätmittelalter besetzten die Zünfte die 'dritte Bank' in dem vom Patriziat beherrschten Rat. Als es 1612 aufgrund sozialer Spannungen zu langanhaltenden Konflikten mit der patrizischen Partei im Rat kam, die unter der Bezeichnung 'Fettmilch-Aufstand' (so benannt nach dem Anführer Vinzenz Fettmilch) bekannt sind, wurden nach wechselvoller Geschichte schließlich die Zünfte als politische Organisation der Bürgerschaft eliminiert (1616). Zu diesem Zweck teilte man die Bürgerschaft in der Folge einer Revision der Militärverfassung in Quartiere ein. Die Offiziere (insbesondere die sog. 'Bürgercapitaine') wurden nun entgegen der ursprünglichen Absicht zu Repräsentanten der gesamten Bürgerschaft. Als zu Beginn des 18. Jahrhunderts wieder Klagen gegen die Vettern- und Mißwirtschaft des Frankfurter Rates laut wurden, waren diese neuen Repräsentanten die Anführer einer 'unblutigen Revolution'. Kaiserliche Kommissionen setzten im Verlaufe eines über drei Jahrzehnte bis 1732 dauernden Rechtsstreites neue bürgerliche Repräsentationsorgane und Kontrollinstanzen (z. B. einen 'Bürgerausschuß' und eine 'bürgerliche Gegenschreiberei') ein. Zwar lagen wesentliche Souveränitätsrechte auch weiterhin beim patrizisch geprägten Rat, durch die Verfassungsänderungen wurde aber die Grundlage für ein Vordringen des 'bürgerlichen' Elementes in der Frankfurter Verfassung gelegt, so daß im 19. Jahrhundert an die im 18. Jahrhundert eingeleitete Entwicklung angeknüpft werden konnte.[71]

[71] Rainer Koch, Grundlagen bürgerlicher Herrschaft. Verfassungs- und

Zu Beginn der Frühen Neuzeit bestanden etwa 65 'Frei- und Reichsstädte', von denen im Verlauf der drei Jahrhunderte bis zum Reichsdeputationshauptschluß (1803) eine ganze Reihe entweder zur Schweizer Eidgenossenschaft übertraten, an Frankreich verlorengingen oder einem Territorialstaat einverleibt wurden. Einige Städte beanspruchten die Reichsunmittelbarkeit, konnten den Anspruch aber nicht realisieren. Hamburg und Bremen hatten lange gegen die Oberherrschaftsansprüche von Dänemark und Schweden anzukämpfen. Im 18. Jahrhundert blieben schließlich 51 Reichsstädte übrig.

Lange hat es auch gedauert, bis es den Reichsstädten entsprechend ihren Pflichten gegenüber dem Reich, insbesondere ist dabei an ihre Steuerleistungen zu denken, gelang, auch die Rechte freier Reichsstände zu erwerben.[72] Erst 1648 konnten sie sich im Westfälischen Frieden das 'votum decisivum', das volle Stimmrecht im Reichstag sichern. Von den Territorialfürsten wurden sie aber auch weiterhin als Reichsstände zweiter Kategorie angesehen. Gelegentlich hatten auch Reichsfürsten noch begrenzte Rechte in den Reichsstädten.

Die Zusammensetzung der reichsstädtischen Räte war ganz unterschiedlich. Einige wurden allein oder überwiegend vom Patriziat gebildet (Nürnberg, Ulm, Augsburg), in vielen Reichsstädten bestand eine Oligarchie von ratsfähigen Familien, deren Kreis rechtlich zwar nicht abgeschlossen war, die aber dennoch ein 'Quasi-Patriziat' bildeten, in anderen wiederum war die Zusammensetzung durch die Verbindung mit bestimmten Ämtern vorgezeichnet. Gegen Ende der Frühen Neuzeit läßt sich tendenziell eine Zunahme des Einflusses juristisch gebildeter Akademiker in den Räten bzw. auf die Räte beobachten.

Augsburgs[73] Ratsverfassung wurde 1548 von Karl V. eingerichtet, sie regelte für 250 Jahre die innere Regierung und Verwaltung der Stadt: An der Spitze stand unangefochten das adelige Patriziat.

sozialgeschichtliche Studien zur bürgerlichen Gesellschaft in Frankfurt am Main. 1612–1866 (Frankfurter Histor. Abh., Bd. 27), Wiesbaden 1983.

[72] Eberhard Isenmann, Reichsstadt und Reich an der Wende vom späten Mittelalter zur frühen Neuzeit, in: Mittel und Wege früher Verfassungspolitik. Kleine Schriften 1. Hrsg. von Josef Engel (Spätmittelalter und Frühe Neuzeit, Tübinger Beitr. zur Geschichtsforschung, Bd. 9), Stuttgart 1979, S. 9–223.

[73] Ingrid Bátori, Die Reichsstadt Augsburg im 18. Jahrhundert, Verfassung, Finanzen und Reformversuche, Göttingen 1969.

Im 18. Jahrhundert setzte sich der 48 Mitglieder umfassende 'Kleine Rat', der die Geschäfte führte, aus 31 Vertretern des Patriziats, 7 sog. 'Mehrern', das waren Mitglieder verwandtschaftlich eng mit dem Patriziat verbundener Familien, 3 Kaufleuten und 7 Vertretern der Zünfte zusammen. Die Ratsherren wurden auf Lebenszeit bestellt, und der Rat bestimmte die nachrückenden Mitglieder selbst. Dazu kam ein 'Äußerer' oder 'Größerer Rat'. Dessen 300 Mitglieder sollten „die Gemeine vorstellen". 44 davon kamen aus den 'Geschlechtern', dem Patriziat also, 36 waren 'Mehrer', 80 Kaufleute und 140 kamen aus der Gemeinde (von den Zünften). Dieser Große Rat hatte keine Kontrollfunktionen, sondern wurde nur gelegentlich zu Beschwichtigungsversuchen zusammengerufen. Erst zur Zeit der Französischen Revolution wurden unter dem Druck der Ereignisse nacheinander zwei Repräsentationsorgane gebildet, in denen die Repräsentanten der Gemeinde eine deutliche Mehrheit hatten. Diese Organe wurden aber jeweils durch den Reichshofrat wiederaufgehoben.

Auch in einer Stadt wie Köln[74], in der die Zünfte das Regiment führten, bildete sich mit der Zeit eine Ratsoligarchie heraus, die eine ähnliche Stellung wie das Patriziat einnahm. Schon 1288 hatte die Kölner Bürgerschaft über den Erzbischof in der Schlacht bei Worringen einen entscheidenden Sieg davongetragen. Im Verlaufe der nächsten Jahrhunderte konnte sie dem kurfürstlichen Stadtherren alle Herrschaftsrechte in der Stadt abnehmen, bis auf die hohe Gerichtsbarkeit, die er bis zum Ende des 18. Jahrhunderts behielt. Nachdem zunächst die städtischen Gremien von einer patrizischen Schicht beherrscht wurden, konnte auch diese vertrieben werden, und zwar durch die Zünfte, die durch den sog. 'Verbundbrief' von 1396 und den 'Transfixbrief' von 1513 eine Zunftherrschaft etablierten. Zur Ausübung der politischen Rechte organisierten sich die Zünfte in 22 'Gaffeln', in denen zum Teil jeweils mehr als eine Zunft zusammengeschlossen waren. Diese hatten als Oberhaupt jeweils einen auf Lebenszeit gewählten 'Bannerherren'. Die Gaffeln wählten außerdem den aus 49 Mitgliedern bestehenden Stadtrat. Es war bestimmt, daß jeder Ratsherr nach einer einjährigen Amtsperiode erst nach 2 Jahren wiedergewählt werden sollte. Im Verlaufe der Frühen Neuzeit bildete sich nun der Brauch heraus, daß ein abgetretener Stadtrat nach 2 Jahren wiedergewählt werden mußte.

[74] U. a. Ingrid Nicolini, Die politische Führungsschicht in der Stadt Köln gegen Ende der reichsstädtischen Zeit, Köln . . . 1979.

Das heißt, es gab (theoretisch, wenn man einmal das Ausscheiden von Räten aus Altersgründen oder wegen Todes unberücksichtigt läßt) 147 Stadträte, von denen je ein Drittel im dreijährigen Turnus die Geschäfte führte. Die Stadträte waren somit praktisch auf Lebenszeit gewählt. Da der Aufstieg durch die Zunfthierarchie und in die Ämter jeweils mit hohen Kosten verbunden war, kamen hierfür nur wohlhabende Bewerber in Betracht. So bildete sich hier trotz Wahlsystem eine Parallelität von sozialer und politischer Hierarchie heraus.

Die Bannerherren waren aufgrund des 'Verbundbriefes' als Hüter der Verfassung bestimmt. Da man aber zur gleichen Zeit Bannerherr und Stadtrat sein konnte, versagte dieses Kontrollorgan der Gemeinde. 1777 waren 18 der 22 Bannerherren zugleich im Stadtrat. Daneben gab es als bürgerliches Kontrollorgan den '44er-Ausschuß', so genannt nach der Zahl seiner Mitglieder (zwei aus jeder Gaffel). Der Rat mit seinen 49 Mitgliedern, zuzüglich zwei Bürgermeistern, konnte die '44er' aber jederzeit überstimmen. Da der Nachwuchs für den Rat in der Regel aus dem '44er-Ausschuß' genommen wurde, dieser also als Aufstiegsgremium für den Rat angesehen wurde, kam auch er nicht als echte Kontrollinstanz in Frage. Zwar gab es außerdem noch eine Rechnungsdeputation, die die Rechnungslegung der verschiedenen Kammern, der städtischen Kassen, kontrollieren sollte. Ihre Mitglieder waren aber häufig zusätzlich auch '44er', so daß demnach alle diese Kontrollinstanzen trotz eines hohen personellen Aufwandes letzten Endes versagen mußten. Aus Unzufriedenheit mit der oligarchischen, verfilzten Ämterführung kam es zu wiederholten Unruhen, wie dem Gülich-Aufstand von 1680–86 und der Errichtung der 'Bürgerlichen Deputatschaft' in den 70er und 80er Jahren des 18. Jahrhunderts.

Eine Besonderheit zeigte die Rottweiler[75] Ratsverfassung. Rottweil war der Sitz eines Kaiserlichen Hofgerichts. Der Rat setzte sich im 18. Jahrhundert (nach einigen Änderungen) aus 8 studierten Hofgerichtsassessoren, einem Syndikus und 18 Vertretern der 9 Zünfte zusammen. Die Hofgerichtsassessoren bildeten zusammen mit anderen 'Müßiggängern' (Wohlhabenden, die es sich leisten konnten, 'müßig' zu gehen, kein arbeitsaufwendiges Gewerbe zu betreiben) die sog. 'Herrenstube', kein Patriziat im eigentlichen Sinne. Sie war zu den Zünften hin offen, Zunftmitglieder konnten theoretisch in die Herrenstube aufsteigen, in der Praxis handelte es

[75] Laufs, Die Verfassung und Verwaltung der Stadt Rottweil . . .

sich aber doch bei ihren Mitgliedern um Angehörige eines 'Quasi-Patriziats', einer festgefügten Schicht. Aus den Assessoren mußten in der Regel auch die Bürgermeister, Schultheißen, Obervögte, Kastenherren und Pürschvögte genommen werden, so daß sich so eine verdeckte Oligarchisierung durchsetzte. Die Rottweiler Verfassung wirkte dieser Oligarchisierung jedoch dadurch entgegen, daß dem Rat eine zusätzliche Vertretungskörperschaft der Zünfte gegenübergestellt wurde, die sogenannte '18er-Meisterschaft', die aus je 2 Vertretern der Zünfte bestand. Diese '18er-Meisterschaft' mußte nun in allen die Privilegien der Stadt betreffenden Handlungen des Rates gehört werden. Ihre Hauptaufgabe bestand aber darin, daß durch sie die Wünsche und Beschwerden der Bürgerschaft kanalisiert an den Rat herangetragen wurden. Von einer Vertretung im Sinne einer Teilhabe an den Ratsgeschäften kann also kaum gesprochen werden. Der Begriff 'Demokratisierung', wie er für solche Institutionen gelegentlich gebraucht wurde, ist nicht zutreffend.

In der kleinen Reichsstadt Isny [76] waren die jährlich wiederkehrenden Wahlakte und der Ämterwechsel zu reiner Betriebsamkeit ohne Folgen erstarrt. Die Gremien ergänzten sich selbst, der Rat wählte sich die wenigen Vertreter der Gemeinde selbst, die zu den Wahlakten zugezogen werden sollten. Er führte weiterhin eine strenge Aufsicht über die Zünfte, bestimmte deren Zunftobleute und regierte kräftig in sie hinein. Die Wahlordnung von 1729, die dem Brauch der beiden vorausgegangenen Jahrhunderte entsprach, bestimmte, „daß niemand seine Rats- und Ehrenstelle, dazu er einmal erwählt, ohne tapfere, ehrenhaftens, unvermögens Mißhandlung [d. h. aufgrund fortgesetzten dienstlichen oder privaten Fehlverhaltens] oder anderen erheblichen Ursachen halber entsetzt oder erlassen werden könne". Carl-Hans Hauptmeyer spricht im Zusammenhang mit der Verfassung der Reichsstadt Isny und deren Handhabung von einer „absoluten Oligarchie".

b) Territorialstädte

Alle Städte, deren Reichsunmittelbarkeit durch die Reichsgrundgesetze und den Reichsbrauch nicht anerkannt war, rechneten als

[76] Carl-Hans Hauptmeyer, Verfassung und Herrschaft in Isny. Untersuchungen zur reichsstädtischen Rechts-, Verfassungs- und Sozialgeschichte, vornehmlich in der Frühen Neuzeit (Göppinger Akadem. Beitr. 97), Göppingen 1976.

Territorialstädte. Dabei wurde wiederum zwischen den Städten unterschieden, die den Landesherren unmittelbar unterstanden, und denen, die unter der Herrschaft eines Adeligen, einer kirchlichen oder weltlichen Herrschaft (eines 'Landsassen') des betreffenden Territoriums standen. Es gab einerseits Amtsstädte und Domanialstädte, die Teil des Hausgutes, des Domanialbesitzes des Fürsten waren, und andererseits Mediatstädte, die zu dem Besitz von 'Landsassen' gehörten.

Viele der Städte hatten sich bis weit in die Frühe Neuzeit hinein einen gewissen Spielraum für eine innere Selbstverwaltung bewahrt. Die Möglichkeiten für eine wirkungsvolle äußere Politik waren hingegen geringer geworden, nachdem der aufsteigende Territorialstaat seinen Städten Bündnisse untereinander verboten hatte. Der Niedergang der Hanse hatte neben wirtschaftlichen Ursachen hierin seine wesentlichen Gründe. In einigen deutschen Territorien gehörten die Städte allerdings auch weiterhin als dritter Stand den Landständen an, verloren aber mit der Zurückdrängung der Landstände unter dem Absolutismus in den allermeisten Fällen erheblich an politischer Bedeutung. Ihre Verfassung wurde überwiegend durch die Freiheiten und Privilegien bestimmt, die sich die Städte vor allem im Mittelalter von ihren Herren erkauft, erkämpft und usurpiert hatten.

Ein Beispiel von einer gewissen Allgemeingültigkeit ist Göttingen.[77] Die Stadt lag auf dem Territorium der welfischen (braunschweigischen) Fürstentümer (ursprünglich Fürstentum Calenberg, ab 1584 Herzogtum Braunschweig-Wolfenbüttel, im 18. Jahrhundert Kurfürstentum Hannover). Seit dem 13. Jahrhundert ist in Göttingen ein Rat nachgewiesen, den die Kaufleute besetzten. Im Verlaufe des Spätmittelalters erwarb die Stadt durch Kauf und Verpfändung wichtige herrschaftliche Rechte: Wechsel und Münze, das Schultheißenamt (d. h. die hochgerichtliche Gewalt), das allerdings nie unwiederbringlich in die Hand des Rates überging. Durch Kauf oder Pfandschaft erwarb Göttingen außerdem umfangreichen Grundbesitz, so daß es im niedersächsischen Raum zu einer der größten Grundherrschaften emporwuchs und zeitweise als reichsunmittelbare Stadt angesehen wurde und auch so auftrat.

Die Geschichte der Stadt Göttingen am Beginn der Frühen Neu-

[77] Heinz Mohnhaupt, Die Göttinger Ratsverfassung vom 16. zum 19. Jahrhundert (Studien zur Geschichte der Stadt Göttingen 5), Göttingen 1965.

zeit ist, wie die vieler Städte des Reiches, durch Auseinandersetzungen zwischen Rat und den Zünften bzw. 'Gilden' geprägt. Ursachen dafür waren hohe Schulden der Stadt (was bei den Zünften stets den Verdacht der Mißwirtschaft, Vetternwirtschaft und Untreue des Rates provozierte) und im weiteren Verlauf Auseinandersetzungen um die Einführung der Reformation. In wiederholten Konflikten gewannen die Gilden einen verstärkten Einfluß auf den Rat. Bei einer Neubesetzung des Rates Anfang des 16. Jahrhunderts wurden erstmals in überwiegender Zahl Gildemeister in dieses Gremium aufgenommen. Sie schufen sich außerdem Kontrollinstanzen über die Kämmerei der Stadt. Im Verlaufe der Reformation waren die Gilden die drängende Partei, die die Einführung der evangelischen Konfession forderten. Wieder bildeten sie eine Repräsentationsinstanz in den sog. zehn 'Mittlern', die die reformatorischen Anliegen gegenüber dem Rat vertreten sollten.

All diese Auseinandersetzungen zwischen Rat und Gemeinde, organisiert in den Zünften bzw. 'Gilden', gaben dem Landesherrn die Möglichkeit, als Vermittler, als Beschützer der einen oder anderen Seite aufzutreten. Noch spielten sich aber die Hauptkämpfe um die Verfassung der Stadt zwischen Rat und Gilden ab. Schließlich konnten die Handwerkergilden sogar das Wahlrecht für den Rat gewinnen (1543), und ihre Meister besetzten an der Stelle der Mitglieder der Kaufmannschaft den Rat. Trotz der sozialen Veränderungen in der Zusammensetzung des Rates und des Wahlrechtes der Gilden blieb das Spannungsverhältnis zwischen einem immer wieder zur Obrigkeit sich verfestigenden Rat und der Bürgerschaft bestehen.

Nachdem der Landesherr im 16. Jahrhundert begonnen hatte, eine moderne Territorialverwaltung aufzubauen, möglichst alle Herrschaftsrechte in seiner Hand zu konzentrieren suchte, regelte er im 17. Jahrhundert auch die innere Verfassung der Stadt Göttingen. In einem Rezeß von 1611 zwischen dem Landesfürsten und der Stadt (Rat und Gilden) setzte er einen 'senatus perpetuus', einen dauernden Rat, ein und kam damit dem Bestreben des Rates scheinbar entgegen. Die Ratsmitglieder wurden auf Lebenszeit ernannt. Der Rat erhielt außerdem wieder das Selbstergänzungsrecht; allerdings hatte er die Vorschläge für die Neubesetzung eines Ratsherrenpostens jetzt dem Landesherrn anzuzeigen, dem die Ernennung zustand. Damit war der Rat zum Instrument der zentralen Verwaltung geworden. Die Gilden sollten weiterhin die verschiedensten Kontrollrechte über die Stadtfinanzen ausüben. Im wesentlichen aber stand ihnen nur das Recht zu, Pflichtverletzungen des Rates dem Landesherrn anzuzeigen. „Allerdings sind diese Mitwirkungs- und Kontrollrechte nicht Ergebnis des eigenen Kampfes um die Beteiligung am Rat [wie noch im 16. Jahrhundert], sondern vielmehr nur vom Landesherrn den Gilden zugestanden. Diese Zugeständnisse dienten aber weniger dem Zweck, dem Rat eine breitere Grundlage innerhalb der Bürgerschaft zu geben und den Rat auch von 'unten' einer Kontrolle zu unterstellen, sondern nur offensichtlich dazu, durch die Kontrolle und die Beanstandungen der Gilden, die ja an den Landesherrn eingereicht werden mußten, die Kontrolle von 'oben' zu verschärfen. Hierin zeigt das den Gilden verfassungsmäßig garantierte Kontroll- und Beschwerderecht seine wahre Bedeutung innerhalb einer Verfassungsorganisation, wie sie dem absoluten Fürstenstaat eigen war. Die Tatsache, daß diese Kontrollrechte besonders das Kämmereiwesen betreffen, bezeichnet das große Interesse des Landesherrn an der Finanzkraft und dem Steuerwesen der Stadt und somit deren Bedeutung für die Staatskasse." [78]

Die Deputierten der Gilden provozierten mit ihren Klagen immer wieder fürstliche Kommissionen, die zum festen Bestandteil innerstädtischer Verfassung wurden, dem Rat mehr und mehr von seiner Selbstverwaltung nahmen. Zwar wurde der Rat nicht wieder ausschließlich aus der Kaufmannschaft genommen, doch wurde der Grundsatz vertreten, daß nur begüterte Personen zum Ratsamt zugelassen werden sollten, um zu verhindern, daß sich Räte mit ihrem Amt den Lebensunterhalt zu sichern versuchten. Dazu nur in einem scheinbaren Widerspruch stand die Einführung der festen 'Ratsbesoldung', durch die die unregelmäßigen 'Verehrungen' (Zahlungen zu bestimmten Anlässen) und Festessen (teilweise auch schon zuvor durch Geldzahlungen ersetzt) abgelöst wurden. Darin kam der Wandel der Ratsämter von Ehrenämtern zu Positionen, die faktisch eine Beamtung beinhalteten, zum Ausdruck. Im 18. Jahrhundert kamen vermehrt 'literati' in den Rat, d. h. er wurde mit juristisch ausgebildeten landesherrlichen Beamten besetzt, wurde Teil der landesherrlichen Bürokratie.

Als ein wichtiger Schritt zur Einordnung der Stadt in die landesfürstliche Verwaltung ist vor allem auch die Einlösung des Schultheißenamtes 1664 anzusehen. Der Herzog löste dieses zuletzt 1521 an die Stadt verpfändete Amt samt Zoll, Münze und

[78] Ebenda, S. 81 f.

Wechsel wieder ein. Der Schultheiß, als der Inhaber der hochgerichtlichen Gewalt, wurde so wieder unter die fürstliche Herrschaft gebracht. Über seine eigentlichen Funktionen hinaus griff der Schultheiß nun aber auch in andere Bereiche ein. Er übte die Aufsicht über alle polizeilichen Angelegenheiten im engeren Sinne aus, ihm war also die Aufsicht über die 'securitas publica' übertragen. Diese Aufsicht dehnte er auch über die Marktangelegenheiten aus, er war also Kontrollinstanz bezüglich aller Gildenangelegenheiten. Außerdem sollte er zu allen Ratssitzungen zugezogen werden, woraus er das Recht ableitete, den Rat in bestimmten Fällen zusammenrufen zu dürfen.

Im Verlaufe des 17. und 18. Jahrhunderts wurde der Stadtrat immer mehr zu einem Exekutivorgan der landesherrlichen Verwaltung. Neben den Schultheiß trat der Syndicus, der ein juristisch gebildeter Justiz- oder Verwaltungsbeamter sein mußte. Die Leitung des Rates und die Verantwortung für die Handhabung seiner Verwaltungsgeschäfte wurde dem Bürgermeister übertragen. Der Bürgermeister, der in älteren Zeiten mehr ein primus inter pares unter den Ratsherren gewesen war, wurde in der Zeit des Absolutismus zum Vorgesetzten des Rates. Es kam vor, daß der Landesfürst einen fähigen Landesbeamten von außerhalb dem Rat vorsetzte. Vor allem wurde dem Rat auch das Recht genommen, „Ordnung[en] und Statuta ohne landesherrlichen Consens zu machen". So wurde in einem langwierigen Prozeß die Stadt, die noch im 16. Jahrhundert Einladungen zu den Reichstagen erhalten hatte, der zentralisierten Landesverwaltung unterstellt, aller Selbständigkeit beraubt.

c) Die Unterordnung der Territorialstädte

Göttingen kann als ein exemplarischer Fall gelten. Früher oder später, mehr oder minder gewaltsam wurde in den allermeisten Fällen die Unterordnung der Territorialstädte vollzogen. Dabei kamen den Landesherren innerstädtische Konflikte zwischen der Bürgerschaft und oligarchischen Räten zugute, die sicher nicht zu Unrecht häufig der Vetternwirtschaft, der Ämterverfilzung und der Bereicherung im Amt beschuldigt wurden. Ausgelöst wurden solche Konflikte vor allem durch die wirtschaftlichen Schwierigkeiten, die Schulden der Städte im Anschluß an den Dreißigjährigen Krieg: Die Unterwerfung Münsters unter den Bischof erfolgte 1661, Erfurts durch den Kurfürsten von Mainz mit Unterstützung einer innerstädtischen Opposition 1664, Magdeburg wurde 1666 von Brandenburg zur Festungsstadt gemacht, Braunschweigs Stadtfreiheit endete 1671. Die Jahrzehnte im Anschluß an den Dreißigjährigen Krieg stellen jedoch in dieser Entwicklung nur einen Höhepunkt dar. Sie erstreckte sich – ausgehend vom Mittelalter – über die drei Jahrhunderte der Frühen Neuzeit insgesamt. Trier wurde 1580 endgültig zur kurfürstlichen Landstadt. Göttingens Einordnung in die Braunschweiger zentrale landesfürstliche Verwaltung begann, wie wir sahen, 1611. Einige Städte konnten ihre Stadtfreiheit bis ins 19. Jahrhundert hinüberretten. Dazu gehört zum Beispiel Rostock.[79] Nach drei Jahrzehnten der Auseinandersetzung zwischen der Stadt Rostock und dem Herzog von Mecklenburg, in denen dem Herzog sogar eine innerstädtische Opposition und eine hohe Verschuldung der Stadt durch den Siebenjährigen Krieg zu Hilfe gekommen waren, mußte der Herzog 1788 im Erbvergleich der Stadt das freie Stadtregiment, das Statuarrecht und die uneingeschränkte selbständige Verwaltung des Stadtvermögens ausdrücklich zubilligen, wogegen der Rostocker Rat die Landeshoheit des Herzogs anerkannte und auch eine herzogliche Garnison in der Stadt duldete. Das hatte aber hier nicht die gleichen Konsequenzen wie etwa für Magdeburg, wo der Stadtkommandant die Unterordnung der Stadt bewirkte. Die Privilegien der Stadt waren so weitgehend, daß Ritterschaft und Landschaft des Herzogtums Mecklenburg gegen die angebliche Bevorzugung der Stadt protestierten.

d) Die Einordnung der Städte

Eine systematische, flächendeckende *Ein*ordnung der Städte in den fürstlichen Verwaltungsstaat (im Unterschied zur prinzipiellen verfassungsrechtlichen *Unter*ordnung) brachte erst die Epoche des Absolutismus seit der zweiten Hälfte des 17. Jahrhunderts, in Preußen unter Friedrich Wilhelm I. und in Österreich gar erst unter Maria Theresia und Joseph II., in der zweiten Hälfte des 18. Jahrhunderts. Dabei fand die Einordnung nicht mit Hilfe eines Generalreskriptes für alle Städte des jeweiligen Territoriums statt, sondern für jede einzelne Stadt wurden die inneren Verhältnisse je nach den Privilegien und bestehenden Verfassungen einzeln geregelt.

79 Helga Schultz, Soziale und politische Auseinandersetzungen in Rostock im 18. Jahrhundert, Weimar 1974.

Summarisch lassen die einzelnen Einordnungsverfahren allerdings folgende Gemeinsamkeiten erkennen:

Sie waren verbunden mit einer sich wandelnden Staats- und Verfassungslehre, die, in Anlehnung an Jean Bodin und andere Theoretiker der Souveränitätslehre, das Recht des Monarchen, zugunsten des Staatswohles die Verhältnisse seines Staates regeln zu dürfen, betonte.[80] An der neugegründeten preußischen Universität Halle wurde dieser Rechtsgrundsatz vertreten. In einer Dissertation von 1699 von Jakob Brunnemann, die bald allgemein zitiert wurde, war die Auffassung enthalten, daß die Städte keine privaten Körperschaften seien, die tun und lassen könnten, was sie wollten, sondern als Anstalten des öffentlichen Rechtes seien sie dem Staat und dem Fürsten Rechenschaft schuldig. Alle Einrichtungen und Maßnahmen der Städte, die das öffentliche Wohl betreffen, vor allem die Steuer- und Finanzverwaltung unterlägen der Aufsicht der fürstlichen Verwaltung.

Bis zur Mitte des 18. Jahrhunderts hatte sich in der juristischen Diskussion dieser Grundsatz durchgesetzt und wurde u. a. auch von Johann Jacob Moser vertreten:

„Das allgemeine Staatsrecht lehret, daß die oberste Gewalt im Staat nicht anders sey, als die dem Oberhaupt desselben zustehende Befugnis, alles zum gemeinen Besten zu lenken und anzuordnen. Dahero stehet ihr zu, die zu dem gemeinschaftlichen Besten nach Verschiedenheit der Zeit und Umstände erforderlichen Anstalten und Maasregeln vorzuschlagen, zu prüfen, gutzuheissen oder zu verwerfen.“[81] Nach diesem Grundsatz stand der Obrigkeit vor allem die Aufsicht über die Polizeigewalt, die Finanzverwaltung, die Rechtsprechung der Städte zu. Statuten konnten die Städte nur noch mit Genehmigung der Landesfürsten erlassen. Die Steuerverwaltung wurde in die Regie der fürstlichen Beamten selbst übernommen oder doch zumindest der strengen Kontrolle seiner Organe unterstellt. So wandelte sich z. B. die ursprünglich städtische Verbrauchssteuer in Preußen in eine der wichtigsten staatlichen Steuern: die Akzise. Zu ihrer Einnahme und Überwachung wur-

[80] Gustav Schmoller, Das Städtewesen unter Friedrich Wilhelm I., in: ders., Deutsches Städtewesen in älterer Zeit, Bonn 1922, ND Aalen 1964, S. 231 ff., S. 372.

[81] Johann Jacob Moser, Von der teutschen Unterthanen Rechten und Pflichten, in: ders., Neues teutsches Staatsrecht, Bd. 17, 1774, ND Osnabrück 1967, S. 257f.

den in die Städte, die Einzugsorte dieser Steuer, staatliche Beamte, Kommissare gesetzt, die in steigendem Maße die Aufsicht über andere städtische Angelegenheiten gewannen. Die 'Commissarii loci' trugen zur Unterhöhlung der Stadtautonomie ganz erheblich bei. Das allgemeine Interesse des Staates an einer Steigerung der Einnahmen ließ den Staat zuerst in die Vermögens- und Finanzverhältnisse regelnd eingreifen. Die Verschuldung vieler Städte lieferte den Grund und den Anlaß dafür.

Die Eingriffe in die Stadtfinanzen wurden mit Absetzungen von 'untüchtigen' Stadträten und mit der Einsetzung von neuen Magistraten durch die fürstlichen Kommissare verbunden. Schließlich setzte sich in vielen Territorien die Auffassung durch, daß dem Staat die Aufsicht über die Räte und Magistrate schlechthin zustehe. Und Moser vertrat den Standpunkt: „Ordentlicher Weise müssen Landstätte zwar dem Landesherren, allenfalls auf Erforderen, Rechnung über ihre Einnahme und Ausgabe thun; nicht aber der Bürgerschaft.“ [82]

Die Zahl der Räte wurde in der Regel verringert, in der Verwaltung erfahrene Personen wurden bevorzugt, eine regelrechte Besoldung wurde eingeführt. So verbeamteten die Räte zunehmend. Lebenslängliche Mitgliedschaft im Rat entsprach den sich in der absolutistischen Bürokratie durchsetzenden Prinzipien. Dabei ließen sich also die Privilegien der Städte nicht ohne weiteres aufheben, beseitigen, umgehen. Sie wurden jedoch häufig nur noch als Formalien erhalten, ihres politischen Gehaltes entleert. So ließ man z. B. den Stadträten die Funktion des städtischen Gerichtes, zog aber weitgehend alle wichtigen Angelegenheiten an die landesfürstlichen Gerichte. Außerdem konnte man, wenn das städtische Gericht in der territorialstaatlichen Gerichtsbarkeit die untere Instanz bildete, die Bedingung aufstellen, daß ausreichend 'gelehrte' Räte in den Gremien saßen. Dem Rat wurden in der Regel einige Bürgerbeauftragte beigegeben, die in einzelnen Punkten, vor allem die Finanzverwaltung, das Stadtvermögen betreffend, zu den Ratsverhandlungen und Rechnungslegungen hinzugezogen wurden. Diese Bürgerbeauftragten trugen die verschiedensten Bezeichnungen: Deputierte, Gemeinheitsfreunde (in den Rheinlanden), bürgerliche Repräsentanten, Stadtverordnete (in Preußen) usw. Sie hatten weniger die Aufgabe, auf die Entscheidungen des Rates Einfluß zu

[82] Johann Jacob Moser, Neues teutsches Staatsrecht. Zusätze Bd. 3, 1, 1782, ND Osnabrück 1968, S. 232.

nehmen, sondern vielmehr ihn einer zusätzlichen Kontrolle zu unterwerfen. Auf die Rolle der Vertretungsorgane wird bei der Behandlung der Volksbewegungen zurückzukommen sein.

Auch nicht die Mitgliedschaft in weitgehend intakten Landständen konnte verhindern, daß Städte unter- und eingeordnet wurden, wie das Beispiel der Stadt Freiburg im Breisgau zeigt. Die Stände des Breisgaues wurden gebildet von Rittern, Prälaten und Drittem Stand, zu dem die Städte mit Freiburg an der Spitze und bäuerliche Kameralherrschaften (im Hauensteinischen) gehörten. Bis zu den Reformen Maria Theresias und Josephs II. waren die habsburgischen Vorlande „ein Paradies der landständischen Freiheit, wie man es im deutschen Süden sonst nur noch in Württemberg kannte" (Eberhard Gothein). Diese Reformen bewirkten es dann allerdings, daß innerhalb von wenigen Jahrzehnten die landständischen Corpora zu „staatlich kontrollierten Steuereinzugsorganen" umgebildet wurden.

Durch das ganze 18. Jahrhundert schleppte die Stadt Freiburg Schulden in Höhe von Hunderttausenden von Gulden mit sich. Hinzu kamen 'Parteiungen' in der Bürgerschaft wegen der Ratsbesetzung. Schulden und Unordnung in der inneren Verwaltung waren der willkommene Anlaß für Maria Theresia, in die Verwaltung und Verfassung der Stadt einzugreifen, die Führung der städtischen Geschäfte durch ihre Kommissare überwachen und leiten zu lassen. Die Finanzen sollten geordnet, die ursprünglich autonom durch den Rat durchgeführte Rechtsprechung sollte in den zentralistischen Apparat des österreichischen Staates eingebaut werden.

Nach dem Abzug der Franzosen aus Freiburg 1745 war durch einen Regierungskommissar zur Verbesserung des Steueraufkommens der alte Rat der Stadt abgesetzt und ein neuer Rat ohne Wahl eingesetzt worden. Gegen diesen Eingriff in das Recht der 'freien' Ratswahl (frei nicht im heutigen Sinne, denn es durften nur die 36 Zunftvorsteher stimmen) kam es in den folgenden Jahren immer wieder zu Beschwerden. Die Landesbehörden wiesen die Klagen der Städte mit dem Hinweis zurück, „daß es einem Landesfürst immer freistehe, ja obliege, den Stand seiner Städte untersuchen zu lassen", ohne denselben die Gründe dafür nennen zu müssen.

Im Jahre 1756 wurde eine 'allerhöchste Einrichtungsnormale' erlassen, durch welche die Verwaltung und Verfassung der Stadt neu geregelt werden sollte: Der Rat bestand danach aus zwei Abteilungen: einem inneren Rat, gebildet aus Bürgermeister und zwei (später einem) Schultheißen sowie sechs auf Lebenszeit gewählten (meist juristisch gebildeten) Räten. Hinzu trat ein äußerer Rat, der aus den 12 Vorstehern der Zünfte bestehen sollte. In der Instruktion für den „neu aufgestellten Äußeren Rat“ von 1756 wurden die dort vertretenen Zunftmeister als „Bürgerliche Repräsentanten“ bezeichnet. Diese Repräsentanten sollten „nicht wie vor diesem zu denen ordinari Ratssessionen, sondern nur in wichtigen der gemeinen Stadt Wohlfahrt, Nutzen oder Schaden betreffenden Sachen“ zugezogen werden, in allen Fällen, in denen die „Einwilligung einer ganzen Gemeinde“ erforderlich sein sollte.

Der innere Rat wurde allerdings bei seinen Geschäften in vielen Fällen der Kontrolle durch die Gemeinde resp. die Zünfte entzogen. Er konnte so viel leichter der Aufsicht der übergeordneten Behörden unterworfen werden. Auf die Dauer wurde der Rat insgesamt ein Teil der Behördenapparate des zentralistischen, absolutistischen Verwaltungsstaates. Bürgermeister wurden in zunehmendem Maße von den vorgesetzten Behörden ohne Wahl in ihrem Amt bestätigt.

Den Zünften war man auf halbem Wege entgegengekommen, im Grunde aber waren sie politisch entmachtet. Der äußere Rat sollte faktisch nur noch zur Beratung der Angelegenheiten zugezogen werden, die das Vermögen und die Finanzen der Gemeinde betrafen. Die ‘Einrichtungsnormale’ spiegelt die Absicht der absolutistischen Verwaltung, aus den politischen Korporationen (wie es die Städte gewesen waren) quasi private Gesellschaften von Eigentümern zu machen. Der Rat wandelte sich im Verlaufe der Zeit vom Beauftragten der ganzen Gemeinde zur Obrigkeit gegenüber den Bürgern, allerdings zu einer von der übergeordneten Verwaltung kontrollierten Obrigkeit. Die Folge waren länger andauernde innerstädtische Konflikte, die ihren gewaltsamen Ausbruch im sog. Freiburger ‘Weiberkrieg’ von 1757 fanden, eine jener zahlreichen städtischen Revolten, die es im Verlaufe der Frühen Neuzeit in Deutschland gegeben hat.

Mit besonders harter Hand griffen die Landesherren im 18. Jahrhundert in die Verfassung ihrer Haupt- und Residenzstädte ein. Nicht nur, daß die landesfürstlichen Baukommissare auch das Bauwesen der Stadt regelten oder die Gouverneure (die Kommandanten der Garnisonen) die Polizeiverwaltungen in der Hand hatten, die zentralen Behörden der absolutistischen Verwaltungen waren oft personell und institutionell mit dem Regiment solcher Städte verzahnt, so daß die autonome Stadtverwaltung nur noch auf wenige marginale Bereiche reduziert erscheint.

In Mannheim z. B. war der städtischen Verwaltung ein landesherrlicher Beamter, der Stadtdirektor, vorgesetzt (oft in Personalverbindung mit dem Schultheißenamt). Zur Besetzung eines frei werdenden Stadtratspostens durfte der Rat nur noch eine Vorschlagsliste mit drei Kandidaten einreichen, aus der die Behörden das neue Ratsmitglied auswählten. Der Kurfürst forderte nicht selten den Rat auf, bei der Erledigung einer Ratsstelle einen bestimmten fürstlichen Beamten mit in den Dreiervorschlag aufzunehmen, der dann auch prompt das Amt erhielt. So versorgten die Kurfürsten einen Kontrolleur, einen Quartiermeister und Auditor im kurfürstlichen Gardegrenadierregiment, einen Akziseeinnehmer, einen pensionierten Hauptmann, einen Neckarzöllner mit Ratsstellen. Ähnlich verfuhr man mit dem Bürgermeisteramt. Ursprünglich wählte der Rat für dieses Amt jährlich einen aus seinen Reihen. Dem Bürgermeister waren durch die Einführung des Stadtdirektorenamtes ohnehin nur wenige Funktionen geblieben. Im frühen 18. Jahrhundert mußte der Rat von Mannheim auch hier einen Vorschlag (wie bei der Ratswahl) an die Behörden einreichen, über den diese entschieden. 1734 wurde dem Stadtrat auch das Stadtgericht genommen. Der Kurfürst setzte ein Stadtgericht ein, das aus dem Stadtdirektor und sechs gelehrten Stadtgerichtsassessoren bestand. Ein Teil der städtischen Steuern wurde durch die Rentkammer beansprucht, die Polizeigewalt wurde durch einen kurfürstlichen Kommissar wahrgenommen. So erscheint neben der politischen Entmachtung der Räte vor allem die Einordnung der städtischen Verwaltung in die landesfürstliche Verwaltungsorganisation als einer der wesentlichen Züge der Stadtgeschichte dieser Epoche.

Aber selbst trotz dieser fast lückenlosen Aufsicht des Staates über das Stadtregiment in Mannheim erhob sich gelegentlich der Widerstand der Gemeinde. Sprecher dieses Widerstandes waren die Viertelsmeister und die Offiziere des Bürgermilitärs. Durch die besondere Situation der Hauptstadt fiel dieser Widerstand jedoch recht bescheiden aus, beschränkte sich auf Beschwerden und 'submisseste Vorstellungen' beim Landesherrn.

e) Städtische Volksbewegungen

Innerstädtische Tumulte, Revolten, Unruhen und Volksbewegungen gab es zu Hunderten während dieser drei Jahrhunderte sowohl in Reichs- als auch Territorialstädten.[83] Sie waren Ausdruck der politischen und Verfassungskonflikte zwischen Rat und Bürgerschaft, in Territorialstädten zwischen Landesherren und Bürgerschaft. Eine häufige Ursache für solche Konflikte war der Widerspruch zwischen Verfassungsrealität und sozialer Situation, zwischen der Herrschaft einer ratstragenden Schicht und neuen, aufsteigenden, wirtschaftlich potenten Schichten, die sich nicht ausreichend an der politischen Führung der Stadt beteiligt sahen. Außerdem wurden solche Verfassungskonflikte durch die Eingriffe der Territorialherren in die Selbstverwaltung der Städte verursacht.

Eine wichtige institutionelle Komponente im Bedingungsrahmen solcher Revolten war die Existenz und der Wandel von Vertretungsorganen, die sich in den verschiedensten Formen als Repräsentanten der Gemeinde gegenüber dem Rat installierten (äußere oder große Räte, die Oberalten der Hamburger Kirchengemeinden, die bürgerlichen Repräsentanten in der habsburgischen Magistratsverfassung, Viertelsmeister, Bürgerwehroffiziere – um hier im Rück- und Vorgriff auf in diesem Band angesprochene Beispiele nur einige herauszugreifen). Diese Repräsentativorgane wurden häufig von den konkurrierenden neuen wirtschaftlichen Eliten wie auch von den Handwerkern als Instrumente in den innerstädtischen Auseinandersetzungen benutzt. Eine wichtige Erscheinung war dabei der Wandel des Rates vom Repräsentanten der Gemeinde zu deren Obrigkeit, was den anderen Repräsentativorganen die Möglichkeit gab, als Vertreter der Gemeinde aufzutreten und den Konflikt zwischen Rat und Gemeinde deutlich hervortreten zu lassen. Unter dem Absolutismus bemühte sich die Territorialverwaltung, diese Repräsentationskörperschaften zu Vertretern rein römisch-rechtlich definierter Eigentümergemeinschaften zu machen, sie zu entpolitisieren, indem sie privatisiert, materialisiert, d. h. auf konkrete Aufgaben zur Verwaltung des Gemeinde*vermögens* reduziert wurden. Eine Kriminalisierung der Volksbewegungen, die den von der absolutistischen Bürokratie vorgegebenen Spielraum verließen, war die Folge. Die Volksbewegungen aber waren während der ganzen Frühen Neuzeit ein konstitutiver Bestandteil innerstädtischen Verfassungslebens.

[83] Vgl. Klaus Gerteis, Frühneuzeitliche Stadtrevolten im sozialen und institutionellen Bedingungsrahmen, in: Die Städte Mitteleuropas im 17. und 18. Jahrhundert, Teil 1. Hrsg. von Wilhelm Rausch (Beitr. zur Geschichte der Städte Mitteleuropas, Bd. 5), Linz 1981, S. 43–58.

Zeiten sozialer Krisenhaftigkeit führten zu einer Zunahme innerstädtischer Revolten. Die erste Epoche innerstädtischer Konflikte war zunächst die Zeit der Reformation und des Bauernkrieges. Aber mit der Niederlage der Bauern 1525 war es weder mit dem Widerstand der Bauern noch mit den städtischen Revolten vorbei. Insbesondere um 1600 und gegen Ende des 18. Jahrhunderts ist erneut eine Kumulation städtischer Revolten, Tumulte, Unruhen zu verzeichnen, als sich jeweils die städtischen Handwerkerschichten durch die Bevölkerungszunahme und ökonomische Veränderungen in ihrer Existenz bedroht sahen. Um 1600 waren die traditionellen städtischen Eliten in etlichen Fällen von einer Legitimitätskrise betroffen. Im Laufe des Spätmittelalters und des 16. Jahrhunderts hatten sich die alten Eliten in den Städten auf Landgüter zurückgezogen, lebten von Renten und Einkünften aus Immobilien. In wirtschaftlich potenten Eliten, die sich neuerer wirtschaftlicher Methoden (etwa der Verlagsproduktion) bedienten, erwuchs jenen traditionellen Führungskräften eine Konkurrenz, die sie an sozialem Prestige teilweise überflügelte. Die durch die Bevölkerungszunahme in ihrer Existenz bedrohten Handwerkerschichten opponierten nun gegen die von jener Legitimitätskrise betroffenen Führungskräfte in den Räten, während die neuen Eliten Ansprüche auf Teilhabe an der politischen Macht anmeldeten. In Frankfurt kam es zu dem nach dem Anführer benannten 'Fettmilch'-Aufstand (1612 bis 1616), in Braunschweig zu den 'Brabandtschen Wirren', die 1604 mit der Hinrichtung des Anführers Henning Brabandt endeten, in Lübeck zu den 'Reiserschen Unruhen' und in Aachen zu Konflikten, die sich besonders zwischen 1598 und 1612 bemerkbar machten. Weitere Städte, in denen es in dieser Zeit zu Volksbewegungen kam, waren Augsburg, Danzig, Hamburg, Köln, Emden, Höxter, Lemgo, Paderborn, Neubrandenburg.

In den 80er Jahren des 18. Jahrhunderts ist wieder ein sprunghafter Anstieg innerstädtischer Konflikte in Deutschland zu verzeichnen. Auch dieses Mal waren die Handwerkerschichten die Träger der innerstädtischen Revolten, sie versuchten mit traditionellen Konfliktstrategien ihre sozialen Rechte zu wahren, ihre korporativen Privilegien zu verteidigen, die ihnen einen Anspruch auf den Konsumenten und damit Sicherung ihrer wirtschaftlichen Existenz gewährten.

Wieweit sich mit den Zielen der Handwerker Interessen der im Rat vertretenen Eliten verbanden – wofür es Hinweise gibt –, ist in jedem einzelnen Fall zu überprüfen. Allgemeingültig ist jedoch die

Feststellung, daß die Konflikte in dieser Zeit zur „Verteidigung der autonomen Handlungsräume der Gesellschaften" der Handwerker wie ihrer Gesellen dienten, „wobei der Kontrolle des Arbeitsmarktes zahlenmäßig [d. h. nach der Häufigkeit des Auftretens dieser Forderung in den Konflikten] das stärkste Gewicht beizumessen" ist[84] – Motive, die ein deutliches Zeichen für die krisenhafte Situation des Handwerks, bedingt durch die Bevölkerungszunahme und die Veränderungen in der Produktion darstellten. Bezeichnend ist, daß die Kurve der Konflikte in den 80er Jahren, *vor* Ausbruch der Französischen Revolution, in die Höhe schnellte, daß die Unruhen also nicht durch die Revolution ausgelöst wurden, wenn das Beispiel in Frankreich dann auch ermutigend gewirkt haben könnte, die Ziele in Deutschland waren jedenfalls andere.

[84] Andreas Grießinger u. Reinhold Reith, Obrigkeitliche Ordnungskonzeptionen und handwerkliches Konfliktverhalten im 18. Jahrhundert. Nürnberg und Würzburg im Vergleich, in: Deutsches Handwerk im Spätmittelalter und Früher Neuzeit. Hrsg. von Rainer S. Elkar (Göttinger Beitr. zur Wirtschafts- und Sozialgeschichte, Bd. 9), Göttingen 1983, S. 117–180, S. 173.

8. VERWALTUNGSGESCHICHTE

Eine aus der Verfassungs-, Rechts- und Sozialgeschichte herausgelöste Darstellung der 'Verwaltung' der Städte erscheint für die Frühe Neuzeit als ein nicht unbedenkliches Unterfangen. Verwaltungsgeschichte im Sinne der modernen Staatslehre setzt den Vollzug der Gewaltenteilung voraus. Man kann aber die Räte der Städte und ihre höchsten Ämter nicht als oberste Exekutivbehörden, als Regierung im modernen Sinne bezeichnen. Soweit die Städte nicht territorialstaatlichen Behörden unterstellt waren, stand ihnen das Recht der Gesetzgebung, das Statuarrecht, zu. Außerdem war ja auch häufig nicht scharf zwischen Rat und Gericht unterschieden, sei es, daß der Rat das Gericht aus seinen Reihen besetzte, sei es, daß die oberste Leitung der Stadt sich aus dem Gericht gebildet hatte mit dem Inhaber der Gerichtsgewalt an der Spitze, dem Schultheiß oder dem Vogt (wie in den württembergischen Amtsstädten). Aber auch dort, wo den Räten die Kompetenzen durch die fürstlichen Verwaltungen so weit beschnitten wurden, daß sie selbst als nachgeordnete, untere Behörden Teil der absolutistischen flächendeckenden Verwaltung waren, blieben den Städten noch Reste autonomer korporativer Regelungskompetenzen, wenn auch nur ganz formaler Art.

a) Ämter und Dienste

Es erscheint also als nicht unproblematisch, von 'städtischer Verwaltung' in dieser Zeit zu sprechen. Wir wollen hierunter jedoch ohne Rücksicht auf die moderne Staatslehre all die Tätigkeiten verstehen, die dem Rat und seinen nachgeordneten Behörden zur Wahrnehmung seiner Aufgaben, außer politischer Leitung, Gesetzgebung und Gericht, für die Stadt zustanden. Dabei ist zu beachten, daß zwischen 'Amt' und 'Dienst' zu unterscheiden ist. Unter 'Amt' wurde in der Regel ein Ehrenamt verstanden, das Ratsherren oder Bürgermeister, Gerichtsmitglieder oder Zunftmeister wahrnahmen. Mit diesen Ämtern waren häufig keine festen Besoldungen verbunden, sondern gelegentliche, aber auch regelmäßige Verehrungen, Ehrengeschenke, Aufwandsentschädigungen. Gebräuchlich waren auch entsprechende Bewirtungen durch die Gemeinde, durch die Parteien oder durch einzelne Personen, denen ein Dienst erwiesen wurde. Je mehr diese Ämter zu Beamtungen der territorialen Verwaltung wurden, um so mehr setzte sich eine regelrechte Besoldung auch dieser Ämter durch (Bürgermeister, Räte usw.). Im Wechsel von der 'Verehrung' zur 'Besoldung' kommt ein Wandel in der Auffassung von diesen Institutionen zum Ausdruck. In der Regel nahmen die Räte, Mitglieder der Gerichte, die Zunft- und Bürgermeister mehrere solcher 'Ämter' wahr, was übrigens gelegentlich zu Fehleinschätzungen der Zahl der Mitglieder städtischer Verwaltungen geführt hat.

Unter 'Dienst' wurde in der Regel eine festbesoldete Tätigkeit für die Gemeinde verstanden. Die Bediensteten der Städte bezogen eine entsprechende Aufwandsentschädigung, eine feste Besoldung oder erhielten einen Teil der Gebühren, die für bestimmte Verwaltungsakte bezahlt werden mußten.

Übereinstimmend für viele Städte, insbesondere aber Reichsstädte oder weitgehend selbständig gebliebene Städte ist mit einer erstaunlichen Vielzahl von Ämtern und Diensten im Verhältnis zur Einwohnerzahl zu rechnen, die den städtischen Etat in hohem Maße belasteten. Ein Beispiel ist der Ratsspiegel der Stadt Freiburg[85] aus dem Jahre 1638. Er enthält – *ungeschieden* – folgende Ämter und Dienste:

Vier Amtsherren des Rentamtes (Rechnungsführer der Finanzverwaltung), vier Rechenherren als Kontrollbeamte, zwei Kommissionen zu je drei Mitgliedern für den Steuereinzug, drei Bauherren, zwei Werkmeister, drei Marker (Vermesser von Bauten oder Grundstücken), drei Wuhrmeister (für die Brunnen), einen Jägermeister und seinen Stellvertreter, dazu eine unbekannte Zahl von Holzherren, acht Richter (darunter den Schultheiß), vierundzwanzig Richter am Malefizgericht mit drei Geheimen Räten als Ankläger, zwei Turmherren (als Verwalter der Gefängnisse und zugleich Untersuchungsrichter), vier Talherren (die die Verwaltung der Dörfer überwachten, die der Stadt Freiburg unterstanden), zwei Schulherren, drei Pfleger für die Münsterkirche, je zwei Pfleger der

[85] Franz Laubenberger, Die Freiburger Stadtverwaltung im 17. und 18. Jahrhundert und ihre gesellschaftliche Struktur, in: Verwaltung und Gesellschaft in der südwestdeutschen Stadt des 17. und 18. Jahrhunderts. Hrsg. von Erich Maschke und Jürgen Sydow (Veröff. der Komm. für Geschichtl. Landeskunde in Baden-Württemberg B, 58), Stuttgart 1969, S. 50f.

St. Peter- und der St. Nikolauskirche, zwei Pfleger für die Klöster, Pfleger für das Spital, das Armenspital, das Gutleuthaus (Leprosenanstalt), das Findelhaus, das Blatternhaus und weitere Stiftungen, drei Brotschauer, drei Fleischschauer, zwei Fischmeister als Fischschauer, zwei Zinnschauer, zwei Weinschauer, zwei Nachmesser, zwei Kontrolleure der Druckerei, ein Kastenverwalter, vier Bürgerhauptleute mit ihren Leutnants und Fähnrichen, ein Gesellenhauptmann mit Leutnant und Fähnrich, zwei Zeugmeister zur Verwaltung des Zeughauses.

Hinzu kam zahlreiches Hilfspersonal, das Heer der Schreiber, Büttel, Knechte, Steuereinbringer, Hirten und Schäfer, Flurschützen, Tor- und Nachtwächter, Totengräber.

Von besonderer Bedeutung waren bei den Diensten die Schreiber. Der Stadtschreiber war in Freiburg zum Beispiel seit dem 16. Jahrhundert stets ein studierter Jurist, ein Doktor oder Licenciat der Rechte. Als Vorstand der Ratskanzlei waren ihm als Hilfskräfte Hilfsschreiber (Substituten), Registratoren und Protokollführer zugeordnet. Gerichtsschreiber, Rentamtsschreiber, Kaufhausschreiber, Zollschreiber und andere Dienste dieser Art finden sich in vielen Zweigen der Verwaltung. Stadtphysici und Stadtapotheker überwachten das Gesundheitswesen der Stadt.

Die Entwicklung zur modernen Verwaltung in den Städten nahm häufig ihren Ausgang von dem Stadtsyndikus, Stadtadvokaten oder Stadtschreiber, der die Prozesse der Stadt gegen Privatpersonen oder Institutionen führte. Er bereitete Stadtratssitzungen mit vor und war Berater der Räte in Rechts- und Privilegienfragen.

Einzelne Personen verwalteten häufig mehrere Ämter oder auch Dienste gleichzeitig. Viele der Ämter und Dienste mit Aufsichtsfunktionen brachten ihrerseits Gebühren ein, wovon ein großer Teil für die Besoldung der Amtsinhaber und der Bediensteten wieder verbraucht wurde.

Die Tätigkeit der städtischen Obrigkeit und Verwaltung gliederte sich in sechs große Bereiche:

1. die politische Ebene: dazu gehörte das Gesetzgebungs- und Verordnungsrecht, soweit es nicht durch die Territorialherrschaft beschnitten war, die äußere Politik der Stadt, das Recht der Bürgeraufnahme, das amtssässigen Städten entzogen sein konnte;
2. die Handhabung des Rechtes;
3. die Verwaltung der Militärangelegenheiten;
4. die Kirchen- und Schulverwaltung (mit den für die jeweiligen Konfessionen charakteristischen Einschränkungen);

5. die finanziellen Angelegenheiten der Stadt;
6. die Aufsicht und Lenkung, die Regelung der inneren Ordnung der Stadt, alles das, was im 18. Jahrhundert unter dem Begriff 'Polizey' zusammengefaßt wurde.

Dabei konnten sich die verschiedenen Bereiche überschneiden, sie werden hier aber aus Gründen einer übersichtlichen Systematik getrennt behandelt. Ein Beispiel: Ein Pfleger, der die Aufsicht über das Vermögen einer bestimmten kirchlichen Einrichtung mit ihren Schenkungen, Pfründen usw. führte, gehörte in erster Linie zum Bereich der Finanzverwaltung der Stadt. Wenn damit aber auch karitative Aufgaben verbunden waren, z. B. der Betrieb eines Hospitals, einer Armenstiftung o. ä., dann betraf das den Bereich der 'Polizey', oder er konnte durch seine Aufsichtsfunktionen auch Einfluß auf den *geistlichen* Bereich von Konventen ausüben. Rechtsgeschichte, Kirchengeschichte und Militärgeschichte der Stadt sollen in eigenen Kapiteln behandelt werden. Wir wenden uns hier vorwiegend der Verwaltung der Finanzen und der 'Polizey' zu.

b) Finanzen

Die städtischen Einnahmen setzten sich aus fünf Hauptbestandteilen zusammen, nämlich aus:
1. den direkten Steuern,
2. den indirekten Steuern,
3. den Gebühren,
4. den Einnahmen aus städtischem Besitz,
5. den Kapitalaufnahmen.

Die *direkten Steuern* (Bede, Schatzung, Schoß, Stadtschaden) flossen in den Landstädten in der Regel zu einem großen Teil dem Landesherrn zu. Dort, wo die Landstände, wie etwa im Breisgau, sich eine starke Stellung gegenüber dem Landesherrn bewahrt hatten und die Verwaltung der Steuern noch weitgehend selbständig führten, wurden die direkten Steuern in die landschaftlichen Kassen abgeführt. Die Erhebung der Steuern lieferte, wie wir gesehen haben, häufig den Grund für Eingriffe der Landesherrschaft in die innere Verfassung und Verwaltung der Landstädte. Bei der Erhebung von Steuern und Abgaben sowie bei der Rechnungsführung kam es wiederholt zu Beschwerden der Bürgerschaft und es wurden häufig bürgerliche Kontrollinstanzen (Deputierte, Gegenschreiber, Ausschüsse zur Rechnungsabhör) hinzugezogen. Auch

Reichsstädte bestritten teilweise mit Hilfe von direkten Steuern ihre Verpflichtungen gegenüber dem Reich und der Kreisorganisation. Allerdings bildete diese Ausgabenart nur einen geringeren Posten im Budget der Reichsstädte. In Zeiten von Reichskriegen stellten die Matrikularbeiträge allerdings eine hohe Belastung für die Reichsstädte dar.

Die direkten Steuern bestanden aus Grund- und Vermögenssteuern; gelegentlich wurde auch das durch das Gewerbe gebotene Auskommen (die 'Nahrung') in sie miteinbezogen. Die Territorialstaaten verlangten außerdem Beiträge der Städte zu den Militärlasten. Ursprünglich hatten die Städte einen Beitrag zu Besoldung und Ausrüstung der jeweils angeworbenen Soldtruppen zu leisten (die sog. 'Kontribution'), auch wurden die Truppen direkt bei den Stadtbewohnern einquartiert. Mit der Entwicklung des stehenden Heerwesens in der zweiten Hälfte des 17. und im Verlauf des 18. Jahrhunderts wandelten sich diese fallweise erhobenen Abgaben und Leistungen in regelmäßige direkte Steuern: 'Kontribution', 'Quartiergelder'.

Die Reichsstädte besaßen für ihren Herrschaftsbereich die Steuerhoheit; die Bedeutung der direkten Steuern in den Reichsstädten war jedoch sehr unterschiedlich. In der Reichsstadt Biberach betrug in der zweiten Hälfte des 18. Jahrhunderts die Einnahme aus den direkten Steuern ein Fünftel an den Gesamteinnahmen. Die Reichsstadt Köln hingegen erhob nur in Ausnahmefällen, wenn in Situationen außergewöhnlicher Belastungen Anleihen zur Dekkung des erhöhten Finanzbedarfs nicht ausreichten, solche direkten Steuern.

Die *indirekten Steuern* bestanden vor allem in Konsumsteuern in Form von Akzise, Ungeld u. ä. In Preußen (wie in den allermeisten deutschen Territorien) entwickelte sich diese ursprünglich städtische Steuer zu einer wichtigen Einnahmequelle des Staates. Da sich direkte Steuern in den Anfängen der Frühen Neuzeit häufig nur mit Zustimmung der Stände erheben ließen, daher auch nur schwer gesteigert werden konnten, bediente sich der absolutistische Staat für seinen wachsenden Geldbedarf mit Vorliebe solcher indirekter Steuern auf wichtige Konsumartikel: Getreide, Vieh, Bier, Wein und Salz. Da die Erhebung dieser Steuern am sinnvollsten an den Handelsplätzen, auf den Märkten erfolgte, wurden die Städte zu Zentren der indirekten Steuererhebung. In Preußen bildeten die staatlichen Akzisekommissare, die 'Commissarii loci', eine wichtige Instanz bei der Unterordnung der Städte unter die absolutistische Verwaltung. Um den gesamten Umsatz durch die Steuern erfassen zu können, konzentrierten einige Staaten den Handel mit Getreide in wenigen Städten. Monopole und Regie dienten ähnlichen Zwecken (Tabak, Salz). Der Schleichhandel blühte entsprechend. Wo die Städte diese Steuern selbst einzogen, insbesondere in den Reichsstädten, bildeten sie einen beträchtlichen Anteil der Gesamteinnahmen.

Von diesen Konsumsteuern nur schwer zu scheiden sind die *Gebühren und Zölle*. Das System der wirtschaftlichen Aufsicht und Lenkung der städtischen Obrigkeiten führte zu einer ganzen Reihe von Kontrollen der Qualität und der Preise der angebotenen Waren. Wein durfte nicht ausgeschenkt werden, bevor er nicht geschätzt war, Stoffe wurden auf ihre Qualität überprüft, eingeschmuggelte fremde Ware sollte damit ausfindig gemacht, der Qualitätsstandard der einheimischen Ware kontrolliert werden. Für die Benutzung der städtischen Waage, der Kranen, bei der Ein- und Ausfuhr wurden Gebühren erhoben. Diese bildeten nicht eigentlich eine Benutzungsgebühr, sondern eine Art zusätzliche Steuer. Sie konnten zur Wirtschaftslenkung eingesetzt werden. Außerdem waren sie Teil der Besoldung oder Aufwandsentschädigung der entsprechenden Amtsträger und Dienstleute. Sie werden häufig unter dem Begriff der 'Schaugelder' zusammengefaßt. Zölle und Schaugelder machten in der Reichsstadt Biberach in der zweiten Hälfte des 18. Jahrhunderts etwa ein Fünftel der Gesamteinnahmen der Stadt aus,[86] in der Territorialstadt Trier, die keinen Anteil an den direkten Steuern hatte, sogar bis zur Hälfte (die Benutzungsgebühren für die städtische Mühle und das Brauhaus eingerechnet). Da die Kosten für die Aufbringung dieser Leistungen aber sehr hoch waren, kam trotz des zumeist hohen Prozentanteils diesen Einnahmen keine besondere Bedeutung für den Gesamthaushalt der Stadt zu. In diese Rubrik können auch die Gerichtstaxen und Strafgelder gerechnet werden.

Aus *städtischem Vermögen*, den Waldungen, Weingärten und Gütern, aus der Verpachtung nutzbarer Rechte (Mühlen, Bleichen, Stadtgräben usw.), aus den Abgaben abhängiger Bauern flossen der Stadt weitere Einnahmen zu.

[86] Reinhard Hildebrandt, Zur Frage der reichsstädtischen Finanzen und Haushaltspolitik seit dem Westfälischen Frieden, in: Städtisches Haushalts- und Rechnungswesen. Hrsg. von Erich Maschke und Jürgen Sydow (= Stadt in der Geschichte, Bd. 2), Sigmaringen 1977, S. 91–107, S. 98.

Da die regelmäßigen und gelegentlich einkommenden Einnahmen der Stadt häufig den Finanzbedarf nicht deckten, mußten die Städte zusätzlich *Kredite* aufnehmen. Kriegs- und Notzeiten ließen die Schuldenlasten der Städte relativ hoch anwachsen, so daß viele Städte, insbesondere im 17. und 18. Jahrhundert, sich am Rande der Zahlungsunfähigkeit bewegten. Die Schulden wurden in späterer Zeit zu einer schweren Belastung der Städte. Teilweise konnten Zinsen von ihnen nur gezahlt werden, indem sie neue Schulden machten.

Bei den *Ausgaben* schlugen nun, und das wird nach allem bisher Gesagten kaum verwundern, die Personalkosten am stärksten zu Buche. Anteile von 40, 50 und 60% oder gar mehr an Personalkosten an den Gesamtausgaben waren keine Seltenheit. Dabei handelte es sich zu einem großen Teil um Besoldungen und Verehrungen, zum anderen um Handwerker- und Tagelöhne. Nach Abzug der Ausgaben für Personal- und Sachkosten (Straßenbau, Mauererhaltung usw.) blieb in der Regel nur ein ganz geringer Betrag zur Schuldentilgung übrig.

Biberach hatte 1767 bei einem Haushalt von ca. 34000 fl. eine Schuld von 110000 fl., deren Zinsen es nur mit Mühe aufbringen konnte.

Die Reichsstadt Nördlingen, die in der ersten Hälfte des 18. Jahrhunderts ein vergleichbares Haushaltsvolumen verwaltete, hatte hingegen 461 000 fl. Kapitalschulden, hinzu kamen Zinsschulden von 136 000 fl. und Rückstände in den Kreisabgaben von insgesamt 98 000 fl.[87] Durch Reorganisation der inneren Verwaltung, durch Nachlaß oder Stundung von Kreis- und Reichsabgaben und durch konsequente Ausschöpfung der Einnahmen erreichte Nördlingen allerdings innerhalb von einem Vierteljahrhundert eine Reduktion seiner Schulden um die Hälfte.

In der Reichsstadt Augsburg lag die Verschuldung 1806 bei über zwei Millionen Reichstalern. Frankfurt war zur selben Zeit 'nur' mit etwa einer Million Gulden verschuldet. Am stärksten von den Reichsstädten war Nürnberg verschuldet, seine Schulden stiegen im Verlaufe des 18. Jahrhunderts von sieben Millionen Gulden auf über vierzehn Millionen Gulden an.[88]

[87] Ebenda, S. 100.

[88] Clemens Graf von Looz-Corswarem, Das Finanzwesen der Stadt Köln im 18. Jahrhundert. Beitrag zur Verwaltungsgeschichte einer Reichsstadt, Köln 1978, S. 321 f.

In der preußischen Stadt Emmerich betrug Anfang des 18. Jahrhunderts die Hauptschuld 86 000 Reichstaler, hinzu kamen 52 000 Taler Zinsrückstände. Was bei 4000 Einwohnern eine Pro-Kopf-Verschuldung von etwa 34 Talern ausmachte. Auch die Schuld der Reichsstadt Köln stieg, trotz erheblicher Anstrengungen der Stadt, sie zu tilgen, von rund 1,4 Millionen Reichstalern (1700) auf 1,7 Millionen Reichstaler im Jahre 1797. Die Verschuldung veranlaßte eine innerstädtische Opposition, den Rat erheblich unter Druck zu setzen.

Am Beispiel der Stadt Köln[89] soll gezeigt werden, warum es so vielen Städten trotz erheblicher Anstrengungen nicht möglich war, die Schulden drastisch zu vermindern. Die Stadt Köln beharrte in ihrer Verwaltung und in ihrem Finanzsystem, wie sonst kaum eine andere, auf traditionellen Verfahrensweisen. Unter den Einnahmen der Stadt Köln spielten vor allem die Gebühren und die Konsumsteuern, die Akzisen, eine besondere Rolle. In der Regel wurden aus diesen beiden Einnahmearten allein die Kosten der Stadtverwaltung bestritten. Das war dadurch möglich, daß Köln aufgrund seiner Bevölkerungszahl und seiner Position im Zwischenhandel einen hohen Güterumschlag hatte. Nur in Not- und Kriegszeiten, in denen der Handel stockte und hohe Unkosten für die Verteidigung auf die Stadt zukamen, reichten die indirekten Steuern nicht mehr aus, und die Stadt mußte auf direkte Steuern und auf Kreditaufnahmen zurückgreifen. Darin war Köln freilich untypisch, denn die meisten Städte deckten ihren Finanzbedarf sowohl aus indirekten Steuern als auch aus direkten Steuern. In Köln gab es neben der Akzise keine Zölle im eigentlichen Sinne, sondern nur Gebühren für die Passage der Stadt und für die Benutzung städtischer Einrichtungen, wie die Einlaß- und Auslaßgelder und die Kranengelder.

Zwei Rentkammern verwalteten die städtischen Finanzen. Die 'Mittwochsrentkammer' bezog überwiegend die Gebühren und Akzisen, die 'Freitagsrentkammer' vor allem die wichtigsten Abgaben auf Getränke. Fünfzig Einnahmearten allein wurden von der Mittwochsrentkammer erfaßt. Da sich die Einnahmen im Verlaufe der Jahrhunderte auch noch veränderten, kam es vor, daß die Einziehungskosten kaum durch die Einnahmen gedeckt werden konnten. Zu im 18. Jahrhundert etwa 70 faßbaren Einnahmearten gehörten folgende, hier exemplarisch aufgereihte Gebühren:

Brotakzise, Akzise vom Fischkaufhaus, Salzakzise, Kranengeld,

[89] Dass.

Einnahme aus der Malzmühle, Brotgeld von den Pforten, Pacht der Butterwaage, Fleischhallenakzise, Pacht der Fleischakzise durch das Fleischamt, Akzise vom Gewandschnitt, Akzise vom Gewürzkram, Fischakzisepacht, Holz- und Leyenakzisepacht (Leyen = Dachschiefer), Abgabe von den Holzherren, Kohlenakzise, Kalk- und Heuakzise an der Markmanngasse, Kranengeld an der Rheingasse, Pacht des Lohehofes durch das Schuhmacheramt, Abgabe des Malzakziseschreibers an der Drankgasse, Pacht der Fischwaage und des Obstgeldes, Pacht des Obst-, Heu- und Wegegeldes, Standgeld von den Marktherren, Steinakzise, Abgabe von den Windmühlen, Einnahmen aus vermieteten Häusern, Versteigerung beschlagnahmter Waren.[90]

Standgelder und Lagergebühren wurden zum Teil mit den Akzisen verrechnet. Eine ganze Reihe der Einnahmen war verpachtet. Einige Gefälle brachten so wenig ein, daß sie bei der Bezahlung der Einnehmer verwendet werden mußten und daher gar nicht in den Rechnungen der beiden Rentkammern auftauchten, so daß die Einnahmearten noch weit zahlreicher als die namentlich erfaßten waren. Daneben gab es Sonder- und Unterkassen, die die Finanzen der Stadt so unübersichtlich erscheinen ließen, daß man kaum einen Gesamthaushalt – selbst nachträglich nicht – ermitteln konnte. Auch wurden die Einnahmen gleich durch die Einbehaltung der Besoldungen verringert, so daß jeweils nur die Überschüsse verzeichnet wurden.

Die Einnahmen der Stadt aus Gebühren waren lange so bedeutungsvoll, weil die Stadt das Stapelrecht hatte. Das heißt, auf dem Strom vorbeikommende Waren mußten drei oder sechs Tage in der Stadt gelagert werden. Das war einerseits notwendig geworden, weil die aus den Niederlanden kommenden größeren Schiffe vor der Verengung des Rheines auf kleinere Schiffe umladen mußten, andererseits sollte das Stapelrecht auch die Versorgung einer so großen Stadt wie Köln sicherstellen, denn die Waren mußten zum freien Verkauf angeboten werden.

Das Verladen, Lagern und der Transport der Waren war nun mit allerlei Möglichkeiten für Einnahmen der Stadt verbunden. So kontrollierte Waren brachten aber auch dem Kaufmann den Vorteil, eine Mengen- und Qualitätsbestätigung zur Hand zu haben, die seinem Absatz förderlich war. So bildete sich in Köln in der Frühen Neuzeit insbesondere der Kommissions- und Speditionshandel heraus.

90 Ebenda, S. 61–63.

Direkte Steuern wurden, wie gesagt, in Köln nur in Notsituationen, in Kriegen und bei außergewöhnlichen Belastungen gefordert, z. B. bei einer Hochwasserkatastrophe im Jahre 1784. Zu den direkten Steuern gehörten vor allem der sog. 'zehnte Pfennig' (eine kombinierte Vermögens- und Gewerbesteuer), das Quartiergeld und – dem verwandt – das Wachtgeld (bei dem Wachtdienst existierte, wie bei den Quartierlasten, ein Freikaufsystem, aus dem sich im Laufe der Zeit eine regelmäßige Abgabe entwickelte).

Eine weitere Geldquelle insbesondere im 18. Jahrhundert war die Kreditaufnahme, die noch in der traditionellen Form des Rentenkaufes erfolgte, wobei die vorherrschende Form die der Erbrente war, d. h. eines ablösbaren Kredites. Die Geldgeber waren in der Regel reichere Kölner Bürger und kirchliche Institutionen.

Die Personalkosten, inklusive der Löhnung für das Stadtmilitär, betrugen in der zweiten Hälfte des 18. Jahrhunderts etwa 41 % des Gesamtetats. Noch aus dem Mittelalter und aus der Zeit des Dreißigjährigen Krieges stammte ein Teil der relativ hohen Schuldenlast im 18. Jahrhundert. Die neuen Anforderungen durch die zahlreichen Kriege und Krisen des 18. Jahrhunderts brachten die Stadt Köln in Zahlungsschwierigkeiten. Die Einnahmen aus den indirekten Steuern konnten nicht gesteigert werden, wobei langfristig die Akzisen sogar abnahmen. Das wurde aber durch die steigenden Gebühren und Kranengelder wieder ausgeglichen – ein interessanter Hinweis auf die wirtschaftliche Entwicklung Kölns im 18. Jahrhundert. Die Unübersichtlichkeit der Kassen ließ Kreditaufnahmen immer wieder zu einem Abenteuer werden. Trotz einer unverdrossenen Bereitschaft kirchlicher Institutionen und reicher Kölner Bürger, Anleihen zu zeichnen, konnte die Finanzsituation der Stadt nicht bereinigt werden, das verwickelte System der Steuern und Abgaben, der Kassen und Sonderkassen stand dem entgegen.

So erwies sich das Finanz- und Verwaltungssystem der deutschen Städte in der Frühen Neuzeit als nur begrenzt reformierbar, trotz der Bemühungen um Schuldentilgung, trotz Eingriffen und Kontrollen seitens der absolutistischen Verwaltung. Einer dauerhaften Sanierung der Stadtfinanzen standen die hohen Einzugskosten und die insgesamt hohen Personaletats entgegen. Die große Zahl an Diensten innerhalb der Städte hatte andererseits freilich auch die Funktion, der latenten Arbeitslosigkeit entgegenzuwirken.

c) 'Polizey'

Zur 'Polizey', d. h. zur Verwaltung im engeren Sinne, gehörte die Aufsicht der Stadtobrigkeit über die städtische Wirtschaft: die Kontrolle der Qualität der Waren, die Festlegung von Preisen und Löhnen, die Kontrolle und Regulierung des Handels. Abgesehen davon, daß die Reichspolizeiordnungen für Handel und Handwerk eine ganze Reihe von Vorschriften erließen, griffen die Landesherren in den Landstädten und die städtischen Obrigkeiten in den Reichsstädten mit Verordnungen aller Art kontrollierend in die Wirtschaft ein.

Bauordnungen dienten, wie wir im Blick auf das Erscheinungsbild der Städte ausgeführt haben, einerseits der Sicherheit der Bürger, auf der anderen Seite wurden aus ökonomischen Gründen bestimmte Baumaterialien vorgeschrieben oder verboten. Zum Schutze der Wälder wurde das Bauen mit Holz streng reglementiert.

Die Regulierungstätigkeit und Kontrolle des Landesherrn erstreckte sich auch auf die Bereiche, die man heute als 'Privatsphäre' des Bürgers bezeichnet.[91] Aus ökonomischen Gründen wollte man den unangemessenen Luxus in Kleidern, bei Hochzeiten, Kindtaufen und Beerdigungen verhindern. Es wurde vorgeschrieben, wie viele Schüsseln bei den betreffenden Feiern gereicht werden durften, wie viele Gäste man einladen durfte, ob Musik erlaubt war. In den Polizeiordnungen kam aber auch das Verantwortungsbewußtsein einer 'christlichen Obrigkeit' für das materielle *und* sittliche Wohl der Untertanen zum Ausdruck. In den Städten konnte diese Vorstellung an das Selbstverständnis der Stadtgemeinden anknüpfen, die in ihrem Zusammenschluß mehr sahen als einen politischen und ökonomischen Zweckverband, im religiösen Bereich verstanden sie sich seit altersher als eine 'Heilsgemeinschaft' (vgl. das Kapitel 'Stadt und Kirche').

Dabei wurden für die verschiedenen sozialen Schichten, die 'Stände', innerhalb der Stadt voneinander abweichende Bestimmungen erlassen. Am deutlichsten wird der soziale Bezug bei den Kleiderordnungen des 16. und 17. Jahrhunderts: Es wurde genau festgelegt, welche Stoffe für die Kleidung der verschiedenen Stände

[91] Gustav Klemens Schmelzeisen, Polizeiordnungen und Privatrecht (Forschungen zur neueren Privatrechtsgeschichte, Bd. 3), Münster ... 1955.

verwendet werden durften. Samt und golddurchwirkte Stoffe waren in der Regel Adel und Patriziern vorbehalten, wie auch Goldschmuck von bestimmtem Wert, Marderfelle als Besatz. Anstoß nahm man besonders an aufwendigen Krägen, Krausen und Hauben bei den niederen Ständen. Den Kleiderordnungen gemeinsam war in der Neuzeit vor allem die Absicht, eine deutliche, auch äußerlich sichtbare soziale Scheidung vorzunehmen. Interessant ist dabei, daß die Patrizier und die Angehörigen der Ratsgeschlechter sich entsprechend der Entwicklung ihres Verhältnisses zur Obrigkeit im Verlaufe der Frühen Neuzeit in der Rangordnung, soweit sie in den Kleiderordnungen ihren Ausdruck fand, der Schicht des niederen Adels und der Ritterschaft annäherten. Im Verlaufe der Jahrhunderte traten an die Stelle sozialer Zwecksetzungen verstärkt merkantilistische Überlegungen.

Religiöse und ethische Gründe wurden für den Erlaß von Kleiderordnungen, wie auch der Polizeiverordnungen ganz allgemein, genannt. Religiöse Gründe führten zur Ablehnung der Üppigkeit, des Luxus in jeder Form. Moden und Üppigkeit wurden als Zeichen für Sittenverderbnis verstanden. Im 16. Jahrhundert war es der 'Hosenteufel' (der zum Tragen extrem gebauschter Hosen nach Landsknechtsart verführte), im 17. Jahrhundert die französische Mode, gegen die sich die Polizeiordnungen wendeten.

Kartenspiel, Wirtshausbesuch, Sonntagsheiligung, Trinksitten, Tanzereien, Feste, Armenfürsorge wurden durch Polizeiordnungen geregelt. Darüber hinaus griffen die Polizeiordnungen in viele Bereiche des Rechtes ein. Durch sie wurden Ehe, Familie, Vormundschaft, Erbschaften, Eigentum, Beruf und Arbeit, Handel und Kredit geregelt. Häufig war der Anlaß für den Erlaß einer betreffenden Polizeiordnung ein aktueller Mißstand, sollte in ein konkretes soziales Verhältnis organisierend eingegriffen werden. Die städtischen Verordnungen waren aber in der Regel nur soweit autonome Satzungen, als es sich um solche der Reichsstädte handelte. Die Polizeiordnungen der Landstädte ergingen meist mit landesherrlicher Bewilligung oder wurden von diesem direkt erlassen. Ebenso verhielt es sich mit den Statuten und Ordnungen der Zünfte und anderer gewerblicher Verbände, die als zum Bereich der 'Polizey' gehörig betrachtet wurden.

In den Polizeiordnungen, zu deren Einhaltung der städtische Verwaltungsapparat herangezogen wurde, kam Fürsorgepflicht, aber auch Bevormundungsbedürfnis zum Ausdruck. In den Reichsstädten wurden diese Pflichten und Rechte von der Obrigkeit, repräsentiert durch den Rat, wahrgenommen. In den Landstädten stand dahinter in steigendem Maße der absolutistische Verwaltungsstaat, ohne daß man dessen Intentionen ganz von den Interessen der Gruppen und Institutionen trennen kann, die diese Ordnungen innerhalb der Stadt verwirklichten bzw. daran teilhatten oder deren besondere Lebensformen dadurch geregelt wurden.

In den Polizeiordnungen des 16.–18. Jahrhunderts haben wir ein farbiges Bild des Verordnungs- und Gesetzgebungswesens in und für die Stadt vor uns, das nur schwer eindeutig eingeordnet werden kann. Sicher bildeten die Polizeiordnungen ein Mittel für die Landesherrschaft (resp. das Reich), regulierend, normierend, unterordnend in die Städte einzugreifen. Auf der anderen Seite bewahrten diese Ordnungen einen guten Teil genossenschaftlicher Regelungen, boten sie Instrumente zur Heilung sozialer Defekte an, die durch die allgemeinen Normen des (römischen) Rechtes nicht erfaßt werden konnten. Sie waren durchaus erforderlich, weil nämlich die Rezeption des römischen Rechts, das seit dem Beginn der Neuzeit steigenden Einfluß auf die Städte hatte, das „Rechtsbewußtsein vom Unterricht und der Technik der gelehrten Rechtspflege und der Rechtssetzung“ her ergriff, wie es der berühmte Rechtshistoriker Franz Wieacker in seiner Privatrechtsgeschichte der Neuzeit formuliert hat, „nicht von den Lebensbedingungen selbst her, die mit dem alten Lebens- und Rechtsgefühl der Laien und seiner bunten Traditionsfülle fortlebten“.[92]

[92] Franz Wieacker, Privatrechtsgeschichte der Neuzeit, Göttingen ^{2}1967, S. 202.

9. RECHTSGESCHICHTE

Stand die Stadt bei der Entwicklung einer differenzierten Verwaltung, bei der Einführung einer ordentlichen Kassenführung im Spätmittelalter und zu Beginn der Neuzeit vorbildlich für die Territorialstaaten an der Spitze der modernen Entwicklung, so gilt das gleiche auch für die Rechtsgeschichte.

Die Rechtsgeschichte der mittelalterlichen Stadt war geprägt von Stadtrecht und Rechtsbüchern. Für das Verständnis der frühneuzeitlichen Entwicklung ist bedeutungsvoll, daß sich die mittelalterliche Stadt als ein ausgesonderter Rechtsbereich darstellte, der aus den Landrechten herauswuchs, indem Rat und Gemeinde einen guten Teil der Rechtsgrundsätze und Rechtsgeschäfte in eigener Regie handhabten und bestimmten. Daraus resultierte eine bunte Vielfalt der Rechtsakte und Rechte. Im Verlaufe des Mittelalters bereits bestand das Bedürfnis, die in einer Stadt geltenden Rechtsgrundsätze aufzuzeichnen und zu sammeln und zur Grundlage des Verhältnisses von Rat, Gericht, Obrigkeit einerseits und Gemeinde andererseits zu machen. Auf diese Weise entstanden Sammlungen, Statuten, Rechtsbücher – Texte, die in Städten an Schwörtagen, an denen Rat und Bürgerschaft sich gegenseitig einen Treueid schworen, der Gemeinde verlesen wurden.

Diese Statuten und anderen Quellen, wie etwa das Beispiel der Schlettstädter Stadtrechte aus dem 14.–16. Jahrhundert zeigt,[93] enthielten die Ratswahlordnungen, Bestimmungen über städtische Ämter und Dienste, Eidesformeln verschiedenster Art, Strafbestimmungen, Regelungen der Bürgeraufnahme und des Rechtsstandes der verschiedenen Gruppen von Einwohnern, alle Bereiche des Polizeirechts (Zunftordnungen, Wirtschaftsregulierungen, Sittenaufsicht usw.), Verfahrens- und Prozeßrecht. Es handelte sich häufig um ein durchweg kasuistisches Recht, das z. B. nicht die Rechte der Zünfte allgemein regelte, sondern die besonderen Rechte einer jeden einzelnen Zunft gesondert. Durch die Vielzahl der Regelungen ergab sich jedoch das Bild eines umfassenden Rechtssammelwerkes.

[93] Elsässische Stadtrechte 1 (Oberrheinische Stadtrechte. III, 1), Heidelberg 1902.

Schon im Mittelalter wurden auch private Geschäfte und Rechtsakte zwischen Privaten, wie Eheverträge, Testamente und Grundstücksverträge, auch Handelsverträge, des einfacheren Beweises wegen vor städtische Institutionen gebracht und aufgezeichnet. So finden wir in den Rechtsbüchern der mittelalterlichen Städte auch Bestimmungen über die Regelungen privatrechtlicher Angelegenheiten, Personen-, Sachen-, Schuld- und Vertragsrecht.

Von Bedeutung war auch, daß sich bereits im Mittelalter ein Rechtszug (eine festgelegte Abfolge der Instanzen) herausgebildet hatte. Gegen das Urteil eines Rates konnte man an die Schöffen oder den Rat einer anderen Stadt appellieren, das Urteil schelten, sich Recht weisen lassen. Und zwar wandte man sich an die Mutterstädte der Stadtrechtsfamilien, etwa an Magdeburg oder Lübeck, an die sog. Oberhöfe.

Im Mittelalter waren also für das städtische Recht drei Komponenten angelegt, die sich in der Frühen Neuzeit weiterentwickelten:

1. Die Tendenz, Recht zusammenzufassen, zu sammeln, in begrenztem Maße zu systematisieren: das betraf sowohl die einzelne Stadt als auch die Urteile der Oberhöfe, etwa die Magdeburger Schöffensprüche, die Lübecker Ratsurteile.
2. Neben Verfassungsrecht, Strafrecht und Polizeirecht enthielten die städtischen Rechtsaufzeichnungen im Spätmittelalter in zunehmendem Maße privatrechtliche Regelungen.
3. Es entwickelten sich Verfahren der Appellation und des Rechtszuges aus der Stadt heraus.

Hinzu kam, daß das deutsche Recht ein von Schöffen gewiesenes Recht war. Dieses Schöffenrecht konnte sich öffentlich nur soweit durchsetzen, solange es mit dem allgemeinen Bewußtsein übereinstimmte. Das Recht erschien der älteren Auffassung nicht als Norm, sondern als Ausdeutung der jeweiligen Lebensverhältnisse, war „nur in sehr geringem Maße begrifflich erfaßbar und theoretisch lehrbar. Die Autorität des altdeutschen Urteilers beruhte nicht auf Schule und Lehre, d. h. auf der Verfügung über einen begrifflichen Bestand, sondern auf praktischer Erfahrung und Sachkunde; vornehmlich aber auf ihrer sozialen Autorität. In der Tat gehörten die Schöffen meist dem Grundadel, dem Patriziat und den ratssässigen Kaufmannsgeschlechtern an.“ [94]

Bei der zunehmenden Differenzierung der Gesellschaft im Spät-

[94] Wieacker, Privatrechtsgeschichte . . ., S. 112.

mittelalter, bei der Zersplitterung der Herrschaft bemühte man sich, das Recht auf eine neue überschaubare Autorität zu stellen. Außerdem verlangte die im 15. Jahrhundert sich zu einer 'Weltwirtschaft' ausweitende ökonomische Entwicklung ein verläßliches, überall geltendes Privatrecht, Schuld- und Vertragsrecht.

Dieses Recht fand man im 'römischen Recht', dessen in einem langwierigen Prozeß vollzogene Rezeption weit in das Mittelalter zurückzuverfolgen ist. Die Rezeption erfolgte nun nicht schlicht durch die Übernahme von römischrechtlichen Normen in die deutsche Rechtsprechung, sondern zuerst durch das Vordringen von an italienischen Hochschulen im römischen Recht gebildeten Juristen in die Verwaltungen der Territorien und der Städte. Sie führten das Corpus juris Justinians in der Form ein, wie es sich im Mittelalter entwickelt hatte, wie es durch sog. Glossatoren erweitert worden war und an den Hochschulen von Bologna und Paris gelehrt wurde. Das neue Recht wurde also als wissenschaftliches Recht durch gelehrte Juristen eingeführt. Dabei waren die Städte, insbesondere die reichen Handelsmetropolen im Süden des Reiches, entscheidend an dieser Rezeption beteiligt. Das neue Recht fand vor allem zunächst durch die juristisch gebildeten Syndici, Stadtschreiber und Stadtadvokaten Eingang in die Ratsgeschäfte. Neben dem Reichskammergericht und den landesfürstlichen Verwaltungen wurden die Städte zu Vorkämpfern für das römische Recht.

Erinnern wir uns, daß die Stadtrechte bereits im Spätmittelalter die Tendenz zur Zusammenfassung, zur Ausweitung und Abrundung zeigten. Den wissenschaftlich ausgebildeten Juristen ging es zu Beginn der Neuzeit nun weniger um Fixierung des Herkommens, vielmehr um planmäßige Rechtserneuerung, um 'Reformation' des Stadtrechtes, wie es mit einem für das 15. und 16. Jahrhundert epochenbestimmenden Begriff hieß. In einer ganzen Reihe von großen deutschen Städten wurden an der Wende vom Mittelalter zur Neuzeit Stadtrechtsreformationen durchgeführt.

Die Nürnberger Reformation von 1479 beruhte auf römischrechtlichen Grundlagen, hatte aber eine ganze Reihe von örtlichen Regelungen zu berücksichtigen. Es folgte die Wormser Reformation von 1498/99. „Sie ist in Wirklichkeit kein Wormser Ortsstatut, sondern ein – vielleicht unter dem Einfluß des kürzlich [1495] errichteten Reichskammergerichts entstandenes – populäres Lehrbuch des Kaiserrechts.“[95] Die Frankfurter Reformation (1509),

95 Ebenda, S. 194.

eigentlich eine Prozeßordnung, die bestehende Erb-, Ehegüter-, Pfand- und Vormundschaftsrechte voraussetzte, wurde 1578 von dem Juristen Johann Fichard überarbeitet. Das Freiburger Gesetzeswerk von 1520 stammt von dem Rechtsprofessor und Freiburger Stadtschreiber Ulrich Zasius.

Der *unmittelbare* Einfluß römischrechtlicher Normen auf die städtische Entwicklung sollte nicht überschätzt werden. Überall griffen Räte und Landesfürsten direkt mit Hilfe von Polizeiordnungen in das städtische Leben ein, ohne sich an das römische Recht zu halten, im Grunde galt das römische Recht als ganzes nur subsidiär. Römischrechtliche Grundsätze wirkten vor allem systematisierend auf das städtische Recht. Die Ausbildung der Juristen in diesem Recht förderte mehr *indirekt* das bürokratische, zentralisierende und rationalisierende Element im Alltasgsleben der Städte. Landesherren erhoben den Anspruch, städtische Ämter, wie das des Syndicus, der städtischen Richter, nur mit 'literati', d. h. auf den Universitäten ausgebildeten Juristen zu besetzen.

Die Stadtrechtsreformationen enthalten in der Regel zwei Teile: Bestimmungen zum Prozeßrecht und zum Privatrecht, die Wormser Reformation auch zum Kriminalrecht. Dabei blieben weite Bereiche des Rechts mit traditionellen Inhalten bestehen. Einflüsse römischrechtlicher Grundsätze und Normen setzten sich vor allem in Gestalt der Schriftlichkeit des Prozesses, im Schuldrecht und im Erbrecht durch. Entscheidend war die Übernahme des Anspruchs des römischen Rechtes (nicht des klassischen, sondern seiner im angedeuteten Sinn weiterentwickelten Form), allgemeingültige Normen für alle Rechtsbeziehungen im privatrechtlichen Bereich aufzustellen. In Stil und Formulierung wurden auch die traditionellen, deutschrechtlichen Inhalte in den neuen Rechten dem römischen Recht angeglichen. Die Wissenschaftlichkeit des Rechtes verlieh diesem eine neue Legitimation. Zusätzliche Autorität zog das Recht der Stadtrechtsreformationen aus dem Anspruch, 'Gemeines Recht', 'Kaiserliches Recht' zu sein. Insbesondere die zunehmend bedeutendere Rolle privatrechtlicher Regelungen in den mittelalterlichen Stadtrechten und den Statuten der Städte ebnete den Weg für die Übernahme des römischen Rechtes.

Karl Kroeschell sieht die eigentliche Bedeutung der Reformationen „wohl nicht in der Übernahme romanistisch-kanonistischer Rechtssätze . . ., hier bilden sie oft nur den Abschluß eines Angleichungsvorgangs, der längst im Gange war. Ihre entscheidende Leistung ist vielmehr die durchgreifende Neuerung der weltlichen Rechtspflege aus dem Geiste des gelehrten Rechts." [96]

Die Einführung des römischen Rechtes erleichterte in den Reichsstädten die Absetzung der Obrigkeit von der Gemeinde, deren Zurückdrängung aus dem politischen Bereich in den Bereich des 'Privaten'. Dem Landesherrn gab sie die Möglichkeit, die Städte allgemeingültigen Rechtsnormen unterzuordnen, wenn auch lokale Gewohnheiten bestehenblieben. Statt beim Schöffenstuhl um Rechtsweisung einzukommen, setzte sich entsprechend der Verwissenschaftlichung des Rechtes der Brauch durch, ein Gutachten bei einer juristischen Fakultät einzuholen oder auch an die 'gelehrten' Räte der landesherrlichen obersten Behörde zu appellieren. 'Aktenversendung' gab es bis ins 19. Jahrhundert.

Eine Wende kam mit dem Beginn der Neuzeit auch in der Strafrechtspflege zustande. Nach längeren Vorarbeiten wurde auf dem Reichstag zu Regensburg 1532 die 'Peinliche Gerichtsordnung' Karls V., die sog. 'Carolina', verabschiedet. Zwar sollte es aufgrund einer salvatorischen Klausel den Reichsständen unbenommen sein, sich nach ihren lokalen und Landes-Gewohnheiten zu richten, dennoch setzte sich im Verlaufe der Zeit die 'Carolina' im Grunde im ganzen Reich als Strafgesetzbuch durch. Auch sie regelte, wie das römische Recht, zunächst vor allem den Prozeßgang. Hier wurden in gleicher Weise Normen eingeführt, die im Rahmen einer Rechtssystematik ein geschlossenes Strafrechtssystem entstehen ließen. Anklage- und Inquisitionsprozeß waren vorgesehen. Auch wenn sich die 'Carolina' bemühte, Sicherungen zugunsten des Angeklagten einzufügen, so milderte sie doch nicht die mittelalterlichen Strafbestimmungen, die von dem Grundsatz der Wiedervergeltung und der Vernichtung des Täters bestimmt waren. Für viele Fälle wurde die Todesstrafe vorgesehen: Vierteilung bei Verrat, Rädern bei Vergiftung und Mord, das Feuer bei Zauberei, schweren Münzvergehen, widernatürlicher Unzucht, Brandstiftung und schwerem Kirchendiebstahl, der Galgen bei schwerem Diebstahl und das Schwert bei Notzucht, Raub, Aufruhr, Abtreibung usw. Typische Todesstrafen bei Frauen waren das Ertränken, das Lebendigbegraben verbunden mit der Pfählung als Strafe für Kindsmörderinnen, wobei angeraten wurde, die Strafe auf Ertränken abzumildern.

[96] Karl Kroeschell, Deutsche Rechtsgeschichte, Bd. 2: 1250–1650, Reinbek 1973, S. 234.

Auch im Strafrecht wurde nun ein stark normiertes Recht an die Stelle alter Rechtstraditionen gestellt, das den wissenschaftlich gebildeten Richter verlangte. Die 'Carolina' blieb bis zum Ende des Alten Reiches als allgemein gültiges Strafrecht bestehen. Durch die Unterordnung vieler Städte unter die obrigkeitlich-landesherrliche Aufsicht, die durch die Bedingung eingeleitet wurde, nur gelehrte Richter anzustellen, vollzogen viele Städte auch den in der Hochzeit der Aufklärung in der zweiten Hälfte des 18. Jahrhundert sich abzeichnenden Wandel der Strafrechtspflege mit: durch die Abschaffung der Folter, den Rückgang der Todesstrafe, des Brandmarkens und des Staupenschlagens.[97]

[97] Für Konstanz liegt eine neuere Untersuchung vor, die auf diesen Wandel in der Strafrechtspflege hinweist: Karsten Kühne, Das Kriminalverfahren und der Strafvollzug in der Stadt Konstanz im 18. Jahrhundert, Sigmaringen 1979.

10. MILITÄRWESEN – INSBESONDERE DER REICHSSTÄDTE

In der Gestaltung des Militärwesens trat in der Frühen Neuzeit ein deutlicher Unterschied zwischen Reichs- und Territorialstädten hervor. Während die Reichsstädte die Wandlungen in der allgemeinen militärischen Entwicklung der Frühen Neuzeit mehr oder minder mitmachten, reduzierten sich die Aufgaben der Bürgerwehren in den Territorialstädten durch die Jahrhunderte der Frühen Neuzeit auf ein Minimum, auf Wachdienste und Repräsentationspflichten; die Schützengesellschaften pflegten mehr die Geselligkeit, als sich im Kriegshandwerk zu üben.

Der absolutistische Staat legte sein Militär in den Städten ins 'Quartier'. Die fürstlichen Soldtruppen stellten dabei einen Fremdkörper innerhalb der Städte dar, auch deshalb, weil in vielen Territorien das stehende Heer vorwiegend aus Bauern und Angehörigen der Unterschichten bestand. Das System der 'Freiwächter', nach dem stets ein nicht unerheblicher Teil der Truppen beurlaubt war und sich seinen Unterhalt anderweitig sichern mußte, machte die Soldaten zu einer als unangenehm empfundenen Konkurrenz für die in den Zünften organisierten Handwerker und die Tagelöhner. Befestigungswerke und der 'Rayon', das nach militärischen Erfordernissen gestaltete Umland der Städte, sowie die Kompetenzen der Militärgouverneure schränkten an strategisch wichtigen Orten wie Magdeburg, Mannheim oder Saarlouis die Bewegungsfreiheit der Städte erheblich ein.

In den beiden ersten Jahrhunderten der Frühen Neuzeit hatten die Bürgerwehren allerdings auch in den Territorialstaaten noch eine ganze Reihe von Pflichten wahrzunehmen: Verteidigung der Wälle in Kriegszeiten, Straßen- und Wallbewachung in Friedenszeiten. Sie mußten die Stadtgräben im Winter eisfrei halten. In der Regel konnten sich die Einwohner kaum diesem Dienst entziehen. Die Bürgeraufnahme war daher auch an das Vorweisen einer ausreichenden Bewaffnung gebunden. Juden und Mennoniten mußten anstelle des Wehrdienstes Schanzarbeiten leisten, gemeinsam mit Maurern, Zimmerleuten, Dachdeckern, in Kriegszeiten Pionierdienste wahrnehmen. In zunehmendem Maße versuchten reichere

Bürger, sich von diesen Diensten freizukaufen oder durch einen bezahlten Stellvertreter ersetzen zu lassen. Später stellten die Städte eine Anzahl besoldeter Bürgerwehrsoldaten ein, die diese unliebsamen Polizei- und Wachaufgaben ständig wahrnahmen. Schließlich hatte die Bürgerwehr nur noch bei feierlichen Anlässen zu paradieren, den Landesherrn bei seinen Besuchen an der Stadtgrenze einzuholen oder ihm bei seinem Abschied das Geleit zu geben. Auch bei Hinrichtungen mußten die Bürgerwehren ausrücken. In Reichsstädten jedoch entwickelte sich das Militärwesen vielgestaltiger, weil diesen Städten, wie allen anderen Landesobrigkeiten, die Militärhoheit zukam. Durch die Arbeit von Jürgen Kraus[98] über 'Das Militärwesen der Reichsstadt Augsburg' (in der Frühen Neuzeit) sind wir gut über diese Erscheinung in einer Reichsstadt unterrichtet. Ihre Ergebnisse gelten für die meisten anderen Reichsstädte ähnlich.

Die Wehrhoheit der Reichsstädte, das 'ius armorum', war Ausdruck der Reichsunmittelbarkeit. Es beinhaltete das Recht, die Stadt zu befestigen, die Bürgerschaft zu militärischen Dienstleistungen heranzuziehen, eigene Soldtruppen aufzustellen. Mit dem 'ius belli ac pacis' stand das Recht der Reichsstädte, Bündnisse zu schließen, im Zusammenhang. Im Verlaufe der späteren Jahrhunderte gewann im Rahmen der Wehrhoheit das Recht der Reichsstädte an Bedeutung, fremde Truppenwerbungen auf ihrem Territorium zuzulassen oder zu verbieten, Durchzüge fremder Truppen genehmigen zu dürfen.

Träger der Wehrhoheit war, wie aller hoheitlichen Rechte in den Reichsstädten, der Rat. Besondere militärische Funktionen wurden jedoch von einzelnen Mitgliedern des Rates wahrgenommen: Bürgermeister, Schultheißen (in Augsburg die Amtspfleger) oder andere Magistrate hatten den Oberbefehl über die städtische Armada. Für Militärangelegenheiten wurden, wie in den Territorien, besondere Gremien (Kriegsräte, Defensionsdeputationen) gebildet. Sie nahmen die Verwaltungsaufgaben wahr, deren Erledigung für die Aufstellung und den Unterhalt der Truppen notwendig war. Mit der Herausbildung des 'miles perpetuus', der stehenden Heere, in der zweiten Hälfte des 17. Jahrhunderts gingen die Aufgaben dieser

[98] Jürgen Kraus, Das Militärwesen der Reichsstadt Augsburg 1548 bis 1806. Vergleichende Untersuchungen über städtische Militäreinrichtungen in Deutschland vom 16.–18. Jahrhundert (Abhandl. zur Gesch. der Stadt Augsburg, Bd. 26), Augsburg 1980.

Kriegsräte an kontinuierlich fungierende, von Ratsherren besetzte Kriegs- oder Zeugämter über.

Worin bestanden nun die einzelnen Militäraufgaben der Reichsstädte? Regelmäßig waren die Bürger auch hier zum Wachdienst und zur Besetzung der Wälle in Kriegszeiten verpflichtet. Dazu waren die Bürger straßen-, viertels- oder quartierweise in einer Bürgerwehr organisiert. Freikauf, Freistellung oder Stellvertretung konnten von diesen jeden Bürger treffenden Pflichten entbinden. Da aber damit die Zunahme von Angehörigen städtischer Unterschichten in den Sicherheitsorganen verbunden war, bemühten sich die Stadtverwaltungen, die Bürger selbst wieder zur Wahrnehmung ihrer Pflichten zu bringen. Zur Aufrechterhaltung des Renommees der Bürgerwehren wollte man verhindern, daß schließlich allein 'unterbürgerliche' Schichten diese Truppen stellten. Die Offiziersstellen in den Bürgerwehren waren wichtige Ehrenstellen, und die Bürgerkapitäne wollten nicht gerne einen Haufen von Stellvertretern kommandieren. In manchen Städten bildete sich daher aus den Oberschichten eine eigene Bürgerkavallerie heraus. Zur Bewaffnung waren prinzipiell die 'bürgerlichen' Familienvorstände verpflichtet. Neben den normalen Bürgerkompanien bildete man gesonderte Gesellenkompanien.

Die Entwicklung der Stadtverfassung sowie die Neuerungen in der Kriegstechnik in der Frühen Neuzeit führten dazu, daß man nicht jedem Bürger die Anschaffung seiner eigenen Wehr und eines Harnischs zur Auflage machte, sondern er wurde z. B. verpflichtet, sich beim städtischen Zeughaus einen Gewehrschein zu erwerben, d. h., ein Gewehr zu bezahlen, das ihm dann im Krisenfalle ausgehändigt wurde. Damit war eine Einheitlichkeit der Bewaffnung und eine entsprechende Wartung gesichert. Außerdem war dies eine Vorsichtsmaßnahme gegenüber einer Bürgerschaft, die zum 'Auflaufen' geneigt war.

Die Ausbildung der Bürgerwehren war wenig systematisch. Die Übung in der Handhabung der Feuerwaffen überließ man zu einem großen Teil den Schützengesellschaften, denen dadurch die Rolle öffentlicher Institutionen zukam. Sie garantierten aber kaum die Effektivität der Ausbildung. Beim Üben und noch mehr bei Schützenfesten waren die gesellschaftlichen Aktivitäten mit Trinken und Spielen wichtiger als die Ausbildung.

Kraus beschreibt den Ausbildungsstand des Augsburger Bürgermilitärs so: „Zehn Jahre nach Einführung der Schießausbildung verstanden es die meisten Bürger immer noch nicht, ihr Gewehr zu laden, so daß bei manchen feierlichen Anlässen kaum eine halbe Kompanie eine Salve abgeben konnte. Nicht nur an den Ladegriffen fehlte es bei den Bürgerkompanien; mit dem gesamten Exerzieren stand es schlimm. Nach einem Bericht von 1756 waren die Bürger allenfalls in der Lage, ihr Gewehr zu schultern und an den Fuß zu stellen; Schwenkungen oder Wendungen konnten sie gar nicht ausführen; ‚wann sie rechts um commandiert werden, das platte contrarium zu observieren pflegen'."[99]

Die Dienstpflicht der Bürger begann mit der Verheiratung und endete in der Regel erst mit dem 60. Lebensjahr. Eine ganze Reihe von Ständen war von der Wehrpflicht befreit: Gelehrte als Inhaber von Stadtämtern, Syndici, Doktoren und Lizenziaten sowie Ratsherren und die Leiter verschiedener städtischer Ämter, dazu eine relativ hohe Zahl von unteren städtischen Bediensteten, deren Befreiung von den Wehrlasten als eine Art Ausgleich für ihren Dienst in Anrechnung kam oder die für die Aufrechterhaltung der Ordnung innerhalb und außerhalb der Stadt verantwortlich waren. Die meisten von ihnen hatten Positionen bei der Brandbekämpfung zu erfüllen (wie die Dachdecker). Die Behandlung von Adel und Geistlichkeit bei der Belastung im Rahmen der Wehrverfassung war unterschiedlich. In den städischen Revolten im Bauernkrieg war es eine der reformatorischen Forderungen, daß die Geistlichkeit, weil sie den Schutz der Stadt genoß, auch in gleicher Weise zu den Lasten beitragen, d. h. zum Wachdienst herangezogen werden sollte. Die Befreiung war zwar einerseits zunächst Ausdruck einer gewissen Kompensation für die der Stadt geleisteten Dienste. Sie wurde dann jedoch nicht selten im 17. Jahrhundert eher Ausdruck obrigkeitlicher Stellung. Die Lasten wurden auf die Mindervermögenden abgewälzt. Eine solche Entwicklung wird im System der Befreiung und des Freikaufes manifest. Während der Vermögende sich durch einen relativ bescheidenen Beitrag freikaufen konnte, belastete der Wehrdienst den Unvermögenden durch häufige Wachdienste und gelegentliche Übungen doch erheblich stärker, weil er dadurch häufiger von seiner Erwerbsarbeit abgehalten wurde.

Die militärische Gliederung der städtischen Wehr- und Wachdienste richtete sich in der Regel nach zwei unterschiedlichen Organisationsprinzipien. Sie erfolgte entweder nach Zünften oder nach räumlichen Unterteilungen (Quartieren) der Stadt. Zum Teil hielt

[99] Ebenda, S. 89f.

sich die räumliche Aufteilung an vorgegebene Gliederungen, wie Kirchensprengel, 'Burschaften', 'Weichbilder' u. ä. Überall dort, wo sich eine patrizische Obrigkeit durchsetzte, wie vor allem in den Städten, die nach der Reformation zur Sicherung gegen das Vordringen des neuen Glaubens durch den Kaiser eine patrizische Verfassung erhielten, wurden die topographisch orientierten Aufteilungen vorgenommen. Im Zusammenhang mit dem Frankfurter 'Fettmilch'-Aufstand zu Beginn des 17. Jahrhunderts wurde die 'politische Organisation' der Zünfte beseitigt, die die Träger des Widerstandes gegen den patrizischen Rat gewesen waren, und gleichzeitig wurde eine neue militärische Einteilung nach Quartieren vorgenommen, diese sollte offensichtlich die Repräsentationsansprüche der Zünfte beseitigen. Daß um das Jahr 1600 in etlichen Städten eine Neuregelung der Bürgerwehren vorgenommen wurde (z. B. 1582 in Köln, 1590/1605 in Osnabrück, 1621 in Breslau),[100] daß ihre Organisation sich statt nach Zünften nach Quartieren und Verteidigungsabschnitten richtete, steht sicher auch im Zusammenhang mit der allgemeinen militärhistorischen Entwicklung. In dieser Zeit kam es aufgrund der Erfahrungen aus dem spanisch-niederländischen Krieg und mit dem Söldnerwesen allgemein zu Bemühungen um die Belebung des Landesaufgebotes in den Territorialstaaten.

Zu einem großen Teil erfolgte die Einteilung der Stadtmiliz rein funktional ohne politisch-taktische Absichten wie in Frankfurt: den Quartieren, Vierteln usw. wurden Verteidigungsabschnitte zugeteilt, zu denen sie in organischer Verbindung lagen. Sie wurden zum Beispiel mit der Besetzung eines Mauerabschnittes, mit der Sicherung und Bewachung eines Tores beauftragt. Die einzelnen Gliederungen hatten ihre festgelegten Alarmplätze und Hauptleute.

In großen Städten wurden die Quartiere in Gassenabschnitte unterteilt, die ihre Unterführer, Rottmeister oder Gassenhauptleute hatten. Von Anfang an bediente sich der Augsburger Rat dieser Gassenhauptleute, „um eine Übersicht über den Stand der Einwohnerschaft zu erhalten. Ihre Hauptaufgabe lag damit im Anlegen von Einwohnerlisten ihrer Gassenhauptmannschaft, die sie laufend

[100] Reinhard Rudolf Heinisch, Die Stadt als Festung im 17. Jahrhundert, in: Die Städte Mitteleuropas im 17. und 18. Jahrhundert. Hrsg. von Wilhelm Rausch (Beitr. zur Gesch. der Städte Mitteleuropas, Bd. 5), Linz 1981, S. 283–310, S. 292–294.

auf den neuesten Stand zu bringen hatten. Besonderes Augenmerk sollten sie auf solche Leute richten, die kein Bürgerrecht angenommen hatten. Weiter legten sie fallweise Verzeichnisse über bedürftige Almosenempfänger, Getreidevorräte, Kontributionszahlungen und Pferdebesitzer an." [101]

Die Militärorganisation verband sich so mit der 'Polizey' und der allgemeinen Verwaltung. Im Falle Augsburgs wurden die Hauptleute zu regelrechten 'Polizeyaufsehern'. Der Gassenhauptmann und sein Leutnant sollten „überhaupt auf alles, was die gemeine Sicherheit, gute Ordnung und Sitten, worunter vorzüglich die geist- und leibliche Erziehung der Kinder gehörig, betrifft, in der seiner Obsicht übergebenen Gegend, die wachsamste Aufmerksamkeit halten", wie es in der Instruktion der Gassenhauptleute von 1778 in Augsburg hieß. Zu ihren Aufgaben gehörte u. a. auch die Überwachung der Straßenreinigung und des Arbeitsverbotes an Sonntagen.[102] In anderen Städten formierte sich aus den Viertelsmeistern und Bürgerwehrhauptleuten eine politische Repräsentanz der Bürgerschaft gegenüber dem Rat oder dienten jene Funktionen zum Aufbau einer gewissen bürgerlichen Selbstverwaltung (so in Frankfurt, Hamburg, Bremen, Danzig, Mannheim).

In Anlehnung an die allgemeine Heeresorganisation bildete sich auf der Grundlage der Quartiergliederung, sie aber auch gegebenenfalls sprengend, eine Organisation der Bürgermannschaften in Kompanien und Regimentern (zu Fuß, zu Pferd und als Artillerieeinheiten). In diesen Kompanien gab es all die Dienstgrade bzw. Funktionen, die den fürstlichen Heeren eigen waren: Hauptleute, Leutnants, Fähnriche, Feldwebel, Korporäle, Spielleute, Fouriere, Feldschere usw. Damit verlor die Wehrorganisation teilweise den durch die Zuordnung von Quartieren sowie von spezifischen Verteidigungsaufgaben und von Feuerlöschbezirken augenfälligen Charakter der Schutzgemeinschaft, der personalen Gebietskörperschaft. Ein Wandel des Charakters der Wehrorganisationen kann auch in der Verfestigung einer spezifischen sozialen Schichtung der Amtsinhaber in den Kompanien beobachtet werden. Die Offiziersstellen wurden durchweg von wohlhabenden Bürgern, insbesondere den Kaufleuten besetzt. Einen Hauptmann in Augsburg kostete es, seine Charge zu erlangen, etwa 142 fl. an Präsentations- und Trinkgeldern, was fast dem Betrag entsprach, der zur Siche-

[101] Kraus, Das Militärwesen der Reichsstadt Augsburg . . ., S. 117.
[102] Ebenda, S. 119.

rung des Existenzminimums einer Familie für ein ganzes Jahr erforderlich war. Ein bürgerlicher Rittmeister hatte für sein Amt (Pferdeausrüstung und weitere Kosten) etwa 2000 fl. aufzuwenden. In Augsburg hat Jürgen Kraus von 74 Fußhauptleuten im 18. Jahrhundert 68 Kaufleute ermittelt.[103] Da in den augsburgischen Fußkompanien vor allem die minderbemittelten, im Textilbereich arbeitenden Handwerker dienten, bemühten sich die besser gestellten Handwerker, trotz hoher Kosten, in der Kavallerie oder Artillerie zu dienen. So konnten sich in den Wehrorganisationen u. U. die gleichen hierarchischen Strukturen durchsetzen, die für die obrigkeitliche Entwicklung in der Verfassungsgeschichte der frühneuzeitlichen Städte charakteristisch waren. Wo opponierende Eliten die Militärämter besetzten, waren die Quartiere organisatorische Basis gemeindlichen Widerstands gegen die Räte und Magistrate.

Neben der Verpflichtung, sich Waffen anzuschaffen und deren Gebrauch zu üben, erwuchs den Bürgern aus dem Recht der Städte zur Befestigung eine besondere Baupflicht. Diese wurde aber häufig frühzeitig, wenn man von besonderen Bürgergruppen absieht, durch eine Geldabgabe abgelöst. Nur noch bei konkreten Anlässen, bei denen die Stadt eine große Zahl von Arbeitskräften an den Befestigungsanlagen benötigte, wurden die Bürger zur Baupflicht persönlich herangezogen, insbesondere bei der Errichtung einer modernen Befestigungsanlage (im Dreißigjährigen Krieg z. B.) und bei der Demolierung, der Schleifung der Festungen. Das zeigen die von den Zeitgenossen sicher nicht ohne Ironie angefertigten Stiche um 1800, auf denen würdige Herren mit dicken Bäuchen in bürgerlicher Kleidung Schubkarren schiebend Festungswerke schleifen helfen.

Neben der Bürgermiliz unterhielten die meisten Städte eine permanente Söldnertruppe, eine 'Stadtgarde', bestehend aus einer oder zwei Kompanien. Diese konnte in Krisenzeiten auf ein Vielfaches vermehrt werden. Sie übernahm vor allem die regelmäßigen Tagwachten, zog aber auch gelegentlich zum Schutz des Territoriums der Stadt aus. Nach dem Dreißigjährigen Krieg stellte sie allerdings häufig keine kriegstüchtige Macht mehr dar. Sie wurde vielmehr eine durch Überalterung gekennzeichnete Versorgungsinstitution für Soldaten des Kreismilitärs.

„Jeder Bezug zum militärischen Felddienst war bis zum Ende des 18. Jahrhunderts derartig abhanden gekommen, daß sogar ein Aus-

[103] Ebenda, S. 162.

marsch, wie er in früheren Kriegen zum Teil noch stattgefunden hatte, verweigert wurde. Die Bedeutung der Garde für das Stadtwesen lag nur in den polizeilichen Funktionen bei der Besetzung von Wällen und Stadttoren sowie dem Eingreifen bei inneren Unruhen. Belagerungen und ernsthaften Krisen war sie allein nicht gewachsen. Noch in zwei weiteren Punkten unterschied sich die Stadtgarde von einer Feldtruppe: in der Dienstzeit bis ans Lebensende und dem überaus hohen Prozentsatz Verheirateter ... Ihrer sozialen Herkunft nach waren die meisten Stadtsoldaten ... gelernte Handwerker."[104] Da der Sold meist kaum ein Minimum der Lebenshaltungskosten deckte, waren sie auf zusätzlichen Verdienst angewiesen, was zu Auseinandersetzungen mit den angesessenen Handwerkern führen konnte.

Eine dritte Komponente in der reichsstädtischen Militärverfassung bildeten die Soldaten, die von den Reichsstädten zu den Kreis- und Reichstruppen gestellt wurden. Diese waren in einer ähnlichen Position wie die Stadtgardisten, wiesen jedoch als Feldtruppe einen wesentlich niedrigeren Altersdurchschnitt auf, waren auch nicht in dem hohen Maße von Verheirateten gestellt und konnten nach Ende einer Kriegshandlung wieder entlassen werden. Da diese Soldaten gleichfalls schlecht besoldet waren, mußten sie und ihre Frauen Tagelöhner- und Dienstarbeiten annehmen. Für die städtische Oberschicht boten sich aber im Kreismilitär wiederum Karriere und Versorgungsstellen. Viele der Reichsstädte wurden durch die Ausgaben für das Kreismilitär relativ schwer belastet.

Das Militärwesen insgesamt erscheint – unter den hier skizzierten Aspekten betrachtet – als ein Bereich städtischen Lebens, in dem institutionelle und soziale Verhältnisse und Veränderungen ihren deutlichen Niederschlag fanden. Der Wandel und die Verfestigung der obrigkeitlichen Ratsherrschaft in den Reichsstädten, die von einem Patriziat beherrscht wurden, fanden ihren Ausdruck in einer Einordnung des Bürgermilitärs in die städtische, obrigkeitliche Verwaltung, seiner Betrauung vor allem mit Kontrollfunktionen. Die Bürgerwehren waren aber in einigen Städten auch Institutionen, in denen sich eine gewisse Repräsentation und Organisation der Gemeinde gegenüber dem Rat formieren konnte.

Der militärische Wert der Bürgermilizen sank mit der Einfüh-

[104] Ebenda, S. 103.

rung der stehenden Heere auf einen Nullpunkt, so sehr man sich auch bemühte, die äußeren Organisationsformen den neueren Entwicklungen anzupassen, ja, die Stadtgarden wurden zur Karikatur des Militärs. Ihre Bedeutung als Militärmacht hatten die Reichsstädte, und zwar vor allem im Südwesten des Reiches, als Teilhaber an der Kreismilitärorganisation.

Es wurde bereits darauf hingewiesen, daß trotz sinkender Wehrhaftigkeit der Bürger die Städte selbst allgemein-militärgeschichtlich nicht bedeutungslos wurden, wenn dies auch unter veränderten Vorzeichen zu sehen ist. Lediglich Reichsstädte konnten aus eigener Kraft umfangreiche moderne Bastionärbefestigungen anlegen. Sie richteten sich dabei nach den Erfahrungen der Holländer aus dem spanisch-niederländischen Krieg. Aber vor allem der frühmoderne Territorialstaat baute Städte zu Festungen aus. Und die Truppen des Absolutismus wurden in Garnisonstädte gelegt. Im 17. und 18. Jahrhundert herrschte in der mitteleuropäischen Militärgeschichte die Ermattungsstrategie vor. Man versuchte sich gegenseitig auszumanövrieren, strategische Vorteile zu gewinnen und dabei möglichst die eigenen Truppen zu schonen und Schlachten zu vermeiden, soweit es sich ermöglichen ließ. Bei einer solchen Strategie war die Versorgung der Truppen von größter Bedeutung. Ein Netz von Magazinen in Festungsstädten erlaubte dem Heer das Manövrieren in einem bestimmten Umkreis. In einem solchen System, bei dem es, ähnlich wie beim Schachspiel, um die Beherrschung von Räumen durch die Besetzung bestimmter Punkte ging, spielten Städte, die zu Festungen ausgebaut waren, eine wichtige strategische Rolle. Sie konnten z. B. als Brückenköpfe auf feindlichem Gebiet angelegt werden. Die Politik Richelieus und Ludwigs XIV. ist das klassische Beispiel dafür (mit der Kette der Vorposten von Pinerolo bis Saarlouis). Nicht eroberte Festungen bedrohten die Flanken eines Angriffes. Gut befestigte Städte waren entscheidende Hindernisse auch für große Heere. 1627 gelang es Wallenstein nicht, das von Schweden unterstützte Stralsund zu gewinnen, und der Vorstoß der Türken scheiterte 1683 vor Wien, das dem haushoch überlegenen osmanischen Heer so lange Widerstand leistete, bis das Entsatzheer die Türken entscheidend schlagen konnte.

Wir wissen, daß die Entwicklungsmöglichkeiten der Bürgerschaft in territorialstaatlichen Festungsstädten eingeschränkt war, was deren Ausdehnung, die Bauweise sowohl in der Stadt als auch außerhalb, die innere Verwaltung anbetraf. Aber „nur wenige

Veröffentlichungen haben sich bis jetzt bemüht, auch die inneren Verhältnisse dieses neuen Stadttyps herauszuarbeiten und auf die wirtschaftlichen Konsequenzen für die Bürgerschaft einzugehen"[105].

105 Edith Ennen, Die Festungsstadt als Forschungsgegenstand – die Herausbildung der Festungs- und Garnisonsstadt als Stadttyp, in: Beiträge zur Geschichte der frühneuzeitlichen Garnisons- und Festungsstadt. Hrsg. von Hans-Walter Herrmann und Franz Irsigler (Veröff. der Komm. für Saarländ. Landesgesch. und Volksforschung, Bd. 13), Saarbrücken 1983, S. 19–40, S. 26.

11. STADT UND KIRCHEN

Die vielgestaltige Entwicklung der deutschen Staatlichkeit in der Frühen Neuzeit erschwert, ähnlich wie bei der Stadtverfassung, eine einheitliche Aussage über das Verhältnis von Stadt und Kirche. Im Verlaufe der Zeit hatten sich einige Amtsträger der Kirche zu Territorialherren entwickelt. In anderen Territorien wurde die Kirche der Landesherrschaft weitgehend untergeordnet. Das Patt der Religionsparteien nach der Reformation führte dazu, daß sich die Verhältnisse in Deutschland besonders vielfältig gestalteten.

In der spätmittelalterlichen Geschichte lassen sich einige allgemeine Tendenzen im Verhältnis von Stadt und Kirche ausmachen, die in die Frühe Neuzeit hineinwirkten.[106] Die Stadt war bemüht, die Immunitätsrechte der Kirche innerhalb der Stadt zurückzudrängen. Die Lasten- und Steuerfreiheit der Einwohner der Immunitätsbereiche sollte weitgehend eingeschränkt werden. Die Stadt versuchte die Aufsicht über den kirchlichen Besitz in der Stadt zu gewinnen, Klöstern, Spitälern und Kirchen wurden weltliche Pfleger, Verwalter beigeordnet. So übernahm die Stadt schon im Mittelalter Aufgaben aus kirchlichen Tätigkeitsbereichen in ihre eigene Regie, versuchte sie zumindest zu beaufsichtigen, so in der Armenfürsorge, im Bereich der Schulen und der Universitäten. Mit ihren Bemühungen um Aufsicht und Wohlfahrt, um das, was man in der Frühen Neuzeit unter dem Begriff 'Polizey' (siehe den entsprechenden Abschnitt) zusammenfaßte, brach die Stadt in Domänen der Kirche ein, insbesondere durch ihre Aufsicht über die Sitten, auch bemühte sie sich um eine ordnungsgemäße Verwaltung der Stiftungen, um die Einhaltung der Sonntagsruhe, auch um die Reform der Klöster in ihrem Zuständigkeitsbereich (in ihren Mauern und auf ihren jeweiligen Territorien).

Auch auf geistlichem Gebiet im engeren Sinn gewann die Stadt mancherorts einen nicht unerheblichen Einfluß, z. B. bei der

[106] Vgl. vor allem: Rolf Kießling, Bürgerliche Gesellschaft und Kirche in Augsburg im Spätmittelalter. Ein Beitrag zur Strukturanalyse der oberdeutschen Reichsstadt (Abhandl. zur Gesch. der Stadt Augsburg, Bd. 19), Augsburg 1971.

Besetzung der Pfarrerstellen an den Stadtpfarrkirchen oder der Prädikanten- sowie Vikarstellen in den einzelnen Stiftungen.

Bernd Moeller hat die Auffassung vertreten, daß die Stadt in der spätmittelalterlichen und frühneuzeitlichen Entwicklung von der Bürgerschaft als eine „sakrale Gemeinschaft" angesehen wurde.[107] Die Stadt war für den Bürger „nicht bloßer Zweckverband, sondern der Raum seines Lebens . . . Naturkatastrophen und Feuersbrünste sind Gottes Strafe für die Sünden der Stadt, und die Bürgerschaft hilft sich, indem sie sich in dem Schwur eint, nicht mehr zu sündigen, oder indem die ganze Stadt eine feierliche Bußprozession mit den Reliquien des Stadtheiligen unternimmt . . . Irdische Wohlfahrt und ewiges Heil werden zusammengeschaut, und so sind auch die Grenzen von säkularem und spirituellem Lebensbereich verwischt." So sah sich der Rat berechtigt, sich um des Wohls und Heils der Gemeinde willen in den kirchlichen und spirituellen Bereich einzulassen. „Nicht zuletzt deshalb setzt er sich für die Reform der Klöster ein, indem er zum Beispiel durch die Verwaltung ihres Vermögens die Konvente kontrolliert; deshalb bemüht er sich um die Vermehrung der Pfarrstellen, um die Armenpflege und das Schulwesen."

Das christliche Verantwortungsbewußtsein der Obrigkeiten für das Seelenheil, im gleichen Maße wie für das materielle Wohl, finden wir in der Frühen Neuzeit auch bei den Fürsten. Sie sahen sich aufgrund ihrer Verantwortung vor Gott verpflichtet, in viele Bereiche des menschlichen Lebens ihrer Untertanen einzugreifen, gewannen daraus die Rechtfertigung für ihre polizeistaatliche Verwaltung. In der Stadt aber verband sich dieses Verantwortungsbewußtsein mit dem genossenschaftlichen Gedanken, mit der Vorstellung von der Bürgerschaft als Schwurgemeinschaft, mit der Verantwortung der Gesamtheit der Bürger – mit dem Gemeindegedanken schlechthin. Daran konnte die Reformation anknüpfen.

Daß nun die Reformation eine besondere Attraktivität für die deutschen Städte gehabt hat, steht sicher im Zusammenhang mit den spätmittelalterlichen Tendenzen im Verhältnis zwischen Stadt und Kirche. Von den 65 freien und Reichsstädten zu Beginn der Neuzeit haben 51 sich im Verlaufe ihrer Geschichte für dauernd oder vorübergehend der Reformation zugewendet. Nur 14 haben

[107] Zusammenfassend: Hans-Christoph Rublack, Forschungsbericht Stadt und Reformation, in: Stadt und Kirche im 16. Jahrhundert. Hrsg. von Bernd Moeller, Gütersloh 1978, S. 12f.

keine evangelische Gemeinde in ihren Mauern geduldet, unter den großen Reichsstädten war allein Köln unangefochten katholisch geblieben.

Die Reformation war fast überall begleitet von Volksbewegungen, die häufig zum auslösenden Faktor für die Durchsetzung der Reformation in den Städten wurden. Aufgrund der schon im Spätmittelalter sich abzeichnenden antiklerikalen Haltung und der Kritik am Lebenswandel und der sozialen Vormachtstellung des Klerus kam es zu Aktivitäten der Bevölkerung gegen die altgläubige Geistlichkeit in den Städten. Klöster wurden gestürmt, die Einführung des neuen Glaubens gefordert, das Pfründenwesen kritisiert. In den Frankfurter Artikeln von 1525 wurde gefordert, daß die Geistlichen und ihre Leute an den Pflichten der Bürgerschaft teilhaben sollten, z. B. an den Wachdiensten. Außerdem sollten die Stiftungen, das Kirchenvermögen und die Almosen in einen 'Gemeinen Kasten' eingebracht werden, aus dem die Pfarrer besoldet und die Armen versorgt werden sollten. Solcherart soziale Ausrichtung war charakteristisch für die Reformation von 'unten'. Die Räte der Städte, so zugeneigt sie persönlich der Reformation auch sein mochten, verhielten sich zunächst zurückhaltend.

Das bestehende latente politische Spannungsverhältnis von Rat und Gemeinde ließ die Räte davor zurückschrecken, die Führung in diesen Auseinandersetzungen an die Gemeinde, die drängenden Zünfte, die Bürgerschaft übergehen zu lassen. Das hätte zu einer Stärkung der Gemeinde gegenüber dem Rat geführt. In kaum einer Stadt kam es zu einer reinen 'Ratsreformation', sondern auslösender Faktor war, wie angedeutet, in der Regel ein reformatorischer Druck von 'unten'. Dabei fand die Zwinglische Richtung bei den Städten besonders großen Anklang gerade wegen ihrer Betonung des christlichen Gemeindegedankens.

Die Reformation in den Städten vollzog sich in der Regel in einem längeren Prozeß, dessen Stationen hier idealtypisch skizziert werden sollen. Zunächst wurden von der Stadt mit Unterstützung der in den Reichsstädten zahlreich vertretenen Humanisten in die städtischen Pfarren bzw. auf die Prädikantenstellen lutherische Prediger, in Wittenberg ausgebildete Theologen berufen. Durch Flugschriftenpropaganda und Volksbewegungen verschiedener Art wurden die Räte unter Druck gesetzt, dem die Verantwortlichen in der Regel durch das Abhalten von öffentlich geführten Religionsgesprächen begegneten. Von seiten der Prediger und neu entstehenden reformatorischen Gemeinden wurden Forderungen nach einer

Sittenordnung, nach kirchlichen Zuchtgerichten, nach Abschaffung der Messe, nach Übernahme der Armenfürsorge durch die Gemeinde erhoben. Die Gewährung solcher Einrichtungen, wenn sie in die Hand der kirchlichen Gemeinde, ihrer Prediger und Presbyter übergegangen wären, hätte zugleich eine Stärkung der politischen Gemeinde gegenüber dem Rat zur Folge gehabt, wie die Räte zu Recht befürchteten. Sie widersetzten sich den Forderungen, sprachen von einer neuen Abhängigkeit der Gemeinde von geistlichen Gewalten, von einem neuen 'Papsttum'.

Außerdem hatten die Reichsstädte Rücksicht auf den Kaiser zu nehmen, sie waren außenpolitisch in verschiedener Weise an einer überstürzten Einführung der Reformation gehindert. Als ein weiterer den Ablauf der Reformation in den Städten mitbestimmender Faktor kam das Wirken von radikalen Reformatoren, Täufern, Spiritualisten und Antitrinitariern hinzu, das zu stets erneuerten Reibungen zwischen Rat und Gemeinde führen konnte, da diese in der Regel einen urchristlichen Gemeindegedanken vertraten, der sich mit den obrigkeitlichen Ansprüchen der Räte kaum vertrug.

Durch Zugeständnisse und durch eine ausdauernde Politik gelang es in der Regel den Räten, in einer zweiten Phase der Reformation die Oberaufsicht des Rates über die neue Kirche durchzusetzen. Obrigkeitlich geprägte Kirchenordnungen, Sittenordnungen, Visitationsordnungen, Sozialordnungen, die Säkularisation von Kirchengut (Kastenordnungen) können als die Fortsetzung der spätmittelalterlichen Ratspolitik gedeutet werden, die nun eine Aufsicht des Rates auch über kirchliche Angelegenheiten eingeleitet hatte. Im Grunde verstärkte und begünstigte die Reformation diese Entwicklungstendenzen. Man kann in Analogie zum 'landesherrlichen Kirchenregiment' vom 'Kirchenregiment der Stadträte' sprechen. Die Reformation brachte für die sich ihr anschließenden *Reichsstädte* eine Loslösung aus außerstädtischen Bindungen, wie sie die alte Kirche dargestellt hatte. Die Übernahme der Reformation durch die Räte führte zur Konfessionalisierung. Langfristig bedeutete die Reformation für die *Landstädte* hingegen, daß durch das 'ius reformandi', das in protestantischen Territorien das landesherrliche Kirchenregiment begründete, den Landesfürsten ein weiteres Mittel zur Einflußnahme und zur Unterordnung der Landstädte an die Hand gegeben wurde. Die Reformation führte zur ersten neuzeitlichen Säkularisation von Kirchengut, was insbesondere im Bereich der Städte von erheblicher Bedeutung war.

Als 1648 die konfessionellen Fragen endgültig geregelt wurden, erfolgte für einige Reichsstädte, in denen beide Konfessionen paritätisch vertreten waren, eine Festschreibung dieses Zustandes: Augsburg, Biberach, Dinkelsbühl, Kaufbeuren, Ravensburg. Dort war das 'ius reformandi' durch Reichsgesetz eingeschränkt. Streitigkeiten zwischen den Religionsparteien konnten Eingriffe des Reiches und des Kaisers ermöglichen. Ansonsten bewirkte die Reformation in vielen Reichsstädten eine Bereinigung der inneren Situation und damit eine Stärkung der obrigkeitlichen Position der Räte.

In katholischen Reichsstädten und Territorialstädten blieb im Verlaufe der folgenden Jahrhunderte vieles beim alten, was Rechtsstellung des Klerus und der kirchlichen Immunitätsbezirke betraf. Katholische Reform und Aufklärung aber brachten dann doch manche Veränderung. Die katholischen Fürsten entwickelten in ähnlicher Weise wie ihre protestantischen Standeskollegen ein Landeskirchenregiment, griffen reformierend in manche kirchliche Institution ein. Einen Extremfall stellte die aufklärerische Reformpolitik Josephs II. dar, der eine große Zahl von Klöstern aufhob, die allein der Anbetung oder Askese dienten, und ihr Vermögen in einem Religionsfonds vereinigte, aus dem die Pfarrer besoldet und die Schulen finanziert werden sollten.

Verfolgen wir an drei Beispielen die Entwicklung des spezifischen Verhältnisses von Stadt und Kirche, von Religion und weltlicher städtischer Obrigkeit in Reichs- und Territorialstädten.

In *Frankfurt am Main* war die lutherische Konfession eingeführt worden, wobei der Frankfurter Dom als Wahlkirche des Reiches den Katholiken bleiben mußte, wie auch einige Klöster innerhalb der Stadt. Über die neue Kirche aber hatte der Rat die Aufsicht übernommen, bildete aus seinen Reihen ein Konsistorium, das das Kirchenpatronat ausübte. Die Pfarrer wurden aus der städtischen Kasse besoldet.

Zu ernsten Auseinandersetzungen kam es in der zweiten Hälfte des 16. Jahrhunderts, als calvinistische Glaubensflüchtlinge aus den Niederlanden in Frankfurt zuwanderten. Diese vermögenden, wirtschaftlich fortschrittlichen und äußerst erfolgreichen Neubürger wurden von den eingesessenen Patriziern, Kaufleuten und Handwerkern mit Mißtrauen betrachtet. Die orthodoxe lutherische Geistlichkeit Frankfurts forderte den Rat auf, die Calvinisten streng zu überwachen, da die Gefahr bestehe, daß sie ein eigenes Konsistorium und einen eigenen Almosenkasten einrichteten sowie eigene Prediger einsetzten, ohne den Rat zu befragen. Die calvinistischen Sondergemeinden drohten, die Identität von Bürgergemeinde und Kirchengemeinde zu sprengen. Der Rat versuchte vergeblich, den Zuzug von Calvinisten durch allerlei Verbote und Vorschriften einzudämmen. Als dies nicht wirkte, entzog der Rat den Calvinisten das Recht zur Abhaltung ihres Gottesdienstes und verwies den calvinistischen Prediger aus der Stadt. Die Konfessionspolitik wurde hier zur Wahrung wirtschaftlicher Interessen der alteingesessenen, vorwiegend reicheren Schicht eingesetzt. Die herrschenden lutherischen Patrizier sahen sich mit einer sie wirtschaftlich überflügelnden Gegenelite konfrontiert. Der gewünschte Erfolg trat schließlich ein. Die Calvinisten wanderten ins benachbarte Hanau ab.

Als sich die Folgen dieser kurzsichtigen Politik zeigten, als die Frankfurter Wirtschaft den Auszug ihrer rührigsten Akteure zu spüren bekam, sah sich der Rat genötigt, den Calvinisten wieder Zugeständnisse zu machen. Trotz der Warnung der lutherischen Geistlichkeit wurde den Calvinisten der Bau eines eigenen bescheidenen Gotteshauses gestattet. Aber orthodoxe Geistlichkeit, lutherische Patrizier und Handwerker, die insbesondere die auf eine kapitalistische Produktionsweise ausgerichtete Tätigkeit der Neubürger verunsicherte (manufakturähnliche Betriebsstrukturen, Akkordarbeit, Handel mit unzünftigen Waren usw.), brachten es erneut dazu, daß die Calvinisten die Stadt verließen und sich in der Umgebung ansiedelten. Die Folge war ein Rückgang des Handels und der Beschäftigung der Handwerker. Aus dieser Situation erwuchs der schon erwähnte 'Fettmilch-Aufstand' von 1612.

Erst 1787 erhielten die Reformierten in Frankfurt die Erlaubnis, eigene Gotteshäuser zu errichten, die allerdings in der Straßenfront stehen mußten und keine Türme und Glocken haben durften. Auch mußten Taufen und Trauungen der Reformierten weiterhin durch einen lutherischen Geistlichen vorgenommen werden, was die Verknüpfung von Konfession und Obrigkeit besonders deutlich werden läßt. Taufe und Trauung waren für die Stadt rechtserhebliche Akte, die die Stadt durch den 'obrigkeitlichen' Geistlichen vornehmen lassen wollte.

Das lutherische Konsistorium entwickelte sich zu einer Behörde mit weitreichenden Aufgaben. Es hatte über Zucht und Sitte zu wachen, die Stiftungen zu beaufsichtigen, die für die studierende Jugend, für Witwen und Waisen errichtet worden waren. Jeder Bewerber für diese Stiftungen sollte vom Konsistorium auf seine 'Kapazität' (Eignung) und seinen Lebenswandel hin geprüft werden. Lehrer mußten vor ihm Prüfungen ihres Glaubens, ihres Lebenswandels und ihrer Fähigkeiten bestehen, für Wohlverhalten erhielten sie Prämien.

Das Zusammenwirken von (1) Verfassungstraditionen, in denen eine obrigkeitliche Lösung der Konfessionsfrage letzten Endes vorgezeichnet war, (2) mit besonderen ökonomischen Entwicklungen (Verunsicherung des Handwerkerstandes gegen Ende des 16. Jahrhunderts) und (3) mit einer auf eine Gemeindekirche abzielenden Strömung des Calvinismus (mit der Gefahr der Bildung von Sondergemeinden) bestimmte die folgenschweren Auseinandersetzungen in einer ganzen Reihe wichtiger Städte – wie in Frankfurt so auch in Aachen, Emden, Hamburg, Köln und Wesel. Diese Konfliktkonstellation ist eine für die Entwicklung insbesondere der deutschen Reichsstädte prägende Erscheinung im Verhältnis von Kirche und Stadt.

In der bergischen Stadt *Düsseldorf* hatte es in den 50er und 60er Jahren des 16. Jahrhunderts eine reformkatholische Bewegung gegeben. Einige der reformkatholischen Prediger gehörten einer Richtung an, die dem Protestantismus nahekommende Ansichten vertrat. Die konfessionelle Entwicklung war auch hier eng mit der persönlichen Entscheidung der Herzöge verbunden. Als sich der alternde Herzog Wilhelm von Berg ab 1571 unter dem Einfluß seines Beichtvaters dem strengen Katholizismus zuwandte, mußte seine Stadt diese Entwicklung mitmachen. Unter dem Eindruck der besonderen Gefährdung des Katholizismus förderten die bergischen Herzöge vor allem die Ansiedlung von Klöstern in der Stadt. Zu Beginn des 17. Jahrhunderts holten sie den Kapuziner- und den Jesuitenorden nach Düsseldorf. Die Jesuiten wirkten vor allem im Bildungsbereich und in der Seelsorge, daneben aber auch auf karitativem Sektor. In der Mitte des 17. Jahrhunderts waren sie bereits der einflußreichste Orden in der Stadt. Hinzu kamen im 17. Jahrhundert noch die Franziskaner und vier Frauenklöster. Die finanzielle Ausstattung, die 'Fundierung' der Ordensansiedlungen, erfolgte durch die Herzöge. Sie kauften die Häuser an, in denen sich die Orden niederließen, und bezahlten die Kirchenbauten. Als der Herzog den Annunciaten 1640 ein Bürgerhaus in der Stadt kaufte, wies er zum Ersatz für den Steuerausfall der Stadt 1647 drei Plätze auf der Zitadelle zu. Der Herzog hatte also auf die Widerstände in der Stadt Rücksicht zu nehmen, die sie der Vermehrung gefreiter Gebäude entgegensetzte. Die Orden stellten auch eine ganze Reihe von Bruderschaften wieder her. Im 18. Jahrhundert erfolgte dann ein Stillstand im Aufschwung der landesherrlich geförderten Religiosität. Bis auf die Franziskanerkirche wurde in diesem Jahrhundert keine weitere katholische Kirche erbaut. In Düsseldorf hatte, wenn man dem Bild, das Friedrich Lau von der Geschichte der Stadt gezeichnet hat, folgt, der Landesherr die Führung in der kirchlichen Entwicklung innerhalb der Stadt übernommen.[108]

Seit dem Einschwenken der bergischen Herzöge auf die entschieden katholische Linie bildete sich, gewissermaßen in Fortsetzung des obenerwähnten Reformkatholizismus, eine evangelische reformierte Gemeinde in Düsseldorf. In den ersten Jahrzehnten war die reformierte Gemeinde der Verfolgung der katholischen Räte ausgesetzt. „Wenn nicht die Herrschaft der Räte auch den katholischen Bürgern verhaßt gewesen wäre, so daß sie überall offenem oder verstecktem Widerstand begegneten, würden sowohl die reformierte wie die [damals ebenfalls entstandene] lutherische Gemeinde sich wohl nicht haben behaupten können . . .“[109]

Die finanzielle Lage dieser recht kleinen reformierten Gemeinde sowie ihre rechtliche Situation gestalteten sich günstig, da der brandenburgische Kurfürst und die Generalstaaten zu ihren Gunsten intervenierten, auch Geldzahlungen für den Kirchenbau und den Unterhalt der reformierten Lateinschule leisteten. Der Landesherr sah es außerdem, obgleich er selbst eifriger Katholik war, nicht ungern, wenn in seiner Residenz tüchtige Glaubensflüchtlinge zuwanderten. So war die kleine reformierte Gemeinde in der Lage, fortdauernd zwei Prediger anzustellen. Auch die noch weniger umfangreiche lutherische Gemeinde konnte sich in Düsseldorf halten, zumal auch sie Subventionen, in diesem Falle aus Sachsen, erhielt.

Das Beispiel Düsseldorfs zeigt, wie die Entwicklung der kirchlichen Verhältnisse in den landesherrlichen Städten, insbesondere in den Residenzen, in hohem Maße von der Politik der fürstlichen Regierung abhing, daß hier das Element der Stadtgemeinde durch die Verbindung von Staat und Kirche, wie sie sich seit der Reformation durchsetzte, nicht gestärkt wurde, sondern daß vielmehr der kirchliche Bereich einer der Sektoren war, auf denen sich die Unterordnung der Stadt deutlich vollzog, auf denen die Stadt als politische, gesellschaftliche, ökonomische und kulturelle Einheit zertrennt wurde. Der Verlust kirchlicher Autonomie hatte entscheidenden Anteil am Niedergang der ‘Städtefreiheit’ in den Territorialstaaten.

[108] Friedrich Lau, Geschichte der Stadt Düsseldorf, Bd. 1: Von den Anfängen bis 1815, Düsseldorf 1921, ND Düsseldorf 1980.

[109] Ebenda, S. 175.

In *Mannheim* gab es im 17. Jahrhundert drei reformierte Gemeinden, eine deutsche, eine französische (wallonische) und eine flämische (niederländische). Die Verfassung dieser Gemeinden entsprach in der damals reformierten Kurpfalz dem Muster reformierter Gemeinden schlechthin. Vier bzw. sechs Presbyter oder Älteste (anciens), aus der Mitte der Gemeinde gewählt, bildeten zusammen mit den Geistlichen das Konsistorium. Für die Armenpflege, die Verwaltung der Almosen und gottesdienstliche Hilfsdienste wurden Diakone ernannt. Den Pfarrerwahlen gingen Probepredigten voraus, zu denen das Konsistorium geeignete Bewerber einlud. Die Auswahl erfolgte durch das Konsistorium, bedurfte allerdings der Zustimmung des Stadtrates wie auch der Oberkirchenbehörde, des Kirchenrates in Heidelberg. Die Besoldung erfolgte durch die staatliche Zentralbehörde. Da die Pfarrer in der Pfalz, wie auch in anderen Territorien, die Verpflichtung hatten, obrigkeitliche Erlasse von der Kanzel zu verlesen, rückten die Pfarrer immer mehr in die Position von staatlichen Beamten ein. Der Stadtrat, der in der Pfalz generell zu einer unteren staatlichen Behörde geworden war, übte die Aufsicht über alle kirchlichen Angelegenheiten aus. Zu den Sitzungen des Konsistoriums wurde ein Mitglied des Stadtrates abgeordnet, das die städtischen *und* kurfürstlichen Interessen wahrzunehmen hatte. Neben den geistlichen Handlungen oblag den Gemeinden vor allem die Pflicht zur Fürsorge für die Armen und Waisen. Selbst die kleine niederländische reformierte Gemeinde hatte ihr eigenes Waisen- und Armenhaus.

Obwohl die Privilegien der Stadt von 1652 nach den Zerstörungen des Dreißigjährigen Krieges den Zuzug unabhängig von der Konfession gestatteten, waren im 17. Jahrhundert in Mannheim die reformierten Gemeinden selbst gegen die Lutheraner recht intolerant. Sie beschwerten sich darüber, daß der lutherische Pfarrer des benachbarten Rheingönnheim in verschiedenen Privathäusern wiederholt das Abendmahl gereicht habe. Als die Lutheraner, die sich in Mannheim aufhielten und zu denen viele Beamte und Soldaten rechneten, beantragten, einen Pfarrer auf ihre eigenen Kosten anstellen zu dürfen, wurde das Gesuch vorerst noch abgelehnt. Vom Vizekanzler des Kurfürsten wurde jedoch für eine Duldung des lutherischen Gottesdienstes ins Feld geführt, daß dadurch viele Lutheraner nach Mannheim gezogen werden könnten, was der 'Aufnahme', dem Aufblühen der Residenz dienlich sei.

Das Kriegsjahr 1673, in dem sich unter den kurpfälzischen Soldaten eine Vielzahl von Lutheranern befand, brachte die Entscheidung. Es wurde den Lutheranern die Anstellung eines eigenen Pfarrers gestattet, der allerdings nur das Abendmahl austeilen, nicht aber predigen durfte. Um den lutherischen Pfarrer der landesherrlichen Verwaltung und Aufsicht zu unterstellen, wurde er nicht, wie ursprünglich beantragt, aus Mitteln der Lutheraner selbst, sondern aus der Staatskasse besoldet. Um der lutherischen Gemeinde überhaupt die finanzielle Basis für eine expansive Gemeindetätigkeit zu entziehen, wurde ihr das Recht, Kollekten abzuhalten, nicht erteilt.

Obwohl seit den 60er Jahren des 17. Jahrhunderts auch Katholiken in Mannheim das Bürgerrecht, entsprechend den Privilegien der Stadt von 1652, erworben hatten, durften diese keine Gemeinde bilden, sie mußten zum Empfang des Abendmahls nach Seckenheim gehen. Als sie aber dort auch ihre Kinder taufen ließen und der Pfarrer von Seckenheim zur Spendung der Sterbesakramente gelegentlich nach Mannheim ging, verwahrte sich das reformierte Konsistorium dagegen. Wie überhaupt die reformierte Gemeinde in Mannheim eine Vorrangstellung innehatte: Leichenzüge durften zwar nominell für alle zugelassenen Konfessionen durchgeführt werden, lange aber behaupteten die Reformierten ihre Alleinberechtigung in dieser Hinsicht; und Leichenbitter waren in jedem Falle die reformierten Schullehrer.

Als 1685 die katholische Linie Pfalz-Neuburg die Regierung in der Kurpfalz übernahm, begann eine Zeit der Förderung der Katholiken, wie sie vorher die Reformierten erfahren hatten. Jetzt erließ die Regierung die Vorschrift, daß dem 'Allerheiligsten' auf der Straße auch die Nichtkatholiken durch Niederknien ihre Referenz zu erweisen hätten. Der Kurfürst Karl Philipp ließ in Mannheim, das 1720 zur kurpfälzischen Residenz erklärt worden war, eine Jesuitenkirche als städtische Hauptkirche erbauen und ein Jesuitenkolleg errichten, damit „der alleinseligmachende Glaube in der Pfalz sowohl, als in seinen übrigen Landen durch göttliche Hülf und Gnad, auch fried- und christliche Mittel erhalten, wieder eingeführt, restauriert und fortgepflanzt werden möge" – wie es in der Gründungsurkunde von 1729 hieß.

Das Beispiel Mannheims zeigt, in welchem Maße die Entwicklung des Verhältnisses von Stadt und Kirche von der fürstlichen Verwaltung abhing, und außerdem auch, daß die Gemeinden innerhalb der Stadt kaum Toleranz gegeneinander bewiesen. Auch wenn die drei Konfessionen vorübergehend eine Kirche gemeinsam benutzen mußten, und diese den Namen 'Eintrachtskirche' erhielt, gab es den Gemeinden nur Anlaß zu allerlei kleinlichen Reibereien, trug dies zur Zerstörung der Einheitlichkeit der Bürgergemeinde bei. Die Städte waren kaum Quellen der Toleranz.

Der absolutistische Staat selbst schuf die Bedingungen für die Notwendigkeit der Toleranz. Soldaten aus fremden Territorien, Beamte und Angehörige von Berufen, die für den absolutistischen Staat wichtig waren, mußte man aufnehmen, ohne auf ihre Konfession Rücksicht zu nehmen. Die Wirtschaftsförderung unter dem Absolutismus ließ besonders den Zuzug von Glaubensflüchtlingen geraten erscheinen. Die Städte und ihre Gemeinden wehrten sich gegen solchen Zuzug, der absolutistische Staat öffnete hier die Bahn. Zunächst wurde den Neubürgern nur Religionsfreiheit im Sinne der Glaubensfreiheit zugestanden, später kam man zur Erkenntnis, daß erst die Kultusfreiheit die Ansiedlung in größerem Stile ermöglichte.

Interessant ist, daß sowohl in Mannheim als auch in Düsseldorf kleinere Gruppen von Wiedertäufern, Hutterern und Mennoniten zugelassen wurden. Weil man ihrer Zuverlässigkeit mißtraute und weil sie z. T. von sich aus den Kriegsdienst ablehnten, waren sie gegen Zahlung einer Geldsumme von einigen Dienstpflichten befreit. Vollkommene Gleichstellung in bezug auf den Staatsdienst sowie umfassende Kultusfreiheit wurden in den meisten Fällen erst gegen Ende des 18. Jahrhunderts der Verwirklichung näher gebracht. Gegen Ende der Frühen Neuzeit mischte sich der Staat schließlich auch entschiedener in die Bereiche ein, die die Städte und Gemeinden weitgehend als ihre eigenen Aufgabenfelder verwaltet hatten (wenn man von der Polizeigesetzgebung absieht), nämlich in die Armen- und Krankenfürsorge (durch die Errichtung von zentralen Siechen-, Waisen-, Armen-, Zucht-, Toll- und Arbeitshäusern), sowie in das Schulwesen (Seminarausbildung, Normalschule etc.).

12. WIRTSCHAFT UND GESELLSCHAFT

a) Landwirtschaft

Dieses Thema soll am Anfang einer Betrachtung über die Geschichte der Wirtschaft und Gesellschaft der frühneuzeitlichen Stadt stehen, das in vielen Stadtgeschichten eine nur oberflächliche Erwähnung findet. Zwar wird in vielen Darstellungen hervorgehoben, daß die Landwirtschaft für die frühneuzeitlichen Städte von nicht unerheblicher Bedeutung gewesen sei, daß die meisten der Städte in dieser Epoche lediglich kleine Ackerbürgerstädte gewesen seien. Aber eine gründlichere Analyse dieses Bereiches ist selten. Drei Fragen sollten daher hier im Mittelpunkt stehen: Welchen Anteil hatte die Landwirtschaft an der Wirtschaft der frühneuzeitlichen Stadt? Wie ist der Faktor Landwirtschaft für die Gesellschaft der Städte einzuschätzen? Und schließlich soll die Frage nach der Veränderung dieses Faktors im Verlaufe der drei frühneuzeitlichen Jahrhunderte gestellt werden.

Irreführend für die Ermittlungen des Anteils der Landwirtschaft an der städtischen Wirtschaft sind die 'Berufsstatistiken', d. h. die Angaben über die in den Städten ausgeübten Gewerbe in zeitgenössischen Auflistungen. Ein Beispiel: Christopher R. Friedrichs zählt für die Stadt Nördlingen im Jahre 1579 1266 Personen auf, für die er die Berufe ermittelt hat, darunter sind zwei Stadthirten, zwei Feldhüter, zwei Gärtner, aber nur ein „Baursmann".[110] Diese Berufsbezeichnungen sagen nichts über den Umfang der städtischen Landwirtschaft aus, wenn man bedenkt, daß Nördlingen in der Mitte des fruchtbaren Nördlinger Rieses liegt und daß die Reichsstadt ein nicht unbedeutendes Territorium besessen hat. An anderer Stelle erwähnt Friedrichs selbst, daß der Besitz eines reichen Nördlinger Handelsmannes zu einem erheblichen Teil in fruchtbaren Ländereien vor der Stadt bestanden habe.[111]

In einer Untersuchung zur Berufsstruktur von Mainz in der Zeit

[110] Christopher R. Friedrichs, Urban Society in the Age of War. Nördlingen 1580–1720, Princeton/N. J. 1979, S. 319.
[111] Ebenda, S. 247.

von 1680–1700 wird kein einziger Angehöriger der landwirtschaftlichen Berufe erwähnt.[112] In der Darstellung der Topographie dieser Stadt ist jedoch eine größere Zahl von Ställen verzeichnet. Dabei wird es sich zu einem nicht unerheblichen Teil um Stallungen von Metzgern gehandelt haben. Die meisten anderen Ställe aber brauchen nicht Pferdeställe gewesen zu sein, wie Christiane E. Gaede vermutet.[113] Dies kann auch auf eine umfangreichere Rinderhaltung innerhalb der Stadt hinweisen (s. u. S. 129). Anton Brück hat anhand der Steuerliste von 1541 für Mainz als die zweitstärkste Zunft nach der der Krämer die der 'Häcker' verzeichnet, „welche die vor allem in der Landwirtschaft tätigen Tagelöhner umfaßte“ [114].

Die Festlegung der städtischen Einwohner auf *einen* Beruf erscheint überhaupt schwierig. Häufig setzte sich das Familieneinkommen aus verschiedenen Faktoren zusammen. Handwerker konnten, soweit es die jeweiligen Privilegien und Zunftordnungen zuließen, Handel mit eigenen und fremden Produkten betreiben. Daneben konnten sie Inhaber eines städtischen Amtes oder einer Bedienstung sein. Schließlich konnten sie zusätzlich auf einem Stück Land (eigenem oder gepachtetem) Landwirtschaft betreiben oder betreiben lassen – sei es für den Eigenbedarf oder zum Verkauf. Das Land konnte gegen Zins ausgegeben sein. Dazu kamen Kapitalvermögen, Darlehenszinsen, Renten und andere Einnahmen. Gerade ärmere Hausbesitzer verschafften sich einen Zuverdienst, indem sie fremde Personen in ihr Haus zur Miete aufnahmen. Solcherart Zusammensetzung des Familieneinkommens aus verschiedensten Einnahmearten läßt Berufsstatistiken für die Festlegung des Anteils der einzelnen Faktoren an der Wirtschaft der jeweiligen Stadt als wenig zuverlässig erscheinen.

Eine zusätzliche methodische Schwierigkeit besteht in der Frage, welche Bereiche des unmittelbar um die Stadt gelegenen Landes zum Wirtschaftsraum Stadt hinzugerechnet werden müssen. In einer Berufsstatistik von Trier aus dem Jahre 1802 sind für die Stadt

[112] Christiane E. Gaede, Topographische und soziale Strukturen der Mainzer Pfarreien, in: Bevölkerungsbewegung und soziale Strukturen in Mainz zur Zeit des pfälzischen Krieges. Eine historisch-demographische Fallstudie. Eingel. u. bearb. von W. G. Rödel (Geschichtl. Landeskunde 19), Wiesbaden 1978.

[113] Ebenda, S. 15.

[114] Anton Ph. Brück, Mainz vom Verlust der Stadtfreiheit bis zum Ende des 30jährigen Krieges. 1452–1648, Düsseldorf 1972, S. 5.

selbst nur 20 Gärtner und ein Landwirt enthalten. In den Vorstädten der Stadt aber (Löwenbrücken, Heiligkreuz, St. Matthias, St. Maximin, St. Paulin, die Mahr) wurden 12 Gärtner und 111 Landwirte gezählt. 500 Tagelöhner und 600 Mägde innerhalb der Mauern und in den Vororten, die zum Trierer Stadtgebiet gerechnet wurden, werden wohl zu einem erheblichen Teil auch mit landwirtschaftlichen Arbeiten befaßt gewesen sein.[115] In Steuerlisten Triers – wie wohl der meisten anderen Städte – finden wir neben Land*besitz* bei reicheren Bürgern häufig auch umfangreiche Korn- und Weinzinse von abhängigen Bauern und verpachteten Gütern, die in erheblicher Entfernung von den Städten angesiedelt sein konnten.

In der sich im Mittelalter entwickelnden arbeitsteiligen Wirtschaft, in dem für diese Epoche und die Folgezeit spezifischen Verhältnis von Stadt und Land, ist die Agrarproduktion eigentlich überall, mehr oder minder, in Beziehung zu den städtischen Konsumenten zu sehen. Der Stadtwirtschaft im engeren Sinne jedoch sind nur bestimmte Erscheinungen des Agrarsektors zuzurechnen. Zur 'städtischen Agrarwirtschaft' gehörten alle Betriebe, die in der Stadt selbst sowie auf der Gemarkung der Stadt angesiedelt waren, deren Areale im Besitz von Bürgern waren und von der Stadt aus bewirtschaftet wurden oder die zu den gemeinschaftlich genutzten Agrarflächen der Stadt gehörten, wie Allmenden, Stadtwaldungen, Triften und Hutungen. Die Gärtner, Landwirte und Häcker der Vorstädte zählten gleichfalls dazu. Qualitativ deutlich unterschieden vom allgemeinen Einzugsbereich zur Versorgung der Stadt mit agrarischen Produkten des flachen Landes, der sich bei großen Städten über einen weiten, nur schwer abzugrenzenden Raum erstreckte, waren die landwirtschaftlichen Kulturen in der Nähe der Städte, die nur im unmittelbaren Zusammenhang mit den Städten bestehen konnten, so der monokulturartige Anbau von Gemüse. Vor den Wällen der Stadt Köln befand sich z. B. ein ausgedehntes Gemüseland, eine ertragreiche Sonderkultur auf gut gedüngten Böden, die so intensiv war, daß die Kölner Gemüsebauern nicht nur die Stadt damit belieferten, sondern wohl ihren Kohl auch an den Niederrhein, vielleicht bis nach Holland versandten.[116] Der

[115] Heinz Monz, Die Bevölkerungsstruktur einer mitteleuropäischen Stadt und ihrer Region im Jahre 1802 im Vergleich zu den Jahren 1961/64, in: Archiv für Sozialgesch. 5 (1965), S. 147–191.

[116] Zwei Jahrtausende Kölner Wirtschaft, Bd. 2. Hrsg. von Hermann Kellenbenz, Köln 1975, S. 44.

Anbau von Sonderkulturen und Industriepflanzen wurde durch die Abnehmer in der Stadt ermöglicht, bestimmt und auch häufig direkt reguliert.

Städte ohne eine eigene ausgedehnte Landwirtschaft waren in der Frühen Neuzeit die Ausnahme, durch ihre besondere Lage dazu gezwungen. Ein Beispiel ist die Reichsstadt Hall im Kochertal, die ihre Entstehung einer Salzquelle verdankte. Die ackerbautreibenden Gemeinden hatten die nutzbaren Hochflächen um das Tal bereits besetzt, die Stadt im Tal hatte kaum Möglichkeiten, in den sumpfigen Talniederungen eine eigene Landwirtschaft zu betreiben.[117]

Eine typische 'Ackerbürgerstadt' der Frühen Neuzeit ist Neustadt an der Haardt.[118] Als kurpfälzische Amtsstadt hatte sie einen gewissen Anteil von Beamten, wegen ihrer verkehrsgünstigen Lage einigen Handel, das für die Frühe Neuzeit unvermeidlich recht zahlreiche Handwerk (1584 ca. 34 % der ermittelten Berufe, zuzüglich 12 % in der Rubrik 'Gewerbe' = Bäcker, Metzger etc.). Der Anteil der in der Landwirtschaft Beschäftigten betrug damals, soweit zu ermitteln, insgesamt 44 %, so daß Handwerk (+ 'Gewerbe') und Landwirtschaft sich die Waage hielten, was für viele mittlere Städte in der Frühen Neuzeit von einer Größe zwischen 1500 und 5000 Einwohnern typisch erscheint. Dabei waren die landwirtschaftlichen Besitzgrößen in Neustadt eher bescheiden zu nennen: wahrscheinlich weniger als acht Morgen pro Familie im Durchschnitt. Diese knappe 'Ackernahrung' mußte durch Intensivierung (z. B. im Weinbau) und durch zusätzliche Tagelöhnerei ausgeglichen werden (auf fürstlichem Domanialbesitz, auf Kirchen- und Adelsland). Aus der Neustädter Sozialstatistik ergibt sich, daß fast ein Drittel der in der Landwirtschaft Tätigen den Armen zuzurechnen waren; sie wohnten zu einem großen Teil in den sozial weniger attraktiven Bezirken der Stadt.

Bezeichnend für die Landwirtschaft der Städte ist auch, daß die 'Reichen' zum Teil Land besaßen, das durch die unterbeschäftigten städtischen Landwirte, bäuerlichen Pächter und Tagelöhner bearbeitet wurde. Großviehbesitz scheint bei den bessergestellten Landeigentümern der Städte charakteristisch gewesen zu sein. In

[117] Gerd Wunder, Die Bürger von Hall, Sigmaringen 1980.

[118] Neustadt an der Weinstraße. Beiträge zur Geschichte einer pfälzischen Stadt, Neustadt 1975. – Ähnlich: Günter Wölfing, Wasungen. Eine Kleinstadt im Feudalismus vom 9. bis zum 19. Jahrhundert, Weimar 1980.

der Sozialtopographie der Stadt Bielefeld im frühen 18. Jahrhundert etwa ist eine Parallelität der besseren Wohngegenden und stärkerer Großviehhaltung beobachtet worden.[119] Hierbei handelte es sich nicht nur um Pferde, für Bielefeld sind zu gleichen Teilen Kühe und Pferde in der besten Wohnlage im Marktplatzviertel nachgewiesen.[120]

Gerade im 16. wie im 18. Jahrhundert scheinen die reicheren Schichten in den Städten einen Vorteil in der Landwirtschaft gesehen zu haben. Von den 11 bedeutendsten Groß- und Fernhändlern der Stadt Weimar im 16. Jahrhundert waren neun zugleich begüterte Landbesitzer.[121] Steigende Agrarpreise und die Sicherheit der Anlage im landwirtschaftlichen Besitz scheinen die Motive dafür gewesen zu sein, weniger wohl die Sicherung agrarischer Rohprodukte für das Gewerbe.

Wie im Spätmittelalter[122] war auch im 16. Jahrhundert die Anlage von Handels- und Gewerbekapital in der Landwirtschaft so attraktiv, daß insbesondere reichere Bewohner der Städte sich aus den städtischen Berufen zurückzogen und eine 'quasi-feudale' Lebensweise annahmen. Das Beispiel der Fugger mag hier für viele ähnlich gelagerte Vorgänge stehen. In kleinen Städten spielte die Landwirtschaft ohnehin eine herausragende Rolle. In dem ansbachischen 'Ackerbürger'-Städtchen Prichsenstadt waren in der ersten Hälfte des 18. Jahrhunderts 10 % der Bürger reine Landwirte und weitere 30 % Nebenerwerbslandwirte. Hier bildeten nach der Steuerveranlagung die 'Ackerbürger' die vermögende Oberschicht.[123]

Im Zeitalter der Aufklärung spielte die sog. 'Agrarbewegung'[124]

[119] Arm und Reich in Bielefeld anno 1718. Ausstellung. Begleitheft, zusammengestellt von Thomas Schuler, o. J.

[120] Thomas Schuler, Wohnlage und Sozialstruktur in Bielefeld im Jahr 1718, in: Quantitative Methoden der Wirtschafts- und Sozialgeschichte der Vorneuzeit. Hrsg. von Franz Irsigler (Historisch-Sozialwissenschaftliche Forschungen Bd. 4), Stuttgart 1978, S. 50–68, S. 59.

[121] Geschichte der Stadt Weimar, Weimar 1976, S. 151.

[122] Heinrich Rüthing, Bürgerlicher Landbesitz in Höxter um 1500, in: Bevölkerung, Wirtschaft und Gesellschaft. Stadt-Land-Beziehungen in Deutschland und Frankreich 14.–19. Jahrhundert. Hrsg. von Neithard Bulst u. a., Trier 1983, S. 139–168.

[123] Wolfgang Leiser, Die Stadt im süddeutschen Kleinstaat des Ancien Régime, in: Städtewesen und Merkantilismus in Mitteleuropa. Hrsg. von Volker Press (Städteforschung A, 14), Köln 1983, S. 111–134, S. 123.

[124] In der zweiten Hälfte des 18. Jahrhunderts führten kulturkritische

eine Rolle mit ähnlichen Folgen. Beamte, reiche Kaufleute und Handwerker erwarben größere landwirtschaftliche Flächen in der Nähe der Städte, legten Mustergüter an, betrieben auf größeren Flächen Sonderkulturen (Maulbeer-, Krapp- oder Rhabarberplantagen).

Der Weinbau stellte in den stark verstädterten Regionen des deutschen Südwestens geradezu ein 'städtisches' Gewerbe dar. Durchweg hohe Mitgliederzahlen der Rebleutezünfte, in denen die meist tagelöhnernden Weinbergsarbeiter zusammengeschlossen waren, in oberrheinischen Städten und anderswo belegen die Bedeutung des Weinbaus in diesen Fällen für die städtische Wirtschaft.

Nicht nur in kleineren Städten spielte die Agrarwirtschaft in der Frühen Neuzeit eine wichtige Rolle, sondern auch in größeren, so in der zu Beginn der Neuzeit größten Stadt Deutschlands, in Köln. Noch zu Beginn des 19. Jahrhunderts wurde in Köln innerhalb der Befestigungen eine Fläche von 55 ha, das ist ein Fünftel der Gesamtfläche, landwirtschaftlich genutzt, und zwar durch Gemüse- und Weingärten. Der Landbesitz der Kölner Bürger reichte dabei weit über den engeren Stadtbereich hinaus. So hatten Kölner Bürger 1603 im Bonner Bann 69 Morgen bürgerlichen landwirtschaftlichen Besitz zu versteuern.[125] Die landwirtschaftlich tätige Bevölkerung innerhalb Kölns war in fünf Korporationen, den sog. Bauerbänken, zusammengeschlossen, die, wie die Zünfte für ihren Bereich, die Regularien der Kölner Landwirtschaft festlegten. Von Bedeutung waren in dieser städtischen Landwirtschaft vor allem die Schafzucht und der Gemüseanbau. Die Schafzucht lieferte der Kölner Wollverarbeitung das Rohmaterial.

Ein nicht unbedeutender Teil städtischen Agrarlandes gehörte nicht selten geistlichen Institutionen, dem Adel oder dem Landesherrn. Die Allmende, Wald und Weide, befand sich im gemeinsamen Besitz der Bürgergemeinde. Reichsstädte wie Frankfurt oder Nürnberg – aber auch Territorialstädte wie Durlach oder Neustadt a. d. H. – hatten umfangreiche Waldbezirke, aus denen die eingesessenen Bürger ihren Brennholzbedarf decken durften. Wieder-

und ökonomische Ansätze zu einer literarisch-publizistischen Bewegung, die eine allgemeine Wertschätzung der Landarbeit und des Bauernstandes propagieren wollte. Vgl. G. Franz, Geschichte des deutschen Bauernstandes vom frühen Mittelalter bis zum 19. Jahrhundert (Deutsche Agrargeschichte, Bd. 4), Stuttgart 1970, S. 238 ff.

[125] Edith Ennen, Geschichte der Stadt Bonn, 2. Teil, Bonn 1962, S. 89.

kehrend sind die Klagen, daß die Reichen, die Pferde und Wagen besaßen, sich die Stämme aus dem Wald holten, während den Armen nur die Stubben und das Reisig blieben. Waldweide war bis zum Ende des 18. Jahrhunderts üblich. Die Bürger der Stadt Villingen trieben um 1800 noch um die 1000 Stück Großvieh in ihre Waldungen. Darüber hinaus war der Wald Lieferant von Rohstoffen für viele Gewerbe: Eichenlohe für die Gerberei, Harz für die Teerbereitung, Pottasche für die Glaser, Holzkohle. Die Städte suchten, ähnlich wie die Territorialherren, die Waldnutzung einzuschränken. Die Holzentnahme wurde auf wenige Tage im Jahr beschränkt, Äxte und Beile verboten, so daß aus dem Waldnutzungsrecht häufig nur noch ein Recht auf das Reisig wurde. Die städtischen Obrigkeiten hatten aber damit in der Regel nur geringen Erfolg, da Privilegien und Gewohnheitsrechte einer solchen Politik entgegenstanden. „Der drohenden und tatsächlichen Holznot im 15. und 16. Jahrhundert versuchten landesherrliche Wald- und Forstordnungen zu begegnen. Trotzdem scheint die Lage am Ende des 18. Jahrhunderts vielerorts katastrophal gewesen zu sein.“ [126] Bauordnungen sollten die Holzentnahme einschränken.

Zum Teil wurden die Weide und der Wald auch von Teilen der Bürgerschaft selbst verwaltet, so in Osnabrück von den sog. Laischaften, von genossenschaftlichen Vereinigungen, die die Trift und die Waldnutzung unter sich regelten.[127] Diese Genossenschaften, in die man sich einkaufen konnte, hatten, ähnlich wie die Zünfte, wirtschaftsregelnde Funktionen, betrieben die Amelioration der Ödländereien, die Aufforstung und andere Verbesserungsmaßnahmen, verhinderten den Raubbau. Neben den allen Bürgern zugängigen Gemeindewaldungen seien noch als Sonderfall die ‘Marken’ im Märkischen Sauerland erwähnt, sie gehörten nur einem begrenzten Kreis von Nutzungsberechtigten.

Daß die genossenschaftliche Allmendnutzung und neuere ökonomische Entwicklungen in Kollision geraten konnten, zeigt das Beispiel der Moerser Heide. 1490 wies der Landesherr der Stadt Moers zur Ablösung eines Waldweiderechtes in landesherrlichen Wäldern eine Heide zum Gebrauch und Weidegang in vollem

[126] Rudolf Kieß, in: Städtische Versorgung und Entsorgung im Wandel der Geschichte. Hrsg. von Jürgen Sydow (Stadt in der Geschichte, Bd. 8), Sigmaringen 1981, S. 98.

[127] Osnabrück. 1200 Jahre Fortschritt und Bewahrung. Profile bürgerlicher Identität. Katalog, Nürnberg 1980, S. 153f.

Eigentumsrecht zu. Die Moerser Heide bildete in den folgenden Jahrhunderten eine wichtige Komponente in der städtischen Wirtschaft. Gegen Zahlung von sechs Reichstalern konnte jeder Neubürger dort Vieh weiden lassen, Sand für seinen Hausbau graben und einen Ziegelofen errichten. Auch nachdem Moers an Preußen gefallen war, mußte der neue Landesherr die Privilegien der Stadt wahren.

Als 1775 nun die preußische Verwaltung versuchte, im Sinne merkantilistischer Politik einen Teil der Moerser Heide zwei Seidenfabrikanten zur Anlage von Maulbeerplantagen zukommen zu lassen, wehrte sich die Moerser Bürgerschaft energisch dagegen. Die Bürgeroffiziere machten sich als die Repräsentanten der ganzen Gemeinde zu Fürsprechern der Bürgerschaft. Sie argumentierten, „daß auch die Bürger überhaupt in ihrer Mehrzahl zur Viehhaltung übergegangen seien, um so leichter ihr Auskommen zu haben und die schweren Abgaben und Lasten aufbringen zu können. Die meisten Bürger hielten jetzt eine Kuh oder einige Ziegen, um leichter die Nahrung zu erwerben. Wenn das in Zukunft nicht mehr möglich sei, müßten viele betteln gehen." [128] Die Stadt Moers hatte mit ihrem Widerstand Erfolg, die Verwaltung mußte ihre Pläne aufgeben. Was an dem Fall der Moerser Heide charakteristisch erscheint, ist die Tatsache, daß hier genossenschaftliche, in den Städten u. U. lange konservierte, auf Nahrungssicherung ausgerichtete Interessen, wie sie ja auch in den erwähnten Beispielsfällen Köln oder Osnabrück vertreten wurden, auf individualistische, profitorientierte Eigentumsvorstellungen trafen, so sehr von dieser Seite auch mit Allgemeininteressen argumentiert wurde. Entscheidend ist dabei in dieser Phase der deutschen Geschichte, daß hier der Besitzindividualismus durch den Staat gefördert wurde, daß der Staat aber auch Rücksicht auf starke traditionelle Strukturen, auf erworbene Rechte nehmen mußte.

Den Widerstreit zwischen auf Nahrungssicherung einerseits und auf eine besitzindividualistische Entwicklung andererseits ausgerichteten Interessen zeigt auch die Geschichte der landwirtschaftlichen Fläche der Festung und Residenz Mannheim. Die Mannheimer Stadtgemarkung war im 17. Jahrhundert ungefähr 2000 Morgen groß. Davon wurden etwa 900 Morgen jährlich kostenlos an die eingesessenen Bürger aufgeteilt, „die Küche damit zu versehen und das Vieh des Sommers mit Gras, des Winters aber mit Heu

[128] Otto Ottsen, Geschichte der Stadt Moers, Bd. 2, Moers 1977, S. 88.

überflüssig zu speisen, wie auch den Häusern notdürftig Brennholz zu verschaffen“ [129].

Mit Zunahme der Bevölkerung reichte die Allmende nicht mehr aus, die Stadt pachtete zusätzliche Flächen. Ein Teil der städtischen Liegenschaften wurde auch individuell in Pacht vergeben. Auch wenn gelegentlich geklagt wurde, daß selbst die weniger Begüterten vier Ochsen in die Allmende trieben, „da sie doch ihr Werk mit zweien genugsam vertreten könnten“, sie zwei also zum Verkauf mästeten, so diente die Allmende – auch bei ihrer Aufteilung auf die einzelnen Bürger, was ja allgemein als die Durchsetzung besitzindividualistischer Tendenzen angesehen wird – in erster Linie doch der Nahrungssicherung der Gemeindemitglieder.

Als in der zweiten Hälfte des 17. Jahrhunderts das Gartenland nicht mehr ausreichte, genehmigte der Kurfürst die Anlage von Gemüsegärten auch jenseits des Neckars. Die Gartenplätze wurden in regelmäßigen Quadraten angelegt und unter die Bürger verlost, zwar nicht zu freiem Eigentum, sondern zur Nutzung wie Allmendstücke, jedoch auf Lebenszeit. Nach dem Tode der Inhaber sollten die Kinder, solange sie in Mannheim blieben, das Nutzungsrecht haben; wer aber Mannheim verließ, mußte den Garten zurückgeben.

Das Beispiel Mannheims zeigt, daß hier trotz der Neuanlage der Stadt auch noch die Grundsätze der Subsistenzsicherung der Bürgergenossenschaft in der Landwirtschaft vorherrschten. Im weiteren Verlauf setzte sich allerdings der Anbau von Industriepflanzen durch, Tabak und Krapp vor allem. Da aber gerade diese Produkte mit einem entscheidenden bürokratischen Einsatz befördert wurden, kam es zu Rückschlägen. Die Tabakmanufaktur des Don Bartolomeo Pancorbo de Ayala y Guerra in Mannheim war ein klassisches Beispiel eines durch den Staat geförderten merkantilistischen Abenteurers. Zur Anpflanzung von Maulbeerbäumen mußten die Landwirte schon gezwungen werden, was zu erheblichen Widerständen führte, so daß eine auf dem Besitzindividualismus aufbauende, kapitalistisch orientierte Agrarwirtschaft ihre doch engen Grenzen fand.

Eine gründliche Untersuchung der Bevölkerungs- und Wirtschaftsgeschichte einer mittleren Stadt im 18. Jahrhundert besitzen wir in der Arbeit von Otto Konrad Roller über die ‘Einwohner-

[129] Friedrich Walter, Geschichte Mannheims ..., Bd. 1 Mannheim 1907, ND 1977, S. 224.

schaft der Stadt Durlach im 18. Jahrhundert' (1907). Die Stadt Durlach war bis 1720 die Residenz eines Kleinstaates von kaum 100000 Einwohnern. 1710 lebten in Durlach höchstens 2400 Menschen. Als der baden-durlachische Hof in das 1715 neugegründete Karlsruhe abzog, stagnierte die Bevölkerungszahl der ehemaligen Residenz zunächst merklich. Erst ab der Mitte des 18. Jahrhunderts erfolgte dann eine kontinuierliche Zunahme bis zum Jahre 1800 auf knapp 4000 Einwohner. Dabei spielte der Geburtenüberschuß bei der Zunahme der Durlacher Bevölkerung die größte Rolle. Trotz einer lebhaften Zuwanderung schlugen die Wanderungsgewinne in Durlach kaum zu Buche, da sie sich mit der Abwanderung (wohl nach Karlsruhe) in etwa die Waage hielten. Fast die Hälfte aller Beschäftigten (ohne Soldaten) der Stadt waren Handwerker. Die landwirtschaftliche Fläche – neben größeren Ländereien des Landesherrn, des Spitals und eines größeren Privatgutes sowie der Allmende – war weitgehend Kleinbesitz in der Hand der Einwohner der Stadt.

Eines der wichtigsten landwirtschaftlichen Produkte Durlachs war der Wein. Viele der Handwerker bewirtschafteten einen oder zwei Morgen Rebland für ihren Eigenbedarf. Außerdem hatten die Durlacher Weinbergsbesitzer das Recht, ihr eigenes Gewächs in Straußwirtschaften auszuschenken. Bis zum Ende des 18. Jahrhunderts trat eine Vermehrung der Rebflächen um etwa ein Drittel ein, gleichzeitig ging aber der Anteil der Handwerker unter den Weinbergsbesitzern zurück, d. h. die meisten Weinberge waren in den Besitz von Bürgern übergegangen, die hauptberuflich Weingärtner geworden waren oder die überwiegend mit landwirtschaftlichen Arbeiten beschäftigt waren. Roller hat einleuchtend dargelegt, daß die Fuhrleute und Tagelöhner, die in den statistischen Quellen der Stadt in großer Zahl auftauchen, hauptsächlich mit der Bearbeitung eigener und gepachteter Grundstücke und mit Arbeiten auf Ländereien beschäftigt waren, die den Handwerkern gehörten. Nach seinen Berechnungen besaßen die Handwerker in der Regel kaum mehr als 2 Morgen Ackerland und eher noch weniger Wiesenfläche. Es erwies sich als sinnlos, sich für solche Betriebsgrößen ein eigenes Gespann zu halten. Die Fuhrleute setzten also ihre Gespanne zur Bearbeitung der den Handwerkern gehörenden kleinen Ackerflächen und zum Transport der darauf gewonnenen Produkte ein.

Die Tagelöhner arbeiteten auch zum großen Teil auf fremden Äckern. Insgesamt gesehen nahm im Verlauf des 18. Jahrhunderts die Ackerfläche ganz erheblich zu, wobei der Durchschnittsbesitz nicht stieg, d. h. bei zunehmenden Einwohnerzahlen wurde auch der Bedarf an solchem Kleinbesitz immer größer. Die Zunahme dieses Kleinbesitzes in der Hand von Handwerkern ist ein deutliches Signal für eine Krisensituation des Handwerks. Verschiedene Beobachtungen Rollers, der sich auf ausführliche statistische Berechnungen stützt, flankieren diese Feststellung. Er hat u. a. die Fluktuation der Bevölkerung zwischen den einzelnen Berufszweigen ermittelt. Dabei gab es einen deutlichen Trend des Übergangs vom Handwerk zu den vorwiegend in der Urproduktion Beschäftigten. Die Zahl der Landwirte, Fuhrleute und Tagelöhner stieg relativ stärker als die Gesamtbevölkerung im Verlaufe des 18. Jahrhunderts, nämlich von 14,8 % auf 25,1 %.

Daß die Zunahme der landwirtschaftlichen Fläche zum Teil auch deshalb erfolgte, weil durch den nahen Absatzmarkt in der Hauptstadt ein Anreiz gegeben wurde, kann nicht zweifelhaft sein. Die Veränderung in den angebauten Produkten macht jedoch deutlich, daß die Äcker im wesentlichen der Versorgung der eigenen Familien dienen sollten. Das erklärt auch, warum der Weinbergsbesitz in der Hand der Gewerbetreibenden merklich zurückging. Auf den Äckern Durlachs verschwand die Brache. Kleeanbau (zur Versorgung des Viehs mit hochwertigem Futter) sollte die Brachweide ersetzen. An die Stelle des Körneranbaus trat häufig der Kartoffelanbau. Im Jahre 1800 war ein Viertel der gesamten Ackerfläche mit Kartoffeln bebaut, insbesondere auf den kleinen und kleinsten Parzellen. Soweit einige Aspekte der Entwicklung in Durlach bis etwa 1800.

Ödland und demolierte Festungsanlagen boten den Städten gegen Ende der Frühen Neuzeit Möglichkeiten, ihre landwirtschaftliche Nutzfläche auszudehnen.[130] Insbesondere in der Napoleonischen Zeit wurden viele Festungsanlagen, die in einem breiten Gürtel um die Städte lagen, geschleift und in Gartenland umgewandelt.

Die Landwirtschaft bildete also einen bedeutenden Bereich städtischer Wirtschaft. In Situationen, in denen die wirtschaftliche Existenz der Handwerker gefährdet war, bot sie ein zusätzliches Mittel zur Existenzsicherung. Auf der anderen Seite kam es zu allen Zeiten zu umfangreicherem landwirtschaftlichem Besitz in der Hand von Führungsschichten in den Städten.

In welchem Maße der Anbau von Industriepflanzen (Waid,

[130] Ein Beispiel ist Freiburg i. Br. in der 2. Hälfte des 18. Jh.: Franz Laubenberger, Die bürgerliche Beurbarungs-Gesellschaft. 48. Deutscher Geodätentag Freiburg im Breisgau, Freiburg i. Br. 1963, S. 41–46.

Krapp, Flachs, Hanf) im 16. Jahrhundert etwa durch die Unternehmer, Händler und Verarbeiter in den Städten gesteuert wurde, wäre in jedem einzelnen Falle zu klären. In der Regel wird hier eine Arbeitsteilung zwischen Stadt und Land vorherrschend geblieben sein. Auch wenn Städte wie Köln auf ihrem Landbesitz die Schafzucht begünstigt haben, so mußte ein Großteil der für Tuchproduktion in der Stadt benötigten Wolle doch von Bauerndörfern außerhalb des Einflußbereiches der Stadt kommen. Auch in den Fällen, wo der Anbau von Industriepflanzen, wie Waid und Krapp, auf guten, stark gedüngten Böden sinnvollerweise in der Nähe von Städten erfolgen mußte, von Pflanzen, die außerdem eine längere Anbauzeit (Krapp zwei Jahre) verlangten oder arbeitsintensiv waren (Waidernte), kam es dennoch kaum zum Erwerb von Anbauflächen durch die Verarbeiter oder Händler der Städte.[131] Allenfalls durch Kredite, Marktzwang oder strenge Anbaubestimmungen in den Dörfern innerhalb des städtischen Territoriums wurde indirekt eine Aufsicht ausgeübt. Wo Bürger Mühlen in der Umgebung der Städte erwarben, kann man mit einer unternehmerischen Initiative rechnen. So wurden Mahlmühlen nicht selten zu Gewerbemühlen umgewandelt (Hammerwerke, Säge- oder Poliermühlen).

Von dem bürgerlichen landwirtschaftlichen Großbesitz im 16. Jahrhundert unterschied sich der des 18. Jahrhunderts. Im 18. Jahrhundert ging es den Besitzern häufig darum, in der Nähe der Städte eine kapitalistische, profitorientierte Anlage zu errichten, die Marktchancen vor allem von Industriepflanzen zu nützen, durch Anwendung neuerer landwirtschaftlicher Methoden, wie sie aus England oder Holland übertragen wurden, einen gewinnbringenden Betrieb zu errichten. Nicht mehr Sicherheit durch Risikostreuung und standesgemäße Ausstattung wie in den Jahrhunderten zuvor standen im Vordergrund, sondern besitzindividualistische Interessen. Da diese Unternehmungen in enger Beziehung zum Staat standen, vollzog sich hier nicht ein *allgemeiner* Umschwung von der traditionellen zur kapitalistischen Landwirtschaft wie in Frankreich oder England. Dem standen auch die korporativen Organisationsformen städtischer Landwirtschaft entgegen mit dem Festhalten an der Allmendnutzung, so bei den obenerwähnten Beispielen, in Köln, Osnabrück, Mannheim.

[131] Fritz Wiegand, Einige Bemerkungen zur Erfurter Waidproduktion, in: Europäische Stadtgeschichte in Mittelalter und früher Neuzeit. Hrsg. von Werner Mägdefrau, Weimar 1979, S. 251.

b) Handwerk

Das städtische Handwerk zeichnet sich in der Frühen Neuzeit durch eine starke Differenzierung aus. Auch innerhalb der einzelnen Berufe trat nochmals eine Differenzierung ein, z. B. bei den Schmieden in Nagel-, Huf-, Messer- und Kupferschmiede. Vorherrschend waren die traditionellen Gewerbe Schuster, Schneider, Bäcker, Metzger, in Weinorten Faßbinder. Bei einigen dieser Gewerbe muß man eine starke Überbesetzung annehmen. Es handelte sich durchweg um Kleinbetriebe, die mit einem oder ohne Gesellen arbeiteten. Allein bei den Maurern und Zimmerleuten war das numerische Verhältnis von Meister zu Gesellen in der Regel so, daß vier oder fünf Gesellen auf einen Meister kamen. Die Organisation der letztgenannten Gewerbe ließ sogar in größerer Zahl verheiratete Gesellen zu, die einen eigenen Hausstand gründeten. Der Anteil der Handwerker an der Gesamtbevölkerung war relativ hoch, so daß man im Durchschnitt mit einem Anteil von etwa 40 % Handwerkern an der berufstätigen männlichen erwachsenen Bevölkerung rechnen kann. Dieser Wert wird von Stadt zu Stadt schwanken, kann aber als ein Mittelwert angenommen werden. Bis auf ausgesprochene Luxusgewerbe (Posamentierer, Perückenmacher, Bildervergolder), die häufig in Zusammenhang mit der Entwicklung der barocken höfischen Gesellschaft standen, und bis auf Gewerbe, die nach wie vor auch für die städtische Oberschicht arbeiteten (Drucker, Buchbinder, Kürschner, Goldschmiede), handelte es sich um Berufe des täglichen allgemeinen Massenbedarfs.

Zwar hat sich die Forschung in letzter Zeit dem generellen 'Auf und Ab im Lebensstandard' und der wirtschaftlichen Bedeutung[132] des Handwerks zugewandt, am besten sind wir aber immer noch über die äußeren Regeln, die normativen Quellen der Handwerksgeschichte, die Zunftordnungen und Handwerksgesetze unterrichtet. Diese sagen allerdings so viel oder so wenig über die inneren Verhältnisse des Handwerks aus, wie die Straßenverkehrsordnung über das Verkehrsverhalten unserer Zeitgenossen.[133]

Bei der Wirtschaftsgeschichte des Handwerks haben sich die Forscher zunächst den Erscheinungen zugewandt, die von besonderer

[132] Herbst des Alten Handwerks. Zur Sozialgeschichte des 18. Jahrhunderts (dtv Dokumente). Hrsg. von Michael Stürmer, München 1979, S. 8.

[133] Handwerksgeschichte in neuer Sicht. Hrsg. von Wilhelm Abel (Göttinger Beitr. zur Wirtschafts- u. Sozialgeschichte, Bd. 1), Göttingen 1978, S. 5.

Bedeutung für den Fernhandel waren, d. h., der Produktion von Tuchen, Metallwaren und deren Verteilung auf den nationalen und internationalen Märkten. Die Gewinnchancen von Schustern und Schneidern, ihre Lage bei sich ändernden Lebensmittelpreisen oder die Situation einzelner Gewerbe in all seinen Bezügen, der Gesellen usw. ist weitgehend unerforscht. Was die Erforschung der Handwerksgeschichte in besonderem Maße beeinflußt hat, war, daß man sich im 19. Jahrhundert vorwiegend mit den von wirtschaftsliberalen Vorstellungen her negativ beurteilten Erscheinungen der Handwerksgeschichte beschäftigt hat, den Zünften mit ihrem Zwang und ihren Einschränkungen.

Auch wir wenden uns allerdings zunächst den normativen Quellen zu: Die Handwerker waren in den allermeisten Fällen in Zünften, Ämtern, Bruderschaften, Gilden zusammengeschlossen, die bei zunehmender Differenzierung der Handwerksberufe auch mehrere Gewerbe enthalten konnten. Die Zünfte regelten die Angelegenheiten ihres Gewerbes durch mehr oder minder ausführliche Zunftordnungen. An erster Stelle regelten sie die Qualität der hergestellten Waren, Weberordnungen etwa die Länge und Breite der Stoffe, die Mindestzahl der Fäden bei einer bestimmten Breite. Jeder Meister war verpflichtet, seine Ware zu kennzeichnen. Zur Kontrolle der Qualität wurden aus der Zunft Meister gewählt, die im Zusammenwirken mit Beauftragten der Räte bei Mängeln Geldbußen verhängen und für den Käufer den Ersatz des Schadens erwirken konnten. Stoffe wurden zur Bestätigung der Qualität durch die Aufseher der Zunft oder durch einen vom Rat bestellten Amtsträger mit einem Siegel oder einer Plombe versehen. Ähnlich wurden auch die Färber und Wollkämmer, die Walker und andere Gewerbe überwacht.

Neben der Aufsicht über die Qualität hatten die Zunftvorsteher vor allem auch die Arbeitsverhältnisse innerhalb der Zunft zu regeln. In einer Frankfurter Bursatweberordnung vom Ende des 16. Jahrhunderts heißt es: „Daneben ist auch insonderheit geordnet, das im fall ein meister des burschidwöberhandtwerks ainem andern maister umb einen gedingten lone weben und durch seinen unfleiß oder ubersehen demselben großen scheinbaren [offensichtlichen] Schaden thäte, der soll schuldig sein, solchen Schaden auf sein costen nach erkantnus der funffer zu keren.“ [134] Diese Bestim-

[134] Frankfurter Zunfturkunden bis zum Jahr 1612, 1914, ND 1968, S. 329f.

mung ist Teil eines Systems zur Regelung von Löhnen und Preisen durch die Zünfte und die städtischen Obrigkeiten. In der Weberei war offensichtlich die Regel, daß ein Meister andere Webermeister im Gedingelohn (Stücklohn) für sich arbeiten ließ.

Weiterhin regelten die Zunftordnungen die Zahl der Gesellen, die jeder Meister beschäftigen, oder – im Falle der Weber – die Zahl der Webstühle, die ein einzelner Meister betreiben durfte, die Bedingungen für die Aufnahme und den Erwerb des Meisterrechtes. „Damit dan die armen so woll als die reichen burschidwöber" zu Garn kommen konnten, befahl die Frankfurter Bursatweberordnung den Verkauf des Garnes auf offenem Markte und verbot den Vorkauf („das haimlich vorkaufen in den heußern, auch auf den strassen"). Um die Garnspinner in ihrer Existenz nicht zu gefährden, wurde es den Webern vorgeschrieben, Garn nur von diesen und außerdem höchstens durch ihre eigene Familie und ihr eigenes Hausgesinde spinnen zu lassen.

Die Zunftordnungen dienten zur Sicherung der 'Nahrung' innerhalb der Zunft, aber auch zwischen den Zünften. Die Abgrenzung zwischen den Zünften, die Sicherung von Wirtschaftssphären, die Rangfolge unter den Zünften bildeten einen komplizierten Mechanismus wirtschaftlicher und sozialer Balance in den Städten. In zunehmendem Maße griffen die Landesherren (oder das Reich auch bei den Reichsstädten) in das 'Polizeiwesen' der Städte ein: Zunftordnungen wurden zum großen Teil vom Landesherrn erlassen, die Zünfte mußten um die Bestätigung ihrer Ordnungen bei der fürstlichen Bürokratie einkommen. Das hätte zur Folge haben können, daß der Landesherr die Angelegenheiten der Handwerker nach den Bedürfnissen des absolutistischen, merkantilistischen Staates in eine zweckrationale Ordnung brachte. Das aber war meist nicht der Fall. Lediglich in Brandenburg, wo in den kleinen Landstädten keine mächtigen Gewerbe vorhanden waren, schaltete und waltete der Landesherr recht frei mit den Zünften, er oktroyierte Meister, setzte Gewerbefreiheit für andere Gruppen durch, ließ aber die Zünfte dabei bestehen – im Sinne einer 'guten Polizey' in den Städten. Obwohl in einigen Territorien das Landhandwerk zugelassen wurde, ergaben sich nur begrenzte Verschiebungen im arbeitsteiligen Produktionsverhältnis zwischen Stadt und Land, sei es, daß auf dem Land lediglich die Gewerbe des täglichen Bedarfes (Bäcker, Metzger, Schmiede, Schuster oder Stellmacher) zugelassen wurden, sei es, daß die Ausbildung von Lehrlingen und die Beschäftigung von wandernden Gesellen nur den Stadtmeistern erlaubt waren, sei es, daß durch Landeszunftordnungen wieder Einschränkungen vorgenommen wurden.

Eine Konkurrenz für die Zünfte stellten die privilegierten Manufakturen dar, deren Arbeiter vom Zunftzwang befreit waren und für die auch nicht die Einschränkungen der Zunft in bezug auf die Arbeiterzahlen pro Betrieb galten. Ähnlich war es mit den sog. 'Hofhandwerkern', die ursprünglich zum Bau von Residenzen, Schlössern und zur Deckung des höfischen Bedarfes angesiedelt worden waren. Auch sie waren von den Beschränkungen und der Jurisdiktion der Zunft befreit. Durch das Hofhandwerk versuchten die Landesherren aber „auch auf das Zunfthandwerk einzuwirken und die 'Grenzen des Handwerks zu sprengen'. Bewußt wurde das Hofhandwerk somit als Instrument obrigkeitlicher Ordnungsvorstellungen bzw. merkantilistischer Wirtschaftspolitik eingesetzt."[135] Diese privilegierten Hofhandwerker arbeiteten auch für die Bürger der Stadt und als Heereslieferanten.

Im 16. Jahrhundert hatten die Fürsten vor allem Furcht vor dem politischen Oppositionsgeist der Zünfte, der ihre Ansprüche auf Vereinheitlichung der Verwaltung bedrohte. Deshalb versuchten sie, in den Reichspolizeiordnungen dieses Jahrhunderts vor allem der politischen Aufsässigkeit der Zünfte und der Bürgerschaften einen Riegel vorzuschieben. In den wirtschaftlichen Organisationsformen durch die Zünfte (wenn auch jetzt unter obrigkeitlicher Aufsicht stehend) änderte sich jedoch nichts. Auf die Versuche, in den Reichsstädten um 1600 die politische Rolle der Zünfte durch die Änderungen in den Wehrverfassungen zurückzudrängen, wurde verwiesen.

Gesellenaufstände (u. a. der Schuhmachergesellen in Augsburg) führten dazu, daß 1731 eine Reichshandwerksordnung erlassen wurde. Ein zusätzlicher Grund für den Erlaß der Reichshandwerksordnung war das Bedürfnis der Fürsten, voran des Brandenburgers, für ihre merkantilistische Politik, für ihre Eingriffe in die Wirtschaftsordnung der Territorialstädte und in die Zunftprivilegien Rückendeckung zu finden.

[135] Andreas Grießinger u. Reinhold Reith, Obrigkeitliche Ordnungskonzeptionen und handwerkliches Konfliktverhalten im 18. Jahrhundert, Nürnberg und Würzburg im Vergleich, in: Deutsches Handwerk in Spätmittelalter und Früher Neuzeit. Sozialgeschichte – Volkskunde – Literaturgeschichte. Hrsg. von Rainer S. Elkar, Göttingen 1983 (Göttinger Beitr. zur Wirtschafts- und Sozialgeschichte, Bd. 9), Göttingen S. 117–180, S. 167.

Die Reichshandwerksordnung schränkte die Autonomie der Zünfte ein. Zusammenkünfte der Zünfte und ihre Korrespondenzen untereinander sollten unter die Aufsicht des Staates gestellt werden. Vor allem die Verbindungen von Gesellenkorporationen zwischen den Städten sollten unterbunden werden, um deren Arbeitskämpfe zu erschweren. Sie mußten Zeugnisse ihres Wohlverhaltens ('Kundschaften') bei ihren Wanderungen mitführen. Im Grunde war diese Reichshandwerksordnung von 1731 eine polizeistaatliche Maßnahme, neue wirtschaftliche, merkantilistische Entwicklungen hat sie kaum zum Ziel gehabt oder bewirkt. Im Gegenteil – zwar bestand für die Landesfürsten die Möglichkeit, unzünftisches Gewerbe in den Städten zuzulassen, die Meister- und Gesellenzahlen nach ihren Vorstellungen zu erhöhen – dennoch kam es zu einer Verfestigung, zumindest zu einer Beibehaltung zünftischer Strukturen.

Selbst in Residenzen, wie am Beispiel Mannheims gezeigt werden kann, wurde im Verlauf der ersten Hälfte des 18. Jahrhunderts der Zunftzwang wieder eingeführt, obwohl ursprünglich die Privilegien der Stadt die Ansiedlung von wirtschaftlich tüchtigen Einwohnern durch den Erlaß der Gewerbefreiheit bewirken sollten. Außerdem wurde in Mannheim, wie in vielen anderen Städten, der Betrag an Vermögen ständig erhöht, den ein Fremder für den Erwerb des Meister- bzw. Bürgerrechts nachweisen mußte (von 400 bis 500 fl. in den 30er Jahren des 18. Jahrhunderts auf 1000 fl. beim Handwerker, 3000 fl. beim Handelsmann im Jahre 1743).[136] Gleiches galt für die 1715 gegründete badische Residenzstadt Karlsruhe, in der ursprünglich keine Zünfte vorgesehen waren. 1720 bildeten sich Zünfte zunächst auf freiwilliger Basis, 1752 wurde aber auch hier der Zunftzwang wieder eingeführt mit all seinen Restriktionen. Gleichzeitig wurde die Kapitalsumme von 200 fl. (1722) auf 500 fl. für eine Einzelperson und auf 700 fl. für ein Ehepaar erhöht, deren Nachweis bei der Bürgeraufnahme gefordert wurde.[137] Die Abschließung der Zünfte war das Ziel bei solcherlei Maßnahmen und vielfach das Ergebnis.

[136] Walter, Geschichte Mannheims . . ., Bd. 1, S. 479.

[137] Wolfgang Leiser, Privilegierte Untertanen. Die badischen Städte im Ancien Régime, in: Verwaltung und Gesellschaft in der südwestdeutschen Stadt des 17. und 18. Jahrhunderts. Hrsg. von Erich Maschke u. Jürgen Sydow. Stuttgart 1969 (Veröff. der Komm. für Geschichtl. Landeskunde in Baden-Württemberg B, 58), S. 22–45, S. 31 f.

Die Zünfte bemühten sich durch diese Politik, die bis zu einem gewissen Grad von den Territorialstaaten mitgetragen wurde, sich die Konsumenten für ihre Produkte und Angebote zu sichern, auch wenn sich neben der geschlossenen Handwerkerorganisation durch Einflüsse und unter der Regie des Staates eine Produktion entwikkelte, die von der Bevormundung der Zünfte frei blieb. Diese Produktion insbesondere von Luxusartikeln, gewissen Monopolgütern (Tabak) oder von militärisch wichtigen Gütern bewegte sich nicht frei, sondern stand in enger Beziehung zum Staat, wurde durch diesen gefördert, privilegiert und dirigiert. Michael Stürmer hat die handwerksgeschichtliche Entwicklung insgesamt so charakterisiert: „In den Reichsstädten bewegte sich fast nichts. Aber auch in den Territorialstaaten blieb bis zu dem Ende des Alten Reiches zwischen frühmodernem Staat und korporativer Gesellschaft ein Schwebezustand erhalten.“ [138] Während in Frankreich der Colbertismus die Zünfte in ein System der Staatswirtschaft einbaute und während in England mehr und mehr die freie Organisation der Wirtschaft dominierte, konnte sich in Deutschland der absolutistische Staat zwar politisch gegenüber den Zünften durchsetzen, ließ sie aber als korporatives Ordnungselement gesellschaftlich und ökonomisch bestehen. Darin zeigte sich die Rückständigkeit der deutschen Entwicklung gegenüber der westeuropäischen, die zu wesentlich früheren Ansätzen der Industrialisierung kam als Deutschland.

Von Bedeutung für die Stellung der Zünfte innerhalb der Städte war auch, daß sie die Sozialfürsorge für ihre Mitglieder besorgten, ihre Organisation im äußeren Lebensablauf der Stadt von täglicher Präsenz war, im kirchlichen Leben wie bei der politischen Organisation der Gemeinde gegenüber dem Rat (bei Prozessionen, an Schwörtagen, bei der Steuererhebung).

Trotz der Existenz von Frühkapitalismus und Fernhandel, von Bergbau und Landhandwerk bildeten die Handwerker der Städte im 16. Jahrhundert nach wie vor den entscheidenden Faktor in der verarbeitenden Wirtschaft Deutschlands. Landweber arbeiteten für Weber in der Stadt. Der städtische Standard (Qualitätsmaßstab) aber bildete den Maßstab auch für deren Produktion. Auch wenn Leinen und Barchent zu einem nicht unbedeutenden Teil auf dem Lande hergestellt wurden, so waren die Mittelpunkte der Produktionsbezirke die Städte. Die Weber aus Ulm und einem weiten Um-

[138] Herbst des Alten Handwerks. Hrsg. von Michael Stürmer, S. 33.

land lieferten ihre Tuche z. B. an die Ulmer Schau. Auch in Schlesien wurde für die Landweberei die Schau in den Städten vorgeschrieben. Die Münchener und Nördlinger Loderer beschäftigten große Zahlen von Spinnern in Stadt und Land. Die Initiative zur Calwer Zeughandelskompanie ging auf die städtischen Färber zurück. Bedeutend war die Ulmer Bleiche, außer Ulmer und Württemberger Leinwand wurde hier auch bayerische und schlesische Leinwand gebleicht. Die Uracher Bleiche sollte das Monopol für die württembergische Leinwand haben. Im nördlichen Teil Deutschlands bestand seit dem Mittelalter für das auf dem Lande gewebte Leinen die sog. 'Legge' in den Städten, eine der 'Schau' Süddeutschlands entsprechende Einrichtung. Der Staat griff diese Institution auf. Bielefeld z. B. erhielt durch den Großen Kurfürsten 1678 die Legge für die feine Leinwand in der Grafschaft Ravensberg. Sie bestand bis 1872 und sorgte für die Konzentration des Leinenhandels in Bielefeld und begründete durch die strenge Qualitätskontrolle den guten Ruf des Bielefelder Leinens.[139]

Rolf Kießling hat neuerdings am Beispiel Oberschwabens[140] darauf hingewiesen, daß die zentralitätsfördernde Funktion der zwangsweisen Schau in schwäbischen Reichsstädten zum Teil durch die Bestrebungen der Weberzünfte wieder aufgehoben wurde, in einem relativ weiten Umkreis um die Städte ein Verbot der Landweberei von besseren Stoffen durchzusetzen. Andererseits sicherten sie sich durch das Bannmeilenrecht den Rohstoff und die Halbfertigfabrikate des Umlandes. Die großen Handelsgesellschaften umgingen diese Bestimmungen, indem sie in weiter abliegenden Landstädten das Leinen und Barchent aufkauften, so daß man im Bereich der Textilproduktion zu einem abgestuften Zentralitätsgefüge von kleineren Städten (Marktstädten) und Reichsstädten (Handelsmetropolen) gelangte.

Wenn sich auch trotz weitverbreiteter gegenteiliger Absichten der Bürokratie das Handwerk z. T. auf das Land verlagerte, so blieben die Städte doch Zentren des gehobenen Bedarfs. Auf dem Lande waren häufig nur Gewerbe wie Schmiede, Bäcker, Schneider, Schuster, Schreiner, Stellmacher, Leineweber und Spinner zu-

[139] Reinhard Vogelsang, Geschichte der Stadt Bielefeld, Bd. 1: Von den Anfängen bis zur Mitte des 19. Jahrhunderts, Bielefeld 1980, S. 170ff.

[140] Rolf Kießling, Stadt und Land im Textilgewerbe Oberschwabens vom 14. bis zur Mitte des 16. Jahrhunderts, in: Bevölkerung, Wirtschaft und Gesellschaft. Hrsg. von Neithard Bulst u. a., Trier 1983, S. 116–137.

gelassen. Die Woll- und Seidenweberei blieb im wesentlichen Stadtgewerbe (wenn man vom Rheinland absieht). Ähnlich günstig war auch für das Handwerk in den bedeutenden Handelszentren die Entwicklung der Erzproduktion. In der Nähe der Fundorte im Gebirge wurde das Metall zwar geschmolzen und in sog. 'Halbzeuge', Halbfertigprodukte, verarbeitet, in Bleche, Stabeisen, gesaigertes Kupfer; anschließend wurden diese Halbzeuge aber in den traditionellen Handwerksstädten weiterverarbeitet. In Nürnberg wurden im 16. Jahrhundert verarbeitet: steyrisches und oberpfälzisches Eisen, böhmisches und thüringisches Kupfer, Oberpfälzer Weißbleche, sächsisches Zinn.

Was die wirtschaftliche Lage der zünftischen Handwerker teilweise stabilisieren half, war der sog. 'Zunftkauf'. Die Massenproduktion wurde in dieser Zeit weitgehend auf der Grundlage des Verlages betrieben. Die Zünfte schlossen mit solchen Verlegern kollektive Lieferverträge für die ganze Zunft ab. Die Verträge wurden unter der Aufsicht des Rates geschlossen. Die Form des Zunftkaufes wurde insbesondere für die ostmitteleuropäischen Städte von größter Bedeutung. Hermann Aubin hat betont, daß die auf diese Weise aufblühende Leinenproduktion den oberlausitzischen Städten Bautzen, Lauban, Löbau, Kamenz, Zittau und Görlitz die Jahrzehnte von 1550–1620, „die glücklichsten ihrer ganzen Geschichte brachte“ [141].

Für Friedrich Lütge hatte das System des Zunftkaufes in Schlesien zur Folge, „daß diese Produktion überwiegend, ja fast ausschließlich in den Städten erfolgte . . . Die ländlichen Produktionsbedingungen waren denen der Stadt nicht gewachsen.“ [142] Im westfälischen Leinengebiet hingegen ist die umgekehrte Entwicklung zu beobachten. Dort konzentrierte sich die Produktion auf dem Lande und lediglich der Handel in den Städten.

Lütge kommt aufgrund dieser Beobachtungen zu dem folgenden zusammenfassenden Urteil über die gewerbliche Wirtschaft der Städte vor dem Dreißigjährigen Krieg: „Dieser Ausbau des Verlagswesens mit der Ausrichtung auf einen weltweiten Absatz, die sich daraus ergebende rationale Durchorganisation des Produktionsprozesses mit der dahinter sich entfaltenden strafferen Anforde-

[141] Friedrich Lütge, Die wirtschaftliche Lage Deutschlands vor Ausbruch des 30jährigen Krieges, in: ders., Studien zur Sozial- und Wirtschaftsgeschichte, Stuttgart 1963, S. 336–395, S. 376.

[142] Ebenda, S. 379.

rung an Arbeitszeit und Arbeitsökonomie lassen es ... fraglich erscheinen, ob es wirklich zutrifft, daß der Untergang der großen deutschen Handelshäuser als Prototypen des sog. Frühkapitalismus das eine im Gefolge gehabt haben, was Deutschland von den westlichen Ländern unterschied: nämlich die Aufrechterhaltung der alten Stadtwirtschaft." [143]

Durch Umschichtungen der Produktion und Veränderungen in den Beziehungen zu Verleger-Kaufleuten, durch die Verschiebungen in den europäischen und überseeischen Märkten, durch das Eingreifen des frühmodernen Staates und Entwicklung neuer Betriebsformen und Wirtschaftsgesinnungen (insbesondere unter dem Einfluß von Exulanten) ist es sicher zu partiellem, sektoralem und regionalem Wandel in der handwerklichen Produktion der Städte gekommen, von der *Gesamtbilanz* her gesehen wird m. E. die traditionelle, auf zünftisch-handwerklicher Produktion beruhende Stadtwirtschaft jedoch in der großen Masse der Städte keinen grundsätzlichen Wandel erlebt haben.

Eine bedrohliche Entwicklung bahnte sich in der zweiten Hälfte des 16. Jahrhunderts für das Handwerk dadurch an, daß bei kontinuierlichem Wachstum der städtischen Bevölkerung, bei ständigem Anstieg der Preise für Nahrungsmittel und bei gleichzeitigem Stagnieren der Handwerkerlöhne (die ja ein Maßstab für Erträge sind) und Preise für Handwerksprodukte im Zusammenwirken mit verschiedenen anderen Faktoren eine Verschlechterung der sozialen Lage der Handwerker eintrat. Die große Zahl von städtischen Revolten in der Zeit um 1600 ist als ein Indikator für diese das Handwerk bedrohende Situation anzusehen.

Wilhelm Abel, Diedrich Saalfeld und andere haben durch den Vergleich von Handwerkslöhnen und Preisen deutlich gemacht, wie extrem zum Teil der Kaufkraftschwund der Handwerkerlöhne in der zweiten Hälfte des 16. Jahrhunderts war, daß sie zum Teil ganz erheblich unter das physiologische Existenzminimum sanken.[144]

Nachdem die Menschenverluste des Dreißigjährigen Krieges wieder ausgeglichen waren, trat eine ähnliche Situation gegen Ende des 18. Jahrhunderts ein. Allerdings hatte sich die Lage dadurch verändert, daß es neben den zünftischen, oft recht beengenden Re-

[143] Ebenda, S. 387.

[144] Handwerksgeschichte in neuer Sicht. Hrsg. von Wilhelm Abel, Göttingen 1978, S. 23.

striktionen unterworfenen Handwerkern eine größere Zahl von nichtzünftischen Arbeitern gab, die für die Bedürfnisse der Höfe und des sich entwickelnden frühmodernen Staates in neuen Produktionszweigen arbeiteten.

c) Verlag und Manufaktur

Während uns in Landwirtschaft und Handwerk der deutschen Städte das Bild einer im wesentlichen auf Nahrungssicherung und genossenschaftliche Organisation gerichteten Wirtschaft entgegentritt, die trotz Abschwächungen und Veränderungen, zum Teil auch Erstarrungen, bestimmende Faktoren in der Stadt bis zum Ausgang des 18. Jahrhunderts und darüber hinaus blieben, kam es seit dem Spätmittelalter auch zu Veränderungen der gewerblichen Produktionsstrukturen. Es entwickelten sich hier Formen, die auf einen Massenabsatz in der seit dem 15. Jahrhundert entstehenden Weltwirtschaft ausgerichtet waren: Verlag und Manufaktur. Im Bereich der großgewerblichen Produktion kam der Einfluß des frühmodernen Staates in besonderem Maße zum Tragen. Die wirtschaftslenkenden Maßnahmen werden in der Regel mit dem Begriff 'Merkantilismus' belegt. Diese ursprünglich eng mit dem Absolutismus verbundene Bezeichnung wird in der wirtschaftsgeschichtlichen Literatur in zunehmendem Maße auf die ganze Breite staatlicher Wirtschaftslenkung – auch auf die Zeit vor dem Absolutismus – ausgedehnt.

Ausgeschlossen in unserer Darstellung wird die derzeit heiße Diskussion um die sog. 'Protoindustrialisierung', also die Auseinandersetzung um die 'Industrialisierung vor der Industrialisierung', wie der Titel des hierfür grundlegenden Buches von Peter Kriedte, Hans Medick und Jürgen Schlumbohm lautet.[145] In dieser Diskussion geht es, wie der Untertitel dieses Buches schon deutlich zum Ausdruck bringt, um die „gewerbliche Warenproduktion auf dem Land in der Formationsperiode des Kapitalismus", um die Frage also, in welchem Maße die gewerbliche, ländliche Hausindu-

[145] Peter Kriedte, Hans Medick, Jürgen Schlumbohm, Industrialisierung vor der Industrialisierung, Göttingen 1977. – Hans Linde, Proto-Industrialisierung: zur Justierung eines neuen Leitbegriffs der sozialgeschichtlichen Forschung, in: Geschichte und Gesellschaft 6,1 (1980), S. 103–124.

strie (insbesondere auf dem Textilsektor) die Agrarentwicklung beeinflußt hat. Selbstverständlich wird in unsere Überlegungen auch die Frage miteinzubeziehen sein, in welchem Maße die gewerbliche Produktion auf das Land verlagert wurde, welche Folgen das für die städtische Wirtschaft hatte, hingegen nicht das Problem, das die Historiker der Protoindustrialisierung vor allem beschäftigt, in welchem Maße die ländliche, auf einen internationalen Markt ausgerichtete gewerbliche Massenproduktion die überkommene Agrarverfassung und dörfliche Sozialstruktur veränderte, wieweit die Entwicklung protoindustrieller Produktionsweisen zur Destabilisierung des Feudalismus beitrug.

Die Hauptbereiche einer auf Fernabsatz orientierten Fertigung waren in der Frühen Neuzeit, wie im Mittelalter, Textilien und Metallwaren. Neben dem Handel mit Salz sowie mit Agrarprodukten und agrarischen Veredlungsprodukten (Getreide, Gewürzen, Wein, Bier, Fleisch, Zucker) nahmen sie auf dem europäischen Markt eine wichtige Position ein.

Zwei Tendenzen charakterisieren die Tuchproduktion in der Frühen Neuzeit, gleichfalls in Fortsetzung der spätmittelalterlichen Entwicklung. Erstens verschob sich die Produktion von schweren Wollstoffen zu leichteren Geweben ('Zeug') hin, zu Leinen, Barchent (Flachs mit Baumwolle gemischt), insgesamt zu den verschiedensten Mischgeweben (Kettfaden: Flachs/Wolle, Schußfaden: Baumwolle) schließlich zu Kattun (Baumwolle). Zweitens wurden leichtere feinere Wollstoffe, Seide und Samt (und andere Luxusgewebe) verstärkt nachgefragt. Entsprechend gingen die Zentren in der traditionellen Wolltuchproduktion an Mittel- und Niederrhein entweder in ihrer Bedeutung zurück oder verlagerten ihre Produktion in die neuen Bereiche. Charakteristisch ist dafür etwa der Rückgang der Zahl der Wollwebermeister in der Stadt Trier von etwa 140 im 16. Jahrhundert auf 40 im 18. Jahrhundert.

Bekanntlich stand die Leinenweberei lange Zeit in der Bewertung hinter der Wollweberei zurück. Das in vielen Gegenden angebaute Rohmaterial Flachs machte es möglich, dieses Produkt ohne hohen Aufwand auch auf dem Lande herzustellen. Dennoch waren die Zentren der Leinenproduktion im Mittelalter die Städte, wurde der Standard der Waren auf die Städte bezogen, selbst wenn sie auf dem flachen Land gewebt wurden, sei es, daß die 'Schau' oder 'Legge' in der Stadt stattfand, die Tuche dort gebleicht und zubereitet wurden, sei es, daß der Fernhandel über die Städte abgewickelt wurde.

So war Konstanzer oder Schaffhauser Leinwand in ganz Südeuropa gefragt. In den wichtigsten Produktionslandschaften haben die großen Städte in der Zubereitung und im Handel der Leinwand die Führungsrolle in einem großen Umfang behalten. Zum Teil wurde in den Territorien für die Landweberei eine eigene Schau in kleineren Landstädten errichtet. Man wird so bei der Leinwand, vor allem wegen des überall verfügbaren Rohstoffes, eine gewisse Verlagerung der Produktion von den Städten zunächst in kleinere Landstädte und dann auf das flache Land annehmen können. Durch die raschere Anpassung an die sich verändernde Nachfrage, etwa nach Mischgeweben, behielten jedoch die Städte in der Regel weiterhin eine wichtige Position auch im Bereich des Textilgewerbes. Schließlich bemühten sich die Zünfte, das ländliche Handwerk zu beschränken, was aber angesichts der territorialen Zersplitterung und der Unmöglichkeit, eine lückenlose Kontrolle durchzuführen, nur geringeren Erfolg haben konnte, als sie es jeweils erhofften.

Schon im späten Mittelalter arbeiteten für einzelne Meister eine Reihe anderer Weber, und es kam auch zur Abhängigkeit der Weber von Großkaufleuten. Aber ein massives Eindringen des Handelskapitals zeigte sich eigentlich erst mit der vermehrten Verarbeitung von Baumwolle und Seide sowie mit dem Aufkommen des Indigo, das den Waid als blauen Farbstoff ablösen sollte. Diese Materialien wurden von Fernhändlern hereingebracht, sie konnten dadurch die Weber von sich abhängig machen, Rohware auf Vorschuß liefern, 'vorlegen'. Dies ist eine Entwicklung, die seit dem 14. Jahrhundert in Gang kam. Der Verlag band so Stadt und Land zusammen, konzentrierte in verstärktem Maße ländliche Produktion, soweit sie marktorientiert war, auf die Städte.

Wann es zur Ausbildung solcher, die Produktion direkt beherrschender Verlagssysteme im großen Stil gekommen ist, soll hier dahingestellt bleiben, für das 16. Jahrhundert sind sie allerdings charakteristisch. Bernhard Kirchgässner hat das dadurch entstehende Verhältnis zwischen Stadt und Land am Beispiel der Städte Calw und Urach analysiert.

Im Verlauf des 16. Jahrhunderts hatte sich in den Städten und im Umland von Pforzheim und Calw eine die billigeren und leichteren Stoffe webende Hausindustrie entwickelt. Von Anfang an kam es zwischen Calwer Färbern und Kaufleuten zu Preisabsprachen, der Ankauf sollte gemeinschaftlich geregelt werden. Der Qualitätsmaßstab der Verleger war nun maßgebend, nicht mehr die gemeinschaftliche Qualitätskontrolle der Weber. Noch bis in die ersten

Jahre des Dreißigjährigen Krieges hinein verkauften die Calwer Zeughändler mit großem Erfolg auf den Messen von Naumburg, Leipzig, Bozen, Zurzach, Frankfurt und Nördlingen. Erhebliches Kapital konzentrierte sich in der kleinen Stadt im Schwarzwald. Zuwanderer versuchten in der Stadt Fuß zu fassen.

Die Wirkung der städtischen Zentren der Textilindustrie auf ihr Umland war so tiefgreifend, daß die umliegenden Territorien sich zu Gegenmaßnahmen veranlaßt sahen. So rückte z. B. der Flachsanbau längs der Straße von Ulm nach Reutlingen immer mehr vor, Spinnerei und Weberei griffen weit über das Territorium Ulms hinaus. „Herzog Friedrich I. von Württemberg sann auf Abhilfe, um diese Bindung seiner Untertanen an die selbständige Reichsstadt, aber auch den befürchteten Abfluß von Geldern dorthin zu verhindern. Seinem 'merkantilistisch geschulten Blick' . . . mußte es ein Ärgernis sein, daß erhebliche Mengen von Flachs und Garn ins Ausland gingen, und daß man von dort wieder beträchtliche Mengen fertiger Leinwand einführte, die dann durch Zölle und Transportkosten erheblich verteuert war. Viele Weber hatten sich bereits auf die Einhaltung der Ulmer Ordnung verpflichtet, um sich dadurch den Absatz über den Ulmer Fernhandel zu sichern. Fehlerfreiheit der Ware und Verwendung der in Ulm üblichen Garnsorten mußten sie beschwören; das Produkt hatte ausreichende Fadenzahl und hinlängliche Stücklänge aufzuweisen. Alle diese Vorschriften integrierten Teile des Württembergischen Herzogtums in das wirtschaftliche Umland Ulms, banden sie also an die Wirtschaftsentwicklung einer bedeutenden Stadt, auf die der Herzog wenig Einfluß hatte."[146]

In den Jahren um 1600 versuchte der württembergische Herzog, durch einen eigenen Produktionsschwerpunkt in Urach an der Entwicklung der Textil-'Industrie' teilzuhaben. Es kam zur Gründung einer 'Faktorei' in dieser Stadt, der die württembergischen Weber aus den umliegenden Ämtern ihre Produkte anbieten mußten. In Urach wurden Bleiche, Garnkocherei und Walkerei unter staatliche Aufsicht genommen, die in den anderen Städten Herzstücke des Verlags, hier eines 'staatlichen Verlags' waren.

Nach dem Dreißigjährigen Krieg wurde in Calw von Färbern

[146] Bernhard Kirchgässner, Der Verlag im Spannungsfeld von Stadt und Umland, in: Stadt und Umland. Hrsg. von Erich Maschke und Jürgen Sydow (Veröff. der Komm. für Geschichtl. Landeskunde in Baden-Württemberg B, 82), Stuttgart 1974, S. 72–128).

eine Zunft, d. h. eine Zeughandelskompanie gegründet, die das ausschließliche Recht auf Färbung und Handel mit den Produkten der umliegenden herzoglich-württembergischen Lande erhielt. Diesem Monopol der Calwer Zeughandelsgesellschaft stand keine Abnahmeverpflichtung für diese gegenüber. Die Bezahlung der Ware wurde z. T. mit der nächsten Wollieferung verrechnet. Die Preise wurden nicht staatlich kontrolliert. So gerieten die Weber in ein striktes Abhängigkeitsverhältnis zu den Calwer Verlegern.

Freies reichsstädtisches Verlagswesen, wie auch monopolartiges und 'staatliches' Verlagswesen, führten zu einer Stärkung der Zentralität solcher Orte wie Ulm, Calw oder Urach. Eine Zunahme der Bevölkerung oder Konzentration der Produktion in der Stadt war damit allerdings nicht automatisch verbunden. Daneben gab es natürlich auch die Arbeit von Meistern und Landwebern für einen reicheren Kollegen auf Lohnbasis. Einige Städte versuchten, die 'Garnnahrung' ihrer Einwohner möglichst zu sichern, indem sie restriktive Bestimmungen gegen solche Konzentrationen erließen. Insgesamt jedoch führte das Verlagswesen auf dem Textilsektor zu einer gewerblichen Konzentration mit einer nicht unerheblichen Ausfuhr nach Süd- und Osteuropa.

Auch bei anderen Produktionszweigen, wie Eisen und Kupfer, kam es zur Ausbildung des Verlagswesens. Von grundlegender Bedeutung war allerdings auch hier das Handelsmonopol mit den 'Halbzeugen'. Die Erzschmelzen und die erste Verarbeitung lagen direkt bei den Lagerstätten. Die Weiterverarbeitung aber erfolgte in den großen Handwerkerstädten, so die Verarbeitung des Eisens etwa in Köln, Nürnberg, Schwäbisch-Gmünd, Wangen, Isny. Das Siegerland lieferte die Halbfertigfabrikate für die Drahtzüge, Messer- und Waffenschmieden in das Bergische und die Mark.[147] Auch auf diesem Sektor versuchten die Landesherren gelegentlich, monopolartige Betriebe zu errichten, so begründete der württembergische Herzog Eisenfaktoreien in Stuttgart, Tübingen, Urach und Christophstal.[148]

Neben dem Verlagswesen, das besonders für die ersten beiden Jahrhunderte der Frühen Neuzeit charakteristisch war, wurde die wirtschaftliche Entwicklung der deutschen Städte in diesem Zeitab-

[147] Schwerpunkte der Eisengewinnung und Eisenverarbeitung in Europa 1500–1650. Hrsg. von Hermann Kellenbenz (Kölner Kolloquien zur internationalen Sozial- und Wirtschaftsgeschichte 2), Köln 1974, S. 432.

[148] Ebenda, S. 447.

schnitt, vor allem jedoch im 18. Jahrhundert, durch die staatlich geförderte Manufaktur gekennzeichnet. Drei Gründe waren es im besonderen, die den Fürstenstaat dazu brachten, Manufakturen in den Städten zu befördern. Erstens: fiskalische Gründe im weitesten Sinne. Neben der Grundsteuer waren städtische Steuern, Gewerbe- und Konsumsteuern, die Säulen der staatlichen Finanzen. Eine Beförderung der Gewerbe sollte zu deren Vermehrung beitragen. Außerdem bemühte sich der absolutistische Staat aufgrund merkantilistischer Theorien, durch die Einfuhr von Rohprodukten und die Ausfuhr verarbeiteter Produkte eine aktive Handelsbilanz des Staates zu erzielen. Zweitens: Gewerbliche Betriebe in der Form von Manufakturen sollten dazu beitragen, eine wachsende Bevölkerung mit Einkommen zu versehen. Es ist bezeichnend, daß man Manufakturbetriebe in den Waisen-, Armen-, Zucht- und Arbeitshäusern einrichtete. Drittens schließlich wollte der absolutistische Staat den spezifischen Bedarf des Staates zu günstigen Bedingungen sicherstellen. Dieser Bedarf bestand einerseits in Luxusartikeln (Tapeten, Porzellan, Gobelins, Spiegeln usw.) und andererseits in Ausrüstung des stehenden Heeres mit Kleidung und Bewaffnung. Außerdem erhoffte man sich gerade von der Herstellung von Luxusartikeln eine aktive Handelsbilanz wie auch einen hohen Beschäftigungsstand.

Unter 'Manufaktur' wird ein geschlossener Betrieb verstanden, in dem in gewisser arbeitsteiliger Produktionsweise von einer größeren Zahl unselbständiger Arbeitskräfte Waren für einen überregionalen Markt hergestellt wurden. Was diese Manufakturen von Handwerksbetrieben unterschied, war nicht die Technik. Der Einsatz von Antriebsenergie oder technischen Neuerungen charakterisiert erst die Stufe der 'Fabrik'. Wesentlich war, daß die Manufaktur von Arbeitskräften betrieben wurde, die außerhalb der Zunftbestimmungen standen, die keinen Ausbildungsvorschriften und anderen Beschränkungen unterlagen. In den Quellen der Frühen Neuzeit werden Begriffe wie 'Manufaktur', 'Industrie' und 'Fabrik' für die unterschiedlichsten Erscheinungen verwendet, selbst für handwerkliches Gewerbe.

Entsprechend schränkten absolutistische Monarchen in besonderen Fällen (insbesondere seit der ersten Hälfte des 18. Jahrhunderts) die Zunftprivilegien der Städte ein. Gelegentlich wurden reine Manufakturstädte gegründet. Ein Beispiel ist das kurpfälzische Frankenthal. Diese 'Industrie' brachte insgesamt keine Veränderung des Gesamtbildes der Städte, setzte jedoch einige Akzente neu: So wurden den hinzugezogenen fremden Arbeitern weitgehende Rechte eingeräumt, Steuerfreiheit für einen gewissen Zeitraum, Befreiung von städtischen Lasten, Abzugsfreiheit u. a. Die Manufakturen wurden zum Teil in Staatsregie errichtet. Häufiger jedoch unterstanden sie einem privaten, allerdings privilegierten Unternehmer, dieser hatte aber in der Regel noch staatliche Zuschüsse nötig.

Eine besondere Erscheinung obrigkeitlicher Industrieförderung in der Frühen Neuzeit ist in den – schon unter anderen Aspekten angesprochenen – Waisen-, Armen-, Zucht- und Arbeitshäusern zu sehen, die teilweise mit Siechen- und Irrenanstalten gekoppelt waren. Schon die frühen Armenordnungen des 16. Jahrhunderts hatten die Verpflichtung für 'gesunde Arme' enthalten, sich ihren Unterhalt verdienen zu müssen. So setzte man Bettler und 'herrenloses Volk' etwa auch beim Festungsbau ein. Organisatorisch wurde diese Forderung dann vor allem in den Zucht-, Arbeits- und Waisenhäusern verwirklicht. Es ist bezeichnend für das calvinistische Arbeitsethos, daß 1595 im vorwiegend reformierten Amsterdam das erste Arbeits- und Zuchthaus gegründet wurde. Da dieses Arbeitsethos aber eine wohl mehr oder minder sich überall verbreitende Auffassung darstellte, folgten im 17. Jahrhundert zunächst vor allem protestantische Städte diesem Vorbild: Bremen, Lübeck, Hamburg, Danzig, Frankfurt, Leipzig, Königsberg, Kassel. Katholische Städte führten solche Anstalten mit einer gewissen Verzögerung ein. Absolutistische Staaten errichteten dann zentrale Zuchthäuser, so Baden in Pforzheim. Gedanken der 'Armenpolizei' verbanden sich insbesondere im 18. Jahrhundert mit merkantilistischen Vorstellungen der 'Industrieförderung'. In die Armenhausmanufakturen sollten auch Kinder und Unterbeschäftigte auf freiwilliger Basis aufgenommen werden können, um hier ein Gewerbe zu erlernen. Die pädagogische Absicht wurde darin deutlich, daß man mit den Arbeitshäusern Schulen verband. Die Manufakturen in solchen Anstalten waren aber häufig wenig erfolgreich, solange sie unter Staatsregie betrieben wurden. Die Fortschritte der gewerblichen Produktion stellten sich in Orten wie z. B. Pforzheim erst ein, als die Betriebe aus den Zuchthäusern herausgenommen wurden.

Eine Stadt, in der es eine relativ große Zahl von Manufakturen gab, war in der zweiten Hälfte des 18. Jahrhunderts Berlin.[149] An

[149] Horst Krüger, Zur Geschichte der Manufakturarbeiter in Preußen. Die mittleren Provinzen des 18. Jahrhunderts, Berlin 1958.

der Spitze der Manufakturen standen auch hier die Textilbetriebe. 1782 gab es in Berlin mindestens 13 Wolltuch- oder Zeugmanufakturen, in denen zusammen zwischen 1300 und 1700 Webstühle arbeiteten. Etwa noch einmal die gleiche Zahl von Webstühlen befand sich in handwerklichen Betrieben. Dazu kamen 14 Seidenmanufakturen mit 800 Webstühlen. Die größten Manufakturen hatten etwa 400–600 Webstühle. Dabei handelte es sich sicher um 'dezentralisierte Manufakturen', wie sie in der marxistischen Literatur genannt werden. Bleichen, Walken, Färben, Appretieren, eventuell Bedrucken wurde in zentralen Werkstätten vorgenommen, während Spinnen und Weben in den Werkstätten der Arbeiter durchgeführt wurde. Auch wenn diese u. U. noch an einem eigenen Webstuhl arbeiteten, waren sie doch in eine solche Abhängigkeit von der 'Fabrik' gelangt, daß sie als Lohnarbeiter bezeichnet werden können.

Auch unter den Seidenmanufakturen befanden sich zentralisierte wie dezentralisierte Manufakturen. Zu den zentralisierten Betrieben gehörten vor allem solche, die bereits vor 1756, dem Jahr des Ausbruchs des Siebenjährigen Krieges, mit staatlicher Unterstützung errichtet worden waren. Im Verlaufe der Zeit verstärkte sich die Tendenz zur Zentralisierung der Betriebe. Hinzu kamen im Seidensektor 1782 141 Seidenstrumpfwebstühle, die zum größten Teil in vier Manufakturen standen. Die Seidenbandherstellung war mit mindestens zehn Manufakturen gleichfalls in größerem Maße in Berlin vertreten. Insgesamt waren in Berlin 1782 396 Bandstühle in Betrieb.

Eine typische Luxusartikelmanufaktur dieser Epoche war ebenfalls in Berlin eine Manufaktur zur Herstellung künstlicher Blumen aus Seidenkokons. In diesem Betrieb, der sich durch eine sehr weit durchgeführte Arbeitsteilung auszeichnete, arbeiteten 140–200 Arbeiterinnen. Halbseiden-, Hutmacher- und Spitzenmanufakturen kamen hinzu. In den Baumwollmanufakturen, deren Zahl 1782 in Berlin mindestens 15 betrug, waren ca. 700 Stühle in Betrieb. Gold- und Silbermanufakturen, die mit Edelmetall durchwirkte Tressen, Schnüre und Litzen für Uniformen und Zivilbekleidung herstellten, beschäftigten etwa 800 Arbeiter.

Die Textilindustrie nahm gerade im 18. Jahrhundert in Berlin einen bedeutenden Aufschwung, sie nahm die erste Stelle in den Manufakturgewerben ein. Nach 1800 erlebte sie dagegen einen Rückgang. 1729 arbeitete von 40 Berliner erwachsenen Einwohnern nur eine Person im Textilgewerbe. 1801 kam aber schon auf acht Erwachsene eine Person, die in der Textilindustrie tätig war. Diese Berechnungen sind nicht unproblematisch, generell kann jedoch gelten, daß die Beschäftigten in den Manufakturen die Zahl der in den zünftischen traditionellen Gewerben Beschäftigten (zumindest in der Textilbranche) weit übertroffen haben.

„Es ergibt sich, daß zu dieser Zeit [1782] etwa 65 dezentralisierte und zentralisierte Textilmanufakturen in Berlin bestanden. Dabei handelt es sich um eine Minimalzahl. Wahrscheinlich würden noch einige kleinere Betriebe, die hier nicht berücksichtigt sind, zur Manufaktur zu zählen sein. Weiter ist zu beachten, daß von 1782 bis 1800 die Berliner Textilindustrie einen bedeutenden Aufschwung nahm. Das gilt vor allem für die Baumwoll- und Seidenindustrie. Nur die Wollmanufakturen hatten . . . einen starken Rückgang aufzuweisen." [150] 1782 gab es in der Berliner Textilindustrie 5574 Stühle – 1802 waren es 10278.

„Die übrige Industrie in Berlin stand an Bedeutung weit hinter der Textilindustrie zurück. Der einzige Großbetrieb außerhalb der Textilindustrie war die Königliche Porzellanmanufaktur mit ihren 500 Arbeitern." [151] Eine Federblumenfabrik beschäftigte 1782 20 Arbeiter, eine 'englische Lederfabrik' 17 Arbeiter. Wichtige Manufakturen waren die Zuckersiedereien, die den Rohrzucker veredelten. In drei Zuckermanufakturen arbeiteten 1785 234 Personen.

Die Annahme, daß die Berliner Manufakturen hauptsächlich für die Versorgung der Armee da gewesen seien, trifft nur zum Teil zu. Sicher arbeitete das sog. 'Lagerhaus' mit seinen über 200 Webstühlen für die Ausrüstung der Armee. Die Mannschaftstuche aber kamen zum großen Teil aus der Provinz und erhielten in Berlin lediglich ihre Endbearbeitung. „Anders war es bei den Offizierstuchen, die nahezu vollständig, abgesehen von einem Teil der Spinnerei, in Berlin hergestellt wurden . . . Die Tressen der Gold- und Silbermanufaktur zierten die Uniformen der Armee, sie wurden aber auch von den Bürgerfrauen als Kopfputz getragen oder exportiert." [152] Die leichten Wolltuche der größten Berliner Manufaktur gingen im wesentlichen in die preußischen Provinzen.

Welcher Aufwand bei der Uniformierung an Röcken, Unter-Camisölern, Kitteln, Hosen, Strümpfen, Hüten, Tressen, Schnüren, Kokarden, Leibbinden, Knöpfen, Halsbinden, Hutplumes und an-

[150] Ebenda, S. 267.
[151] Ebenda, S. 268.
[152] Ebenda, S. 269.

deren Teilen getrieben wurde, ist den Ökonomie-Reglements des preußischen Heeres zu entnehmen.[153]

Das Verlagswesen in seiner reinen Form war vor allem eine Erscheinung des 16. und 17. Jahrhunderts, das natürlich seine Bedeutung auch im 18. Jahrhundert nicht verloren hatte. Für das 18. Jahrhundert war ein vom absolutistischen Staat unterstütztes Manufakturwesen charakteristisch. Es existierten aber fast überall auch Mischformen (dezentralisierte Manufakturen etc.).

Fürstliche Verwaltungen siedelten ihre Manufakturstädte in Verbindung mit Residenzen, Festungen, in verkehrsgünstigen Lagen oder auf der 'grünen Wiese' an. Seit der Wende zum 18. Jahrhundert entfaltete sich im rheinisch-westfälischen Raum eine Industrie, die ihren Standort in zunftfreien kleinen Städten und auf dem Lande im Gebirge hatte. „Drei Industriegebiete hoben sich deutlich von den alten Städten und der fruchtbaren Ebene ab: Es sind vor allem das Bergische Land mit dem anschließenden Märkischen Sauerland, dann der Raum um Aachen und an dritter Stelle das Flachsland an der Niers im linken Niederrheingebiet."[154] Charakteristisch für diese Gebiete ist, wie Max Barkhausen feststellt, daß sie ohne „straffe merkantilistische Lenkung und Förderung der Wirtschaft" eine Vorstufe zur Entfaltung der Industrie bildeten.[155]

Die bergische Textilindustrie nahm ihren Ausgang von dem Ort Elberfeld, der erst 1610 zur Stadt erhoben worden war. Zusammen mit entsprechenden Aktivitäten in dem Ort Barmen bildete sie an der Wupper den Kern einer Bleichen- und Färbereiindustrie. Ohne Zünfte und Bannmeilen entwickelte sich hier aufgrund des günstigen Standortes eine Webereiindustrie, in der 1000 Weber und ebenso viele Gesellen beschäftigt waren, die in der Form dezentralisierter Manufakturen von Garnkaufleuten und Färbern abhängig waren. Ähnlich war die Struktur der bergischen Eisenindustrie. Erfahrene Kaufleute im Raum Solingen/Remscheid betrieben den weltweiten Verkauf der Waffen, Scheren und Messer. 1809 wurde Remscheid als ein 'Dorf' von 1000 Häusern beschrieben, „aber das Kirchspiel hatte 6000 Einwohner,"[156] die in nahezu 200 Hammerwerken und Schleifkotten an 18 Bächen arbeiteten.

[153] Das altpreußische Heer. Hrsg. von H. Bleckwenn. Teil 1, Bd. 2: Die Ökonomie-Reglements des altpreußischen Heeres, Osnabrück 1973.

[154] Max Barkhausen, Staatliche Wirtschaftslenkung und freies Unternehmertum, in: VSWG 45 (1958), S. 168ff.

[155] Ebenda, S. 169.

[156] Ebenda, S. 182.

Nicht das Vorkommen von Rohstoffen war ausschlaggebend. So mußten z. B. alle Rohstoffe, die die bergische Textilindustrie verarbeitete, eingeführt werden: Leinengarn, Baumwolle, spanische Wolle, italienische Rohseide, ausländische Farbstoffe. Kaufleute in Elberfeld gaben die Kredite. Elberfeld wurde unabhängig von Köln zum finanziellen Mittelpunkt des Bergischen.

In Aachen gab es eine traditionsreiche Feintuchherstellung. Zünftlerische Restriktionen und die Glaubensbedrückung veranlaßten eine Reihe von Mennoniten und Lutheranern, sich in kleineren Territorien in der Umgebung niederzulassen, die keinen Zunftzwang kannten, im zunftfreien Gebiet der Äbtissin von Burtscheid, im niederländischen Dörfchen Vaals, im Monschauer Land der Grafen von Jülich. Die Manufaktur wurde auch hier in dezentralisierter Form betrieben. Färben, Scheren und Kämmen wurde in zentralen Betrieben vorgenommen, gesponnen und gewebt wurde bei einzelnen Arbeitern. Erst die Familie des bedeutendsten Fabrikanten des Bergischen, des Pfarrersohnes Johann Heinrich Scheibler, ging im Verlaufe der 80er Jahre des 18. Jahrhunderts zum geschlossenen Fabrikbetrieb über.

Krefeld wurde ohne Unterstützung der preußischen Landesherren zur bedeutenden seidenproduzierenden Stadt. Zunächst kamen dorthin niederrheinische Leinenweber. Von einer aus Glaubensgründen aus dem Bergischen vertriebenen Täuferfamilie von der Leyen ging dann in der ersten Hälfte des 18. Jahrhunderts die Initiative zur Errichtung der Krefelder Seidenindustrie aus. Sie begründete eine eigene Färberei. Die von der Leyen schulten Leineweber zu Seidenwebern um, sie stellten ihnen den Seidenwebstuhl, der in ihrem Besitz blieb. Wie überhaupt der hohe Preis des Rohstoffes eine beachtliche Anforderung an die Finanzkraft der Fabrikanten und Verleger stellte.

Entscheidend für das Bestehen der 'Industrie' in diesen rheinisch-westfälischen Territorien war, daß sie sich nicht in alten Städten entwickelte, in denen die Möglichkeiten zu zünftlerischen Einschränkungen jederzeit gegeben waren, in denen die Produkte zwar einer strengen, aber auch kaum anpassungsfähigen Qualitätskontrolle unterworfen waren. In den neuen Manufakturstädten gab es dann in der Regel eine Kontinuität von der frühneuzeitlichen großgewerblichen Produktion zur Industriellen Revolution. In den alten traditionellen Produktionszentren mit ihren Zünften und der allzu engherzigen Konfessionspolitik jedoch kann ein solcher organischer Übergang von der Manufaktur zur Industrialisierung nicht verfolgt werden. Und auch die nach kameralistischen Grundsätzen betriebenen Manufakturen in Residenzen und Manufakturstädten des Absolutismus boten häufig nicht die Gewähr für eine dauerhafte Ansiedlung der Produktion. Die gewerbliche Produktion in diesen rheinisch-westfälischen Städten und Gewerbeorten stellt allerdings im Verhältnis zu den allermeisten Städten mit zünftischem Handwerk und merkantilistisch geprägter Manufaktur eine Sonderentwicklung dar, ähnlich wie dies in Kursachsen nach 1763 gilt; in ihnen bahnten sich Tendenzen an, die dann für das 19. Jahrhundert charakteristisch werden sollten. Verlag und Manufaktur standen anderswo häufig noch in engem Zusammenhang mit der territoralstaatlichen Entwicklung und zugleich mit traditionellen Handwerksstrukturen.

d) Handel und Kreditwesen

Die Situation des Fernhandels zum Ausgang des Mittelalters war bestimmt durch folgende Erscheinungen: Im Norden hatte die Hanse den Zwischenhandel vor allem zwischen dem Ostseeraum und Westeuropa trotz englischer und holländischer Konkurrenz weiterhin zu erheblichen Anteilen in der Hand. In Süddeutschland entwickelten sich in den großen Handelsmetropolen wie Augsburg und Nürnberg Handelsgesellschaften, vorwiegend Familiengesellschaften, die neben dem Übersee- und Transithandel auch das Kreditgeschäft und durch Monopole vor allem den Handel mit Metallen zu beherrschen suchten, die Ravensburger Gesellschaft, die Fugger, Welser, Rehlinger, Tucher, Paumgartner, Imhoff usw. Dabei gab es in der Handelsorganisation und im Kreditwesen ein gewisses Gefälle von Süden nach Norden und von Westen nach Osten.

Neben Zwischenhandel und Import weitete sich auch der Export erheblich aus. Mitteleuropa war im 16. Jahrhundert führend in der Eisenproduktion in Europa; Wein, Waid, Bier und Leinen wurden aus dem deutschen Raum exportiert. Dieser Exporthandel insbesondere führte zu einem Anwachsen der Städte, wenn auch, wie wir gesehen haben, der Verlag die Produktion zu einem großen Teil auf dem Land betrieb.

Von Bedeutung für die Entwicklung der Städte war, daß sich in den Händen der großen städtischen Kaufleute das Kreditgeschäft befand. Das stärkte die politische Position der Städte gegenüber den Territorialherren. Außerdem waren die Messeplätze von großer Bedeutung; die Messen wandelten sich von Verkaufsmessen mehr und mehr zu Mustermessen. Hinzu kam das Entstehen von Börsen in Brügge (spätmittelalterlich), Antwerpen (1531), Köln (1553), Hamburg (1558), Frankfurt (1585) und Amsterdam (1608), um nur die wichtigsten frühen Börsen zu nennen. Trotz aller Bemühungen der Territorialstaaten um eine selbständige Währungspolitik nahmen die bedeutenden Handelszentren weiterhin eine wichtige Position bei der Regulierung der Geldkurse ein. Die Wechselkurse, wie sie in Hamburg, Leipzig, Frankfurt am Main, Augsburg und Nürnberg offiziell festgelegt wurden, waren für den deutschen und darüber hinausgehenden Handel maßgebend, so daß von einer bleibenden „währungspolitischen Vormachtstellung" der Handelsmetropolen gesprochen werden kann.[157]

Die Organisation des Wechsel- und Geldwesens, neue Beteiligungsformen, wie die Reederei oder die Kuxe (Bergwerksanteile), Girobanken von öffentlichem Charakter in Amsterdam, Hamburg und Nürnberg nach venezianischem Vorbild, führten zu einer 'Verflüssigung' des Handels.

Die zweite Hälfte des 16. Jahrhunderts und das beginnende 17. Jahrhundert brachten dann reihenweise dramatische Zusammenbrüche der führenden Handels- und Kreditgesellschaften infolge von Staatsbankrotten und Zahlungsschwierigkeiten fürstlicher Schuldner, aber auch wegen des Versiegens des Bergsegens, der einen wesentlichen Bestandteil des Reichtums der Familiengesellschaften ausgemacht hatte. Dennoch bedeutete der Zusammenbruch etlicher Handelshäuser nicht auch automatisch den Niedergang der Stadt. Wolfgang Zorn schreibt in seiner Geschichte Augsburgs unter der Überschrift 'Glanzvoller Niedergang': „Trotz der sinkenden Bedeutung der zwei größten Handelshäuser [Fugger und Welser] stieg der bürgerliche Reichtum Augsburgs noch in den breiten Schichten, die von den Staatsbankrotten und erschütternden Finanzkrisen der Zeit nicht betroffen wurden und in der Lage waren, die Gewinnmöglichkeiten des lebhaft bleibenden Warenhandels zu nutzen ... Insgesamt ergab sich ein höheres Steuervermögen der 'Reichen' als je zuvor ..."[158]

[157] Hans Mauersberg, Die Währungspolitik der großen deutschen Handelsstädte und der fürstlichen Flächenstaaten Mitteleuropas im Zeitalter des Absolutismus, in: Städtewesen und Merkantilismus in Mitteleuropa. Hrsg. von Volker Press (Städteforschung A, 14) Wiesbaden 1983, S. 29.

[158] Wolfgang Zorn, Augsburg. Geschichte einer deutschen Stadt, Augsburg ^{2}1972, S. 206.

Unzweifelhaft ist, daß die Handelsgesellschaften, die sich im Kreditgeschäft zu weit vorgewagt hatten, durch die anhaltenden Staatsbankrotte an Bedeutung verloren. Der sich in der Zeit des Frühkapitalismus entwickelnde intereuropäische Handel blieb jedoch bestehen. Zu Beginn des 17. Jahrhunderts arbeiteten in Augsburg bei ca. 48000 Einwohnern etwa 3000 Webermeister mit 3500 Gesellen, sie brachten über 400000 Stück Barchent auf die Schau. 1615 gab es 199 Goldschmiede- und Juweliermeister in Augsburg. Uhrmacher, Kunstschmiede, Kunstschlosser und Kunstschreiner arbeiteten hier gleichfalls für den überregionalen Bedarf.[159]

Eine zweite Beobachtung zur Entwicklung des frühneuzeitlichen deutschen Handels schließt sich hier an. Daß die deutschen Städte (insbesondere in Oberdeutschland) nach dem Zusammenbruch der großen, scheinbar so beherrschenden Familienhandelsgesellschaften nicht einen sofortigen merklichen wirtschaftlichen Einschnitt erfuhren, beruhte auf einem Strukturwandel des Fernhandels, der sich schwerpunktmäßig im 16. Jahrhundert vollzog. Der Fernhandel war in älterer Zeit ja vor allem Zwischenhandel und beruhte nur zum geringen Teil auf einer direkten Beherrschung der Produktion. Die großen Kaufleute hatten sich vor allem Handelsprivilegien, Einflußsphären, Aufkaufmonopole gesichert und sich nicht, sieht man vom Montanwesen ab, direkt an der Produktion beteiligt. Aus der Schilderung von Verlag und Manufaktur wird deutlich, daß nunmehr insbesondere durch den Verlag eine enge Verbindung von Produktion und Handel entstand. Nach dem Zusammenbruch des frühkapitalistischen Handels und dem Nachlassen des Montanwesens blieb dieser auf der Verbindung von Produktion und Absatz beruhende Handel bestehen. Der Typus des Großkaufmanns wandelte sich also vom Fürstenfinanzier zum Verlegerkaufmann. Ein Beispiel stellt etwa die Verbindung von Zuckerimporteuren und Zuckerraffinerien dar. Die zwischen Handwerksbetrieb und Manufaktur anzusiedelnden Raffinerien in Hamburg, Augsburg, Frankfurt oder Leipzig wurden mit Hilfe von Kaufmannskapital gegründet. Färber und andere Tuchzubereiter beschäftigten einerseits im Verlag Spinner und Weber, sorgten aber andererseits auch für den Absatz der Waren. In der Zeit nach dem Dreißjährigen Krieg entwickelte sich eine neue Schicht von Finanziers, die sog. 'Hoffaktoren' und 'Hofjuden', die ihr Kapital wäh-

[159] Ebenda, S. 204.

rend des großen Krieges durch Versorgung der Heere und danach auch durch die Versorgung der Höfe erworben hatten.

Eine dritte Beobachtung betrifft die Verlagerung der mitteleuropäischen Handelswege von der Küste auf die Landwege, eine Entwicklung, die allerdings weit ins Mittelalter zurückzuverfolgen ist. Einer der wesentlichen Gründe dafür ist der Niedergang der Hanse. Die Verdrängung der Hanse aus dem Ostseehandel hat ihre Hauptursachen in der politischen Entwicklung, in dem Unvermögen der Städte, sich gegenüber den immer mächtiger werdenden Territorialstaaten und Seemächten zu behaupten. Anderthalb Jahrhunderte versuchten die Hansestädte mitzuhalten. Von den 795 Schiffen, die 1497 den Sund passierten, waren 202 deutscher Herkunft. Ein Jahrhundert später passierten 6673 Schiffe den Sund. 1568 davon waren deutsche. Prozentual hatten die deutschen Städte ihren Anteil gehalten. Die politischen Verschiebungen des Dreißigjährigen Krieges jedoch brachten den endgültigen Niedergang der Hanse. Lübeck erlebte von diesen Städten den signifikantesten Abstieg. Andere Städte an der Küste allerdings erlebten einen Aufschwung: Hamburg, Danzig, Königsberg und in gewissem Sinne auch Bremen, aber nicht mehr als Vermittler zwischen Ost und West, sondern als Einfallstore für ein mehr oder minder abgrenzbares 'Hinterland'. Von den Handelsstädten des Binnenlandes gewannen an Bedeutung: Frankfurt, Leipzig, Breslau. Basel und Köln waren wichtige Zwischenhandelsplätze zwischen Italien und den Niederlanden im 16. Jahrhundert.

Neben diesen strukturellen Veränderungen ergab sich ein tiefgreifender Einschnitt in der Handelsgeschichte Deutschlands durch die Unterbrechung von Beziehungen und Tradition im Verlaufe des Dreißigjährigen Krieges.[160] Trotz dieser Unterbrechung lebten aber auch viele traditionelle Elemente bis ins 19. Jahrhundert fort. Ein Beispiel aus Thüringen: Die Reichsstadt Mühlhausen hatte ursprünglich eine florierende Wolltuchproduktion gehabt. Nach dem Dreißigjährigen Krieg gerieten die Wollweber in erhebliche Schwierigkeiten, weil oft einheimische und fremde Kaufleute ihnen die Wolle vor der Nase wegkauften, um diese mit größerem Profit nach Hamburg, in die Niederlande, nach Sachsen und in andere Gebiete zu exportieren. In der zweiten Hälfte des 18. Jahrhun-

[160] Friedrich Lütge, Die wirtschaftliche Lage Deutschlands vor Ausbruch des 30jährigen Krieges, in: ders., Studien zur Sozial- und Wirtschaftsgeschichte, Stuttgart 1963, S. 336–395.

derts war die Wolltuchproduktion hier vollkommen zum Erliegen gekommen. Erst die Umstellung auf Zeuge und Mischgewebe brachte für den Mühlhäuser Export wieder einen erheblichen Aufschwung. Hinzu kam die Gerberei, so daß gegen 1800 der Jahresumfang des Handels der Stadt mit etwa 800000 Talern bei Textilien, 400000 Talern bei Lederwaren und 200000 Talern bei Getreide wieder einen ansehnlichen Umfang annahm.[161]

Zorn[162] hat anschaulich gezeigt, daß nach dem Dreißigjährigen Krieg der Barchenthandel der Reichsstadt Augsburg seine Stellung eingebüßt hatte. Kattun machte den leichten Geweben dieser Region erhebliche Konkurrenz. Im Laufe der Zeit verstand es die Augsburger Weberschaft allerdings auch, in diesen Handelssektor einzudringen. Aber vor allem der Silberhandel sorgte dafür, daß die wirtschaftliche Bedeutung Augsburgs des 16. Jahrhunderts auch im 18. Jahrhundert nicht ganz verlorenging. Über den Dreißigjährigen Krieg hinweg hatte sich die handwerkliche Tradition der Augsburger Silberschmiede erhalten. Sie lieferten u. a. den berühmten Silberthron der schwedischen Königin Christine. Zur Silberverarbeitung kam der Edelmetallhandel und zum Edelmetallhandel das Wechsel- und Kreditgeschäft. Auch in der zweiten Hälfte des 17. Jahrhunderts und im 18. Jahrhundert gehörten die Augsburger Wechselhändler, wiederum Familienunternehmen, zu den Financiers der Habsburger und der Wittelsbacher. Die meisten Kredite dieser Zeit erfolgten im Zusammenhang mit den verschiedenen Kriegen, und die Augsburger nahmen an den Geschäften zur Ausrüstung der absolutistischen Heere teil. Augsburger Wechsel- und Kreditgeschäfte standen in engem Zusammenhang mit Schmuckindustrie, Silber- und Goldschmiede, Uhrenproduktion. Tafelsilber der Fürstenhäuser wurde mit Vorliebe als Sicherheit genommen. Quecksilber- und Salzmonopol dienten als Pfänder. Adelserhebungen waren für viele Augsburger Handelshäuser die Folge. Dabei kamen die Augsburger Kreditgeber in Konkurrenz zu den jüdischen Heereslieferanten der Region. Gegen Ende des 18. Jahrhunderts waren die Augsburger Kaufleute der Konkurrenz der jüdischen Hoffaktoren und Kreditgeber nicht mehr gewachsen, und sie mußten trotz erheblichen Widerstandes zulassen, daß diesen der dauernde Wohnsitz in Augsburg gestattet wurde.

[161] Gerhard Günther, Mühlhausen in Thüringen. 1200 Jahre Geschichte der Thomas-Müntzer-Stadt, Berlin 1975, S. 69–71.

[162] Wolfgang Zorn, Handels- und Industriegeschichte Bayerisch-Schwabens. 1648–1870, Augsburg 1961.

Die beiden Beispiele Mühlhausen und Augsburg zeigen, daß auch die Reichsstädte, trotz des Dreißigjährigen Krieges und der Veränderungen in Produktion und Handel, sehr wohl eine nicht unbedeutende Rolle in der Geschichte des Handels spielen konnten, und zwar in traditionellen Bahnen.

Insgesamt wurde jedoch die Entwicklung des Handels (und die der Reichsstädte insbesondere) nach dem Dreißigjährigen Krieg von der Abschließung der Territorien hart getroffen. In Deutschland setzte sich eine protektionistische Wirtschaftspolitik durch. Dem Beispiel Frankreichs folgten die deutschen Territorien. Auf die Expansionskriege Ludwigs XIV. antwortete das Reich mit einem Reichsmerkantilismus, der allerdings auch den Verlust von überseeischen Märkten zur Folge hatte. Ansbach, das Nachbarterritorium der Reichsstadt Nürnberg z. B., förderte mit Zuschüssen Manufakturen und Produktionszweige, die dem 'Nürnberger Tand' Konkurrenz machten, erschwerte durch Zölle den Nürnberger Export. Am schlimmsten trafen ihn aber vor allem die Zollerhöhungen und Einfuhrverbote der größeren Staaten, Preußens, der kaiserlichen Erblande und Rußland-Polens. Auch Bayern widerrief die Zollfreiheit der Nürnberger Waren, schützte sich mit einem Zollsystem.

Ein Symptom für den Verfall des Nürnberger Exportgewerbes und des Nürnberger Handels war der Rückgang der Bevölkerung. 1622 zählte man in Nürnberg über 10000 Haushalte, was einer Bevölkerungszahl von 40–50000 Einwohner entsprach. 1806 hatte Nürnberg gerade etwas über 25000 Einwohner. Der Bevölkerungsrückgang brachte für den inneren Markt Nürnbergs erhebliche Schwierigkeiten. Eine restriktive Handwerkerpolitik ließ die Nürnberger Gewerbe nicht mehr konkurrenzfähig erscheinen gegenüber den von außen sich einschleichenden Händlern, die in der Lage waren, billigere Ware anzubieten. Bezeichnend für die Situation des Handels war, daß im 18. Jahrhundert Vertreter des Handelsstandes damit drohten, ihr Nürnberger Bürgerrecht aufzugeben, im Einzelfall setzte man die Drohung auch in die Tat um.

Der deutsche Handel der Frühen Neuzeit wurde also bestimmt durch die Verbindung von Handel und Produktion, durch die enge Verknüpfung mit der Entwicklung der Territorialstaaten. Territorialstaatliche Zollpolitik, absolutistischer Merkantilismus schädigten insgesamt den Handel der unabhängigen Städte in dem gleichen Maße, wie die Fürsten den mit dem Produktionssektor gekoppelten Handel ihrer Territorialstädte förderten. Nicht berücksichtigt wurde in unseren Ausführungen der lokale Markt, die lokale Verteilungsfunktion des Handels. Dieser Handel war von erheblicher Bedeutung. Händler deckten ihren Bedarf auf den zentralen Messen in Deutschland (in Frankfurt, Leipzig, Nördlingen), spezialisierte Produktionsgebiete setzten ihre Waren über diese Messen ab. Die Händler in den kleineren Städten belieferten dann häufig wieder ein mehr oder minder ausgedehntes Umland. Von Vorteil für die Stadt war es auch noch in der Frühen Neuzeit, wenn sie an einem Handelsweg von oder zu einer Messestadt gelegen war. Der Stapel blieb in der Frühen Neuzeit ein eifersüchtig gewahrtes Recht. Der Haupthandelszweig war in Köln z. B. im 18. Jahrhundert der Kommissions- und Speditionshandel in Verbindung mit dem Stapel. Im 18. Jahrhundert wurden, wie wir gesehen haben, die Handelsgebühren zur wichtigsten Einnahmequelle der Stadt Köln.

e) Die Sozialstruktur

Jürgen Ellermeyer definiert Sozialstruktur in Anlehnung an den polnischen Soziologen Ossowski als „ein System der zwischenmenschlichen Abhängigkeiten, Distanzen und Hierarchien sowohl in nichtorganisierter als organisierter Form. Als Entstehunggrund von Abhängigkeiten sind dabei sowohl Machtverhältnisse als auch Funktionsverteilung zu beachten. An solcher Aufgabenstellung messend wird man wohl keine deutsche Stadt finden, die hinlänglich bearbeitet wäre, und dies nicht nur wegen Quellenmangels oder -überfülle." [163]

Die städtische Bevölkerung war in mannigfaltigen Gliederungen erfaßt. Die Städte waren in der Regel in verschiedene Pfarreien unterteilt. Vornehmere bevorzugten dabei bestimmte Pfarrkirchen. Den Pfarrern kamen über ihre seelsorgerische Aufgabe hinaus weitere Funktionen hinzu: Sie stellten Armenzettel aus, die zum Empfang städtischer Almosen berechtigten, übten Sitten- und Schulaufsicht aus, verkündeten obrigkeitliche Erlasse von den Kanzeln.

Je nach der Militärorganisation waren die Bürger bestimmten Quartieren zugeordnet. Den Bürgerwehroffizieren standen neben ihrer Kommandogewalt weitere Aufsichtsfunktionen zu, sie hatten

[163] Jürgen Ellermeyer, Vorindustrielle Städte als Forschungsaufgabe . . ., in: Die Alte Stadt 7 (1980), S. 278.

mit ihren Gassenhauptleuten z. B. darüber zu wachen, daß sich keine Fremden in ihre Quartiere einschlichen.

In vielen Städten waren die Zünfte neben Selbstverwaltungseinrichtungen der Gewerbe auch Organisationen, die die gesamte Bürgerschaft erfassen sollten. Sie spielten dann häufig auch eine Rolle bei der Ratswahl, der Steuererhebung und anderen hoheitlichen Akten. Pfarreien, Quartiere, Viertel, Zünfte (wenn sie als Organisation der 'ganzen Gemeinde' dienten) waren in begrenztem Maße als vertikale Gliederungen der Gesellschaft anzusprechen. Einer Zunft gehörten zum Beispiel in der Regel vom Begüterten, der von seinen Grundrenten lebte, bis zur armen Meisterswitwe Mitglieder der unterschiedlichsten Vermögensschichten an.

Eine wichtige Unterscheidung der Einwohner erfolgte durch den Rechtsstand. Aus der großen Masse der Bewohner waren die Privilegierten herausgehoben, der Adel, die Patrizier, d. h. die Angehörigen der eine Art Stadtadel bildenden 'Alten Geschlechter', die Kleriker. Zu den Privilegierten gehörten weiterhin die 'Herren', mancherorts auch 'Ehrbarkeit' genannt, das waren die hohen landesfürstlichen Beamten, die Akademiker, die Mitglieder der Schöffenkollegien und des Rates (die 'Ratsverwandten' samt ihren Witwen). Sie waren meist von Abgaben und Lasten (wie der Wachtpflicht) befreit, schlossen sich in eigenen Gesellschaften (mit repräsentativen Versammlungshäusern und Trinkstuben) zusammen. In den Städten, insbesondere aber in den Residenzstädten vieler Territorien verhielt es sich hinsichtlich fürstlicher Amtsträger, wie es Wolfgang Leiser für Baden beschrieben hat: „Die fürstlichen Diener, vom kleinen Kanzleischreiber bis zum Geheimratspräsidenten gehörten von Rechts wegen nicht der Korporation der Stadtgemeinde an. In den höheren Rängen waren sie Hofsverwandte, in den unteren wenigstens 'gefreite Personen'." [164] Teilweise bestand bis in die Neuzeit hinein auch die Institution des 'Pfahl- oder Edelbürgerrechtes' auswärtiger Adeliger, die die Privilegien der Stadt genossen und dafür der Stadt zur Hilfeleistung verpflichtet waren.

Das Bürgerrecht war in der Regel mit einem wie auch immer gearteten Recht auf politische Teilhabe und eine selbständige wirtschaftliche Stellung verbunden: Grundbesitz, Handwerkermeisterschaft, Recht auf Handel. Der Erwerb des Bürgerrechtes war an den Nachweis eines entsprechenden Vermögens, mit dem Einkauf in eine Zunft, mit dem Besitz von Wehr und Waffen, mit verschiede-

[164] Leiser, Privilegierte Untertanen . . ., S. 22–45.

nen Abgaben und mit der Übernahme bestimmter Pflichten verbunden. Diese Pflichten veränderten sich im Laufe der Neuzeit, z. B. wurde, wie schon ausgeführt, der Nachweis des Besitzes von Wehr und Waffen durch die Pflicht ersetzt, einen 'Gewehrschein' beim Zeughaus zu erwerben.

Minderes Recht besaßen die Inhaber eines 'kleinen' Bürgerrechtes, Bei- oder Hintersassen, Schutzverwandte. Die Bewohner der Dörfer, die zu einer Stadt gehörten, hatten einen eigenen Rechtsstatus. Juden, Sekten, Angehörige einer Konfession, die nicht die in der betreffenden Stadt herrschende war, sowie zugelassene Fremde ('Permissionisten') standen unter Sonderrecht.

Die für die vormoderne Zeit charakteristische Rechtsfigur des 'ganzen Hauses', in dem die Mitglieder einer Hausgemeinschaft der 'Munt' des Haushaltsvorstandes unterstanden, gab den Gesellen, Lehrlingen, dem Gesinde und den Familienmitgliedern einen an das 'Haus' gebundenen Rechtsstatus. Quasi rechtlos waren nichtseßhafte Bettler, Vaganten, Zigeuner, arbeitslose Gesellen, 'liederliche Frauenzimmer'. Im Unterschied etwa zu den einem Meister unterstehenden Gesellen galten sie als 'herrenloses Gesindel', dessen man sich mit allen Mitteln zu erwehren suchte.

Keineswegs waren alle Bewohner einer Stadt einheitlich dem städtischen oder lokalen Gericht unterworfen, Domimmunitäten, Stifte und Klöster bildeten eigene Rechtsbereiche in der Stadt. Mit ihren eigenen Mauerberingen schlossen sie sich auch äußerlich von der 'Bürgerstadt' ab, was z. B. bei Bamberg bis ins 17. Jahrhundert hinein den Eindruck eines weitläufigen, aus unterschiedlichen Städten bestehenden Ortes erweckte. Geistliche und Studenten unterstanden einer eigenen Gerichtsbarkeit (Studenten etwa dem Universitätsrektor). Landesfürstliche Beamte hatten in der Regel einen herausgehobenen Gerichtsstand, ihre Priminstanz war das fürstliche Obergericht.

Für die Zeitgenossen gliederte sich außerdem die Stadtgesellschaft weitgehend in Anlehnung an die Rechtsstellung in 'Klassen' oder 'Stände'. Die Kleider- und Polizeiordnungen nahmen auf solche Schichtungen der Bevölkerung Bezug. Patriziat, ratsverwandte Familien, Schöffen, Mehrer, häufig die Kaufmannschaft, Gelehrte, Akademiker, gegebenenfalls landesfürstliche Beamte bildeten die Spitze der sozialen Pyramide. Sie wurden als 'Herrenstand' bezeichnet. Zünfte und Bruderschaften, Ämter und Gilden bzw. deren Mitglieder stellten eine Mittelschicht dar. Zur Basis der Pyramide wurden gerechnet: Beisassen, Gesellen, Gesinde, Tagelöhner,

Hausarme, Bauern usw. Die ständischen Gliederungen waren selbst aber Ausdruck der Interessen derer, die solche Klassen und Stände in normativen Quellen faßten. Charakteristisch für die Territorialstädte (insbesondere die Haupt- und Residenzstädte) war, daß der Dienst für den Fürsten eine höhere soziale Stellung verlieh. Nach der Polizeiordnung der Stadt Wien von 1671 gehörten herrschaftliche Türhüter, Kammerheizer und Hoftrompeter zur gleichen Klasse wie die vornehmen bürgerlichen Handelsleute, wie auch Bildhauer, Kupferstecher, Schreiber des Landadels. Handwerker zählten zu einer Klasse darunter. In diese ständischen Schichtungsmodelle aus der Zeit flossen in besonderem Maße auch Wertvorstellungen und Wertschätzungen ein, die auf traditionellen Maßstäben beruhten. So war das Alter einer Zunft unter Umständen wichtiger als ihre eigentliche Wirtschaftskraft. Die Aufnahme von ganzen Zünften in solche zeitgenössischen Ständemodelle nahm keine Rücksicht auf die häufig erheblichen sozialen Unterschiede innerhalb der Zünfte. Neben wohlhabenden Meistern, die als Verleger tätig waren, konnten Kleinmeister stehen, die ohne Gesellen gegen Stücklohn für andere Meister arbeiteten.

Ein Grundproblem sozialer Schichtung und Strukturen besteht also zu einem gewissen Teil in dem Unterschied zwischen objektiven und subjektiven Merkmalen sozialer Zuordnung und Gliederung. Die subjektiven Merkmale waren Prestige oder Wertzumessungen durch andere, die objektiven Merkmale beruhten auf Vermögen, Beruf, Einkommen, Bildung, Möglichkeiten der Partizipation, tatsächlicher Partizipation, Wohnverhältnissen usw.

Die subjektiven Merkmale, d. h. die Wertzumessungen, sind quellenmäßig nur selten zu erfassen, es sei denn, daß sie sich in Kleider- oder Polizeiordnungen niederschlugen oder daß in einer Stadt nur eine begrenzte Zahl von Zünften unbestritten zur Ratswahl oder Ratsbesetzung zugelassen war, oder daß bestimmte Positionen (Bürgermeisterposten) vorzugweise von Patriziern oder aus einzelnen Ämtern oder Zünften besetzt wurden. Verschiebungen innerhalb dieses komplizierten Sozialgefüges kamen in endlosen Präzedenzstreitereien bei offiziellen Akten zum Ausdruck. Aber auch 'objektive' Merkmale, wie Partizipation (durch Vertretung im Rat etwa), lassen sich nur unzureichend in meßbare Faktoren umsetzen, denn 'Teilnahme' allein sagt nichts über den tatsächlichen Einfluß aus.

Das Auseinanderklaffen von ökonomischer (objektiver) Bedeutung und subjektiver Einschätzung in der städtischen Gesellschaft wird vor allem deutlich an den Glaubensflüchtlingen, den 'unehrlichen' Berufen oder den Juden. Obwohl Glaubenflüchtlinge unter Umständen nur das 'Beisassenrecht' erwerben konnten, gehörten sie häufig doch zu den ökonomisch mächtigen Kräften einer Stadt. Juden unterlagen durchweg einem Sonderrecht, waren – jedenfalls der territorialstädtischen – Obrigkeit entzogen, unterstanden direkt dem Landesherrn. Wiederholt wurden sie aus den Städten ausgewiesen, hatten eine Existenz auf Abruf, mußten, wie die Angehörigen 'unehrlicher' Berufe (Scharfrichter, Abdecker) oder Bettler, ein äußerliches Erkennungsmerkmal tragen (für Juden war ein gelber Ring auf der Kleidung vorgeschrieben). Ihre wirtschaftliche Stellung in den Städten aber war nicht unerheblich, dienten sie doch häufig den Landesherren und den städtischen Oberschichten als Kreditgeber. Daß Wertschätzung häufig mit Interessenwahrungen verbunden war, macht das Beispiel der gelehrten Juristen deutlich: Die alten patrizischen Eliten bedienten sich der gelehrten Juristen zur Festigung obrigkeitlicher Strukturen, nahmen sie nicht selten in ihre Vereinigungen mit auf. Die Handwerksmeister und Händler in den Revolten des 16. und 17. Jahrhunderts wehrten sich gegen die Vorherrschaft der Juristen im Rat. Der absolutistische Staat bevorzugte für die städtischen Ämter in den Territorialstädten wiederum die Juristen, weil sie eng mit seiner Beamtenschaft in Verbindung standen, die Beamtenherrschaft und damit die Territorialhoheit in den Städten durchsetzten. Bei zunehmender Verrechtlichung gewannen die Juristen selbst in patrizisch beherrschten Räten von Reichsstädten einen überproportionalen Einfluß.

Zu bedenken ist auch, daß die Bewertungsmaßstäbe für soziale und wirtschaftliche Positionen sich durch die Jahrhunderte verändert haben. In den Zeiten relativ hoher Handwerkerlöhne und relativ niedriger Agrarpreise (Spätmittelalter, evtl. auch 2. Hälfte 17. und 1. Hälfte 18. Jahrhundert) wird der Besitz von landwirtschaftlicher Fläche weniger zur Festigung einer sozialen Situation beigetragen haben als in Zeiten, in denen die Agrarpreise in die Höhe gingen, die Kaufkraft der Handwerkerlöhne sank und die versteckte oder offene Arbeitslosigkeit zunahm. So ist die Bedeutung des Besitzes landwirtschaftlicher Flächen für den sozialen Status durch die Jahrhunderte zumindest graduell unterschiedlich. Zu allen Zeiten erschien es aber den Oberschichten erstrebenswert, ihren Unterhalt durch Landbesitz und Renteneinkünfte zu sichern, keine 'Kummerschaft' (kein Gewerbe) zu treiben.

Sicher wurde die Sozialstruktur zu einem große Maß durch ökonomische Herrschaft, Abhängigkeit und Ausbeutung bestimmt. Durch eine extreme Auffächerung, eine stark differenzierte Staffelung der Vermögensverhältnisse konnte sich der Arm-Reich-Gegensatz jedoch nur unvollkommen entwickeln. Wenn der kleine Handwerker mit ein paar hundert Gulden Vermögen zur Arbeit in seinem Betrieb gelegentlich einen Tagelöhner beschäftigte oder diesem in seinem kümmerlichen Haus eine Kammer vermietete, wenn dieser Handwerker aber dann wieder für einen anderen Meister im Stücklohn arbeitete, wenn durch eine kleine Erbschaft der Tagelöhner eine geringfügig gesicherte Position erreichen konnte, die er wieder in einer Teuerung durch Schuldenaufnahme verlor, wo sind angesichts solcher Verhältnisse die Grenzen der Armut zu ziehen? An den Beispielen der Städte Trier und Köln sollen die Besonderheiten frühneuzeitlicher Sozialstrukturen in den deutschen Städten anschaulich gemacht werden.

Die Trierer Bevölkerung[165] organisierte sich in Zünften und Bruderschaften, die zwar Schwerpunkte in bestimmten Berufszweigen hatten, die aber als 'politische' Organisationen auch erhebliche Anteile aus jeweils anderen Berufen enthielten. So sagt die Entwicklung der Zünfte für sich genommen kaum etwas aus, wenn man von so homogenen Zünften wie den Schuhmachern oder Metzgern einmal absieht – zumal es eine ganze Reihe von Bruderschaften gab, deren Bezeichnung – Sparvögel, Liebfrauenbrüder, Rosenkränzer oder auch Köche – kaum deren Zusammensetzung erkennen läßt, allenfalls an die Versammlungslokale erinnert. In der Zunft der 'Köche' z. B. waren die Wirte maßgebend. Wolfgang Laufer hat aufgrund von Steuerlisten, Vermögens- und 'Nahrungs'-Schätzungen für das Jahr 1624 die Sozialstruktur Triers untersucht (wobei stets zu vergegenwärtigen ist, daß der umfangreiche adelige und kirchliche Besitz in der Stadt in die Berechnung nicht einging, da er entweder steuerfrei war oder einer gesonderten Besteuerung unterlag). Danach gehörte von der Trierer Bevölkerung, d. h. von den Haushalten, rund ein Viertel (23 %) zu den Armen, die breite handwerkliche Mittelschicht umfaßte zwei Drittel (62,4 %) und die Oberschicht der Wohlhabenden und Reichen etwa ein Siebtel (14,3 %).[166]

[165] Wolfgang Laufer, Die Sozialstruktur der Stadt Trier in der frühen Neuzeit (Rheinisches Archiv 86), Bonn 1973. Laufer stützt sich auf Daten aus den Jahren 1624, 1653, 1702 und 1719.

[166] Ebenda, S. 150.

Zu den Armen wurden alle gezählt, die in den Quellen als 'Bettler', 'pauper' oder ähnlich bezeichnet wurden oder die einen Nahrungs-/Mobilienbesitz von allenfalls 25 fl. hatten, daneben höchstens einen Immobilienbesitz von bis zu 200 fl., wobei es sich auch um ein kleines, baufälliges Haus handeln mochte. Es wurden nur die 'bürgerlichen' Unterschichten berücksichtigt, die also das Bürgerrecht in Trier besaßen. Dazu kamen noch einmal gut 10% der Trierer Einwohner, die kein Bürgerrecht besaßen, in der großen Mehrzahl Bettler, Kranke, Flüchtlinge, heimatlose vagierende Bevölkerungsgruppen, die in hohem Maße auf die Mildtätigkeit der Klöster angewiesen waren. St. Maximin teilte zweimal in der Woche an ca. tausend Arme Suppe und Brot aus, bei etwa 5500 Einwohnern insgesamt.[167]

Die 'bürgerlichen' Armen waren zum größten Teil in den Handwerkszünften organisiert, sie waren aber in Wirklichkeit meistens Tagelöhner, Stückwerker oder ernährten sich mit Gelegenheitsarbeiten. „Genannt werden Strohschneider, Holzlader und -hacker, Kuhhirten, Boten, Oppermänner (Handlanger), Sackträger, Weinschröder, Weingärtner und Verkäufer." „Der Maler Ruprecht Fries erhielt sich mit Puppenmachen . . ." „Eine große Rolle spielten die dienenden Berufe, von den Knechten und Mägden einmal ganz abgesehen."[168] Die meisten Frauen, wenn sie ohne Mann waren ohnehin, aber auch die verheirateten Frauen ernährten sich und ihre Kinder mit „Waschen, Nähen und Spinnen". Der Anteil der Frauen als 'Haushaltsvorstand', Fälle, die als selbständige Haushalte gezählt wurden (insbes. Witwen), war bei den Armen sehr viel höher als bei der Gesamtbürgerschaft (ca. 26 % zu 14,8 %).[169]

Im Durchschnitt besaß ein Armer (Nahrung und Mobilien eingeschlossen) 36 fl. Vermögen, d. h. 5 % des Gesamtdurchschnittsvermögens, das bei 658 fl. lag.[170] Die 23% Armen der Bevölkerung Triers im Jahre 1624 besaßen lediglich 1,3% aller Vermögenswerte in der Stadt. Auch wenn die Armen gelegentlich ein Häuschen (in der Regel mit Schulden belastet) besaßen, war das nicht mehr als ein Dach über dem Kopf. Die Armen waren auf ständige öffentliche Unterstützung angewiesen.

Die *scheinbar* so behäbige handwerklich-händlerische Mittel-

[167] Ebenda, S. 162.
[168] Ebenda, S. 157.
[169] Ebenda, S. 157.
[170] Ebenda, S. 159.

schicht wird von Laufer sinnvollerweise in zwei Gruppen unterteilt: in obere und untere Mittelschicht. In die untere Mittelschicht ordnet er alle Personen ein, die bis 50 fl. Nahrung/Mobilien besaßen, dazu weiterhin Immobilien im Wert zwischen 150/200 und 500 fl., sowie diejenigen ohne Vermögen, von denen es in den Quellen hieß, sie hätten eine „schlechte [= schlichte!] Nahrung" oder aber sie seien „jung" und „fleißig".[171] Dieser unteren Mittelschicht sind 28,9 % zuzurechnen.

Die überwiegende Mehrzahl dieser unteren Mittelschicht waren 1624 Zunfthandwerker. Doch treffen wir hier auch andere Berufe an, vor allem Doppelberufe, verschiedene Handwerker waren nebenher Boten, Wächter, Küster, Amtsdiener. Charakteristisch für diese Schicht ist auch, daß sie ihre Existenz durch einen Garten oder ein anderes kleines Stück Land mitsichern konnten. Sie gehörten zwar eigentlich nicht zu denen, die ständiger Unterstützung bedurften, wie die 'Armen', jedoch bewegten sie sich so hart an der Grenze zur Armut, daß sie in Zeiten der Teuerung oder anderen Notzeiten rasch in diese Situation abgleiten konnten. Nimmt man die 'Armen' und die Angehörigen der 'unteren Mittelschicht' zusammen, so gehörten dazu über die Hälfte der Einwohner (51,9 %), die zusammen nur 7,8 % des bürgerlichen Vermögens besaßen. Zu Beginn des 18. Jahrhunderts machte diese Schicht etwa zwei Drittel aus.

Zur oberen Mittelschicht gehörten relativ sichere Existenzen im Handwerk: vor allem aus den Ämtern (Zünften), die der 'Unterhaltung des Leibes' dienten, Krämer, Bäcker, Metzger, dazu Weber (wohl Wollweber), Schiffsleute, Metallhandwerker, wie Büchsenmacher, Schwertfeger, Uhrmacher. Sie standen aufgrund eines gutgehenden Gewerbes und zusätzlichen Immobiliarbesitzes nicht in der Gefahr, sich in schwierigen Zeiten als Tagelöhner verdingen zu müssen. Zu einer durchweg guten Nahrung kam ein vielfältiges sonstiges Vermögen: Haus, Gärten, Weingärten, auswärtiger Besitz, Pfandschaften. Im Durchschnitt besaß jeder Angehörige der oberen Mittelschicht im Jahr 1624 481 Gulden.

Die 'Wohlhabenden' und 'Reichen', die, wie gesagt, ein Siebtel (14,3 %) der Gesamtbevölkerung ausmachten, besaßen 67,7 % des bürgerlichen Vermögens. Die wohlhabenden Bürger Triers trieben häufig ein Gewerbe, waren Händler, Krämer, Kaufleute, Schiffsleute, Metzger, Bäcker, Weber, Wirte, Faßbender, die das Branntweinmonopol besaßen, aber auch Akademiker. Die Wohlhabenden

[171] Ebenda, S. 144.

(10,6 %) besaßen im Durchschnitt ein Vermögen von 1979 Gulden. Einige von ihnen waren in der Lage, von den Erträgen ihrer liegenden Habe ein Rentnerdasein zu führen. Diese Lebensführung war aber vor allem das Kennzeichen der 'Reichen' innerhalb der Oberschicht. Diese 3,7 % der Bevölkerung besaßen 35,8 % des bürgerlichen Vermögens. Die 'Reichen' waren in der Regel Schöffen, d. h. gehörten der städtischen Führungsschicht an, die in enger Verbindung zur kurfürstlichen Verwaltung stand, waren Händler (genauer: Kaufleute), Wirte oder Schiffsleute, sie handelten wohl häufig mit Wein, oder Zunftmeister, ohne selbst das Handwerk auszuüben, dessen Zunft sie vorstanden. Die meisten Reichen erklärten voll Stolz: „Treib keine Hantierung, lebe von dem Meinigen." [172] Sie gehörten in großem Maße sicherlich der 'Steipengesellschaft' an, die aus der 'Sankt-Jakobsspital-Bruderschaft', einer quasi-patrizischen Gesellschaft, hervorgegangen war. Nicht selten versteuerten sie Vermögen von 10000 und mehr Gulden. Die tatsächlichen Vermögen müssen noch wesentlich höher gewesen sein. (Das Vermögen des Trierer Schultheißen Dr. Dietrich Flade, der 1589 als Hexer hingerichtet wurde, soll sich 1587 auf 137500 fl. belaufen haben.) Die großen Grundvermögen stellten die Trierer Schöffen mit dem Landadel der Umgebung auf eine Stufe. Ein Überwechseln von dem einen zum anderen Bereich scheint sich dabei von selbst ergeben zu haben.

Die 'Reichen' besetzten in der Stadt die wesentlichen Ämter, die der Schöffen, Räte und Bürgermeister sowie Zunftmeister. Da in späterer Zeit die Schöffen, die zu ihrem Sitz im kurfürstlichen Hochgericht häufig eine Beamten-, z. B. Hofrats- oder Geheimratsstelle sowie einen Ratssitz innehatten, sich nicht streng gegenüber den anderen Reichen absetzten, die Erblichkeit der Schöffenämter zurückging, entstand hier eine ziemlich einheitliche Oberschicht, in der wirtschaftliche und politische Macht zusammenfloß. Von außerhalb kommende Reiche konnten leicht in dieser Schicht Aufnahme finden.

Ähnliche Sozialstrukturen findet man in vielen frühneuzeitlichen deutschen Städten. Gerade in diesem Bereich werden die zur Zeit in verstärktem Maße in Angriff genommenen quantifizierenden Untersuchungen unsere Kenntnisse über die Schichtungen in den frühneuzeitlichen Städten wesentlich erweitern. Erdmann Weyrauch hat für Kitzingen im 16. Jahrhundert einen relativ konstanten Anteil von etwa 50 % für die Unterschicht errechnet, die Mittelschicht

[172] Ebenda, S. 198f.

umfaßte etwa 42 % und die Oberschicht 7,5 %. Weyrauch hat die Mittelschicht als „eine Art sozialer Pufferzone“ bezeichnet, „die offensichtlich in entscheidendem Umfang das Auf- und Absteigerpotential enthielt und die jeweilige vertikale Mobilität nach oben wie nach unten auffing.“ [173] Je nach der besonderen Entwicklung der Städte kam es aber auch zur Ausprägung von charakteristischen Sondergruppen. Mit dem Ausbau der fürstlichen Verwaltungen in der zweiten Hälfte des 18. Jahrhunderts stieg in manchen Städten zum Beispiel die Zahl der Beamten erheblich an. Residenzen zogen Wohlhabende in stärkerem Maße an. In Bischofsstädten und größeren katholischen Städten gab es eine große Zahl von Geistlichen, die zur kirchlichen Verwaltung gehörten oder die Pfründen innehatten. In der zweiten Hälfte des 18. Jahrhunderts gab es in Trier bei ca. 7000 Einwohnern an die 500 geistliche Personen, in Köln in der zweiten Hälfte des 16. Jahrhunderts bei 37000 Einwohnern etwa 2000 Geistliche und Ordensangehörige, in Speyer bei 8000 Einwohnern einen geistlichen ‘Staat’ von über 1000 Personen. In Manufakturstädten stellten die Manufakturarbeiter eine Sondergruppe dar, in Universitätsstädten die Studenten. Diese Sondergruppen überlagerten zwar das allgemeine Erscheinungsbild der sozialen Hierarchie, gehorchten eigenen Gesetzen, sie veränderten aber nicht eigentlich die vorherrschende frühneuzeitliche Sozialstruktur. Neben den Sondergruppen existierte in vielen Städten eine Struktur, wie sie von Laufer für Trier beschrieben wurde. Die Sondergruppen werden ihre stärkste Auswirkung vielleicht auf dem ‘tertiären’ Sektor gehabt haben. Beamte und Geistlichkeit ließen ihre Haushalte und wirtschaftlichen Aktivitäten durch Dienstleute, Gesinde und Tagelöhner führen.

An den Extremen gemessen lagen in bezug auf die wirtschaftliche Situation zwischen den ‘Armen’ und ‘Reichen’ Welten, die fließenden Übergänge zwischen den Abstufungen innerhalb der Schichten wirkten jedoch einer alles beherrschenden Polarisierung entgegen, ebenso die Einbindung der Bürger in verschiedene vertikale Gliederungen.

[173] Erdmann Weyrauch, Sozioökonomische Untersuchungen in süddeutschen Städten des 15. und 16. Jahrhunderts. Programmabläufe – Erfahrungen – Ergebnisse, in: Quantifizierende Methoden in der Wirtschafts- und Sozialgeschichte der Vorneuzeit. Hrsg. von Franz Irsigler (Historisch-Sozialwissenschaftliche Forschungen, Bd. 4), Stuttgart 1978 S. 9–23, S. 18. – Wieder in Ingrid Bátori u. a., Die Bürgerliche Elite in Kitzingen . . ., Stuttgart 1982, S. 62.

Aus neueren Arbeiten über die Sozialstruktur der Stadt Köln sind wir insbesondere über die Beschaffenheit und die Einordnung der Führungsschicht informiert. Ingrid Nicolini[174] hat dargelegt, daß das Vermögen der ausschlaggebende Faktor für den Aufstieg in der sozialen und institutionellen Hierarchie der Stadt war. Führungspositionen in den Zünften, den Gaffeln und in den verschiedenen städtischen Leitungsgremien konnten nur vermögende Bürger erreichen. Der Aufstieg über die Stufen der Hierarchie war jeweils mit erheblichen finanziellen Leistungen verbunden, die bei weitem nicht durch die zu erwartenden Einnahmen aus dem betreffenden Amt aufgewogen wurden. In der zweiten Hälfte des 18. Jahrhunderts bestand in Köln geradezu eine Parallelität zwischen Vermögensschichtung und Hierarchie der Ämter. In der Regel waren mehr als zwei Drittel der Ratsherren Kaufleute und 'Fabrikanten'. Eine Opposition gegen den Rat oder ein sozialer Konflikt, für den es durch die wirtschaftliche Gefährdung der großen Mehrheit der Kölner Bevölkerung genügend Zündstoff gab, konnte sich kaum artikulieren, da die ratstragende Schicht die 'Verwaltung' und die Rechtsprechung fest unter ihrer Kontrolle hatte, wodurch eine große Zahl von öffentlichen Bediensteten von dieser Schicht abhängig war und den anderen durch eine Ausweisung die Existenzgrundlage genommen werden konnte.

Eine bedeutsame Beobachtung ist, daß die innerstädtischen Unruhen in vielen Fällen von Konkurrenzkämpfen zwischen traditionellen bevorrechtigten Eliten und neuen, aufsteigenden, wirtschaftlich potenten, aber noch nicht angemessen im Rat berücksichtigten Gruppen ausgingen und daß das Konnubium bei der Bildung solcher Gruppen innerhalb der Oberschicht eine wichtige Rolle spielte. Aufgrund ausführlicher familiengeschichtlicher Untersuchungen am Beispiel Kölns wurde deutlich gemacht, daß dort regelrechte Clans die führenden Positionen über die Grenzen der Institutionen (Gaffeln und Gremien) hinweg besetzten, was insbesondere für die Bürgermeisterposten galt. Für die Sozialgeschichte der Oberschichten in vormodernen Städten erscheint eine solche Forschungsperspektive als ein wichtiger Zugang, wie dies auch im Blick auf die Analyse der Verfassungswirklichkeit gilt.[175] Es wird

[174] Ingrid Nicolini, Die politische Führungsschicht in der Stadt Köln gegen Ende der reichsstädtischen Zeit (Dissertationen zur neueren Geschichte 7), Köln . . . 1979.

[175] Wolfgang Herborn, Verfassungsideal und Verfassungswirklichkeit in

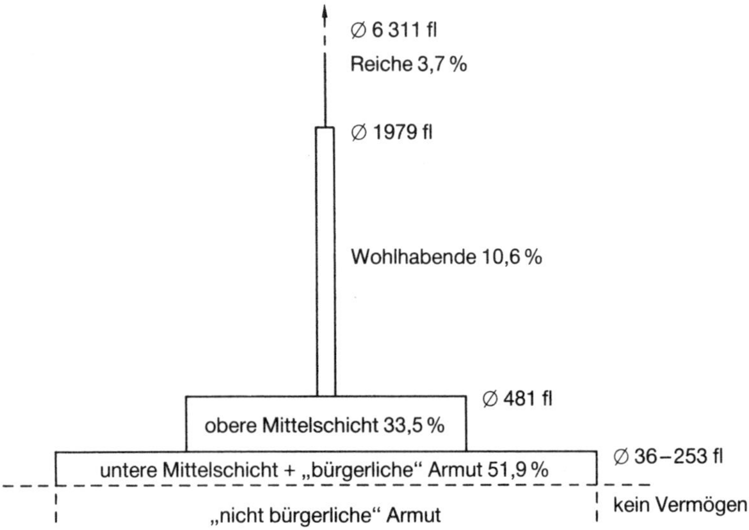

Abb. 4: Graphische Umsetzung der von W. Laufer für das Jahr 1624 ermittelten Daten zur Sozialstruktur Triers (∅ = durchschnittliche Vermögenswerte der jeweiligen Schicht; % = Anteil der jeweiligen Schicht an der Zahl aller Steuerpflichtigen).

in der Forschung weiterhin gezeigt, daß nicht nur die Räte von den wirtschaftlichen Eliten beherrscht wurden, sondern daß diese auch in den Repräsentationsgremien, den Ausschüssen, gemeindlichen Kontrollorganen und kirchlichen Gemeindeeinrichtungen tonangebend waren.

Als ein wichtiges, wohl allgemein gültiges Ergebnis neuerer Untersuchungen der Sozialstruktur frühneuzeitlicher deutscher Städte kann die Feststellung gelten, daß durchaus eine Parallelität zwischen der ökonomischen und der politischen Hierarchie bestand. Dabei ist nicht von einer Sozialpyramide mit einer breiten Mittelschicht auszugehen, sondern die untere Mittelschicht ist durch ihre Anfälligkeit für Krisen der Armut so nahe zu rücken, daß die gesellschaftliche Schichtung das Bild einer auf einer breiten Unter-

Köln während der ersten drei Jahrhunderte nach Inkrafttreten des Verbundbriefes von 1396, dargestellt am Beispiel des Bürgermeisteramtes, in: Städtische Führungsgruppen und Gemeinde in der werdenden Neuzeit. Hrsg. von Wilfried Ehbrecht (Städteforschung A 9), Köln . . . 1980.

schicht aufbauenden, sich stark nach oben verjüngenden Pyramide bietet. Welche Bedeutung der öffentlichen Armenfürsorge zukam und wie notwendig die Vielzahl von Diensten innerhalb der Stadt war, wird aus einer solchen Sozialpyramide deutlich. Schematisch ergibt sich folgendes Bild (Abb. 4, S. 174).

13. SCHLUSSBEMERKUNGEN: STAGNATION UND WANDEL

Das augenfälligste Merkmal der deutschen Städte zwischen Mittelalter und Industrieller Revolution ist der enge Zusammenhang ihrer Entwicklung mit dem Ausbau des frühmodernen institutionellen Flächenstaates. Sieht man von den Reichsstädten ab, so trat das Element des ausgegliederten autonomen Rechtsbereiches mit seinen Vorrechten, das für die mittelalterliche Stadt von so herausragender konstitutiver Bedeutung gewesen war, mehr und mehr in den Hintergrund. Durch die Einordnung in den Territorialstaat verloren die Landstädte als korporative Gebietskörperschaften vor allem an politischer Autonomie, aber auch ihre innere Verwaltung gelangte weitgehend unter die Staatsaufsicht. Gerade auch bei den für die frühneuzeitliche Stadtgeschichte charakteristischen Sondertypen wurde dieser Zusammenhang deutlich. Residenzstädte, Festungsstädte, Manufakturstädte und Exulantenstädte entsprachen den besonderen politischen, gesellschaftlichen und ökonomischen Forderungen des frühmodernen Fürstenstaates.

Der Verlust an Selbständigkeit führte zur 'Bürokratisierung' auch der städtischen Verwaltung. In den Reichsstädten entwickelten sich die Räte zu Obrigkeiten, in den Territorialstaaten hingegen zur unteren Verwaltungsebene des absolutistischen Apparates. In beiden Entwicklungen kommt ein Bedeutungswandel zum Ausdruck, den man von einer Betrachtungsweise her, die der Gemeindeautonomie einen besonderen positiven Wert zumißt, sicher negativ, als Verengung, als Einengung bewerten kann. Dabei ist zu bedenken, daß es in den Reichsstädten bis in das 18. Jahrhundert hinein tiefgreifende Verfassungskonflikte zwischen Rat und Bürgerschaft gab und daß die Einordnung der Territorialstädte in den absolutistischen Verwaltungsstaat häufig keineswegs 'lückenlos' war. Was der absolutistischen Verwaltung in Immediatstädten möglich war, mußte nicht auch für Mediatstädte gelten. Gerd Heinrich hat für Preußen darauf hingewiesen, daß man für die Berechnung der Wirkung, die die Unterordnung der Städte hatte, die Verwaltungspraxis in die Analyse miteinbeziehen müsse. Er beschreibt die Realität in den preußischen kleinen und mittleren Städten im 18. Jahrhundert so: „Liberalitäten und Lässigkeiten sind auf dem weiten Felde der lokalen Beziehungen, d. h. des täglichen Lebens in Stadt und Land in einem Maße verbreitet gewesen, daß man allenfalls von einer partiellen Effizienz und Durchschlagskraft des Absolutismus zu sprechen geneigt ist.“ [176]

‘Mittelalterliche Städtefreiheit’ ist im Verlaufe der Frühen Neuzeit sicher in hohem Maße verlorengegangen. In den wiederkehrenden Revolten, innerstädtischen Konflikten und den wiederholten Auseinandersetzungen zwischen Rat und Gemeinde kam aber auch ein Fortleben „kommunalistischerer Elemente“ [177] zum Ausdruck. Insbesondere die in diesen Auseinandersetzungen immer wieder auftretenden Repräsentativorgane weisen auf ein Überdauern des Gemeindegedankens in den deutschen Städten hin. Die Repräsentativorgane wurden zwar durch die absolutistische Verwaltung entpolitisiert, in ihrer Rolle auf die Aufsicht über die städtischen Haushalte reduziert, aber auch unter dem Absolutismus bestand häufig ein Widerspruch zwischen der Absicht der fürstlichen Verwaltung und dem Selbstverständnis vieler Mitglieder dieser Gremien, die weiterhin Ansprüche der Mitsprache aus autonomem Recht erhoben.[178] Nicht daß man die Selbstverwaltungsideen des Liberalismus aus dieser Entwicklung herleiten könnte, im ausgehenden 18. Jahrhundert wurden jedoch die Dispositionen mitgeschaffen, die zu einem Funktionieren gemeindlicher Selbstverwaltung und lokaler Teilhabe im 19. Jahrhundert beitrugen.

Betrachtet man insbesondere das 16. Jahrhundert, dann kann man der Stadt in der Entwicklung moderner Staatlichkeit nicht nur eine leidende Rolle zuschreiben. In den Bereichen von Recht und Verwaltung der Städte setzten sich in der Frühen Neuzeit Entwicklungen fort, die ihre Wurzeln im Mittelalter hatten. Mit den Stadtrechtsreformationen, der Herausbildung einer hierarchischen Stufung der Gerichte, der Besetzung der städtischen Gerichte durch

[176] Gerd Heinrich, Staatsaufsicht und Stadtfreiheit in Brandenburg-Preußen unter dem Absolutismus. 1660–1806, in: Die Städte Mitteleuropas im 17. und 18. Jahrhundert. Hrsg. von Wilhelm Rausch (Beitr. zur Gesch. der Städte Mitteleuropas, Bd. 5), Linz 1981, S. 155–172, S. 165.

[177] Peter Blickle, Deutsche Untertanen. Ein Widerspruch, München 1981.

[178] Klaus Gerteis, Repräsentation und Zunftverfassung. Handwerkerunruhen und Verfassungskonflikte in südwestdeutschen Städten vor der Französischen Revolution, in: Zeitschrift für die Geschichte des Oberrheins 121 = NF 82 (1974), S. 275–287.

an Universitäten ausgebildete Juristen wie auch mit dem Vordringen von 'literati' auf wichtige Positionen in der städtischen Verwaltung hatte die Stadt in der Frühen Neuzeit teil an der Ausbreitung anstaltsstaatlicher Elemente, an der Entstehung einer modernen Bürokratie. In immer geringerem Maße lieferte die Stadt aber einen eigenständigen Anteil zu dieser Entwicklung, die Initiative war im Verlaufe der drei Jahrhunderte weitgehend an den Territorialstaat übergegangen.

In dem Maße, in dem die Territorialstädte an Selbständigkeit an die zentralen Verwaltungen verloren, gewannen sie aber auch Raumfunktionen für den bürokratisch organisierten Flächenstaat hinzu, als Verwaltungszentren, in der Gerichts-, Kirchen- und Bildungsorganisation sowie im Militärwesen. Bauern der Umgebung wurden zur Verschanzung der Städte verpflichtet. Die Städte wurden zu Zentren des absolutistischen Steuerstaates. Höhere Bildung konzentrierte sich in hohem Maße in den Städten.

Frühneuzeitliche Sondertypen wurden aber nicht nur durch den Fürstenstaat geschaffen, sondern auch die wirtschaftlichen Entwicklungen dieser Zeit führten zu charakteristischen Stadttypen: Bergstädte, Überseehandelsstädte, 'Industriestädte', Handelsemporien. In diesen Sondertypen vor allem, aber auch in den Strukturen vieler traditioneller Städte kommt zum Ausdruck, daß die Stadt auch weiterhin unter den Bedingungen des institutionellen Flächenstaates ein Ort der Innovation blieb. Sie war weitgehend 'Brennpunkt' der gewerblichen Produktion, auch wenn sich diese zum Teil auf das flache Land verlagerte. Aus den Städten kam das Kapital, von ihnen ging die Organisation des Handels aus, die Endfertigung arbeitsteilig erstellter Produkte erfolgte meist in den Städten, die Qualitätsstandards wurden durch sie festgelegt. Das Überleben traditioneller Elemente aber, wie der mangelnden Freizügigkeit, der Begrenzung der sozialen Mobilität durch die ständische Gesellschaft wie des traditionellen, zünftisch organisierten Gewerbes (bei allem partiellen und regionalen Wandel), führte dazu, daß es nicht zu einem überproportionalen Anwachsen der Städte kam, daß die Relationen zwischen städtischer und ländlicher Bevölkerungszahl relativ konstant blieben. Der absolutistische Verwaltungsstaat schuf nur begrenzte Möglichkeiten des freien Zuzugs in seine Städte, soziale Privilegien blieben häufig unangetastet, während die politischen Vorrechte vom Fürstenstaat zunehmend ausgehöhlt wurden. Die Schilderung des landwirtschaftlichen Sektors hat den Widerstreit von staatlich geförderten besitzindividualistischen Tendenzen und korporativen, auf Existenzsicherung ausgerichteten Traditionen in den deutschen Städten gezeigt. Auch in den Auseinandersetzungen zwischen Hofhandwerk und Zunfthandwerkern kam dieser Dualismus von Wandel und Stagnation zum Ausdruck.

Grundlegend für die deutschen Städte in der Frühen Neuzeit war auch, daß sich die Aneignungsverhältnisse in diesen Jahrhunderten kaum zugunsten der Städte veränderten, d. h. in der Landwirtschaft erzeugter 'Mehrwert' ging wohl in kaum höherem Maße in die Städte als im Spätmittelalter. Die relative Stabilität auf diesem Gebiet fand ihren Ausdruck in der Parallelität des Bevölkerungswachstums von Stadt und Land. Lediglich auf dem Umweg über die Entwicklung frühmoderner Staatlichkeit konnten sich punktuell die Aneignungsverhältnisse zugunsten der Städte grundlegend verändern. In Residenzen entstand ein speziell auf den Bedarf der höfischen Gesellschaft ausgerichtetes Gewerbe für Luxusartikel. Der Ausrüstungsbedarf absolutistischer Heere begünstigte die Errichtung von Manufakturen. Auf dem Umweg über den Ausbau des Steuersystems verschob sich partiell das Aneignungsverhältnis zugunsten der Städte. Zwar ging auch von den Amtsstädten der fürstlichen Verwaltung eine gewisse Sogwirkung auf das umliegende flache Land aus, aber nicht mit der gleichen Ausschließlichkeit, wie das neuerdings für die gleichzeitige Entwicklung in Frankreich betont wird.[179] Klöster und Landadel machten mit ihrer Gerichtsbarkeit, mit Leib- und Grundherrschaft ein eindeutiges Zuordnungssystem von Land und Stadt unmöglich. Insbesondere dort, wo Stände in der Frühen Neuzeit eine Rolle spielten, „zeigt sich, daß der auf historische Strukturen [Personenverbandsstaat] aufbauende, prinzipiell zentralistische Verwaltungsapparat des absolutistisch regierten Staates [immer noch] sehr viele dezentrale Elemente enthält, die in enger Beziehung zur politischen und ökonomischen Regionalisierung des Staates stehen“[180]. Dezentrale

[179] Wolfgang Mager, Frankreich vom Ancien Régime zur Moderne. Wirtschafts-, Gesellschafts- und politische Institutionengeschichte 1630 bis 1830, Stuttgart 1980, S. 72f. – Bernard Bonnin, Un réseau urbain face à son environnement rural en France du XVIIIe siècle, place, rôle et influence. L'exemple du Dauphiné, in: La ville au XVIIIe siècle, Aix-en-Provence 1973.

[180] Christian Dirninger, Aspekte regionaler Distribution in der staatlichen Finanzwirtschaft des Erzstiftes Salzburg in der zweiten Hälfte des 18. Jahrhunderts, in: Bevölkerung, Wirtschaft und Gesellschaft. Stadt-

Kassensysteme verhinderten die Konzentration der Finanzen zugunsten der Hauptstadt. Die Existenz von Domkapiteln wirkte der Aushöhlung geistlicher Immunitäten entgegen. Große Teile der landwirtschaftlichen Produktion dienten auch weiterhin zur Eigenversorgung einer kontinuierlich anwachsenden Landbevölkerung.

Und auch die Entwicklungsmöglichkeiten – insbesondere der Reichsstädte – wurden durch ein durchweg rückständiges Steuer- und Finanzsystem stark eingeschränkt. Die Einnahmen bestanden meist aus indirekten Steuern und Gebühren, die konjunkturellen Schwankungen unterworfen und kaum steigerungsfähig waren; außerdem wurden sie zur Wirtschaftslenkung eingesetzt und erzeugten bei ihrer Erhebung hohe Kosten. Charakteristisch ist, daß gegen Ende der Frühen Neuzeit die meisten Reichsstädte hoch verschuldet waren. Die Personaletats, die häufig einen großen Anteil der Stadtfinanzen verschlangen, konnten ohne erhebliche soziale Einschnitte kaum reduziert werden. Bei der Notwendigkeit für viele Handwerker, sich durch Beschäftigungen im Dienste der Stadt einen Zuverdienst zu beschaffen, hätte eine rigorose Reform der Finanzen zu einer Katastrophe im sozialen Bereich geführt. Von daher gesehen war die Krise des Handwerks auch eine Krise der Städte.

Die Ausnahmestellung Preußens kommt vor allem auch in den Aneignungsverhältnissen zum Ausdruck. Gerd Heinrich: „Es hat im friderizianischen und nachfriderizianischen Preußen zum ersten Mal und in einem bisher unerhörten Umfange eine fiskalisch organisierte Einkommensumverteilung zugunsten eines gezielten industriellen und kommerziellen Wachstums (einschließlich der dazu gehörenden infrastrukturellen und arbeitsmarktpolitischen Maßnahmen) gegeben, für die auf Gesamtstaatsebene über die Akzise hinaus sämtliche anderen Staatseinkünfte, soweit es die Sicherheitspolitik Friedrichs gestattete, herangezogen wurden.“ [181]

Vier weitere strukturelle Veränderungen in der Frühen Neuzeit sind zu verzeichnen, die auf die Entwicklung des 19. Jahrhunderts eingewirkt haben: Die Zunahme im ‘tertiären Sektor’, die Einbe-

Land-Beziehungen in Deutschland und Frankreich 14.–19. Jahrhundert. Hrsg. von Neithard Bulst u. a., Trier 1983, S. 191–221, S. 214.

[181] Gerd Heinrich, Der preußische Spätmerkantilismus und die Manufakturstädte in den mittleren und östlichen Staatsprovinzen. 1740–1806, in: Städtewesen und Merkantilismus in Mitteleuropa. Hrsg. von Volker Press (Städteforschung A, 14), Köln 1983, S. 318.

ziehung des Landes in die weiterhin von der Stadt geprägte großgewerbliche Produktion und damit verbunden die Veränderungen in der Familienstruktur. Schließlich kam es im Verlauf des 18. Jahrhunderts zum Anwachsen einer bildungsbürgerlichen Schicht.

Die Zunahme im 'tertiären Sektor' stand in engem Zusammenhang mit dem Ausbau des institutionellen Flächenstaates. In Residenzen, Haupt- und Amtsstädten entstand ein Heer von Beamten, vom Geheimrat bis zum Amtsschreiber und Behördenboten. Die Höfe und die Bürokratie hatten eine Vielzahl von Beschäftigten im Dienstleistungssektor zur Folge, die nicht im Zusammenhang mit Produktion und Handel standen. Ein überproportionales Wachstum der entsprechenden Städte in der Frühen Neuzeit hatte hier eine seiner Wurzeln.

Die Einbeziehung des Landes in die städtische Produktion schuf auch auf dem Lande eine Vielzahl handwerklich vorgebildeter, an die Formen gewerblicher Produktion gewöhnter Bewohner. Diese bildeten eine gewerbliche 'Reservearmee', deren Übergang vom Land in die Stadt unter den Bedingungen der Industrialisierung dadurch erleichtert wurde.

Michael Mitterauer[182] hat an der fürstbischöflichen Hauptstadt Salzburg dargestellt, daß durch Hofhaltung und Verwaltungsfunktionen in der Frühen Neuzeit die Möglichkeiten der individuellen Erwerbstätigkeit erheblich zugenommen hatten. Während im bäuerlichen und handwerklichen Bereich die Familie mit Gesinde und Gesellen (das 'ganze Haus') aus wirtschaftlichen Notwendigkeiten eine Funktionseinheit darstellte, war für die Ausübung einer Tätigkeit im 'tertiären Sektor' die 'Vollständigkeit' der Familie nicht mehr die Voraussetzung. Durch die Funktionsentlastung der Familie in solchen Arbeitsverhältnissen, wie sie in zunehmendem Maße in den Residenzen und Hauptstädten vorhanden waren, kam es zur Auflösung traditioneller Familienstrukturen. „Gegenüber den herkömmlichen Formen des Familienbetriebs schafft das Vordringen individueller Erwerbstätigkeit in der städtischen Gesellschaft des

[182] Michael Mitterauer, Vorindustrielle Familienformen. Zur Funktionsentlastung des 'ganzen Hauses' im 17. und 18. Jahrhundert, in: Fürst, Bürger, Mensch. Untersuchungen zu politischen und soziokulturellen Wandlungsprozessen im vorrevolutionären Europa. Hrsg. von Friedrich Engel-Janosi u. a. (Wiener Beitr. zur Gesch. der Neuzeit, Bd. 2), München 1975, S. 123–185. Wieder in: Ders., Grundtypen alteuropäischer Sozialformen. Haus und Gemeinde in vorindustriellen Gesellschaften, Stuttgart-Bad Cannstatt 1979.

17. und 18. Jahrhunderts veränderte Voraussetzungen der Familienzusammensetzung. Die Zahl der Haushalte, denen verheiratete Personen vorstehen, geht stark zurück. Familienreste und 'unvollständige Familien' nehmen zu. Konstellationen um Verwitwete und Ledige werden immer häufiger. Unter den allein oder zusammen mit Dienstpersonal lebenden ledigen Männern stellen die Hofbediensteten eine Hauptgruppe dar." [183] Tagelöhnerarbeit, die in den frühneuzeitlichen Städten insgesamt zunimmt, hat ähnliche Entwicklungen zur Folge. Lohnarbeit mit den oben beschriebenen Familienstrukturen wurde nicht erst durch den industriellen Großbetrieb geschaffen. Mitterauer spricht in diesem Zusammenhang mehrfach von 'Urbanisierung' – im Vorgriff auf eine sich dann unter dem Einfluß der Industrialisierung allgemein durchsetzende Entwicklung.

Solcher Wandel in den Familienstrukturen, im 'teritären Sektor', in der Produktion vollzog sich allerdings graduell, regional und lokal unterschiedlich.

Für eine Tätigkeit im Bereich von Kultur und Bildung standen zunächst nur der Staats- und Kirchendienst offen, und Reformation und Gegenreformation hatten hier einiges in Bewegung gesetzt: in Schulen und Universitäten, im Bereich des Buchdrucks und der Publizistik. Aber erst im Verlauf des 18. Jahrhunderts entwickelte sich eine meist bürgerliche Bildungsschicht, die zwar auch noch eng mit der fürstlichen Verwaltung und den Höfen verknüpft war, die aber doch auch schon eigene Organisationsformen (Lesegesellschaften, patriotische Gesellschaften und gelehrte Zirkel) besaß und die mit eigenen Publikationen in die Öffentlichkeit hineinwirken wollte. Außer in den Residenzen und Hauptstädten fanden sich in der zweiten Hälfte des 18. Jahrhunderts solche Vereinigungen in fast allen größeren Städten – Ausdruck eines – zwar immer noch eng mit dem Staat verbundenen – aber dennoch (oder gerade deswegen) selbstbewußten Bildungsbürgertums.

Das Nebeneinander von Stagnation und Wandel führte zu einer für eine Übergangsepoche so charakteristischen bunten, von gegeneinanderlaufenden Tendenzen bestimmten Vielfalt im Bild der deutschen Städte. Erst die endgültige Durchsetzung des Verwaltungsstaates und die Industrielle Revolution lassen absolut neue, einheitliche, zielgerichtete Strömungen in der deutschen Stadtgeschichte erkennen.

[183] Ebenda, S. 174.

14. AUSWAHLBIBLIOGRAPHIE

Die Auswahl der Titel erfolgte entsprechend der Zielsetzung dieses Buches: Die hier aufgeführten Werke sollen den Einstieg in die weitere Beschäftigung mit der deutschen Stadtgeschichte erleichtern bzw. solchen Lesern Vergleichsmaterial oder exemplarische Studien an die Hand liefern, die sich mit der Geschichte einer einzelnen Stadt befassen. Vollständigkeit wurde in keinem Punkt angestrebt. Weitgehend unberücksichtigt blieben die allgemeinen Handbücher und Literatur zu speziellen Themen, wie etwa zu Universitäten. Die Binnengliederung der Unterabschnitte der Bibliographie erfolgt entweder alphabetisch nach den behandelten Städten – *Städtenamen* in den Titeln durch *Kursivierung* hervorgehoben – oder chronologisch nach den Erscheinungsjahren.

Zeitschriften, Reihen

Zeitschriften, allgemeine

Informationen zur modernen Stadtgeschichte, 1 ff., 1970 ff.

Zeitschrift für Stadtgeschichte, Stadtsoziologie und Denkmalpflege, 1 ff., 1974 ff. – Ab Bd. 5, 1978: Die Alte Stadt.

Zeitschriften, spezielle

Mitteilungen des Vereins für Geschichte der Stadt Nürnberg, 1 ff., 1879 ff.

Esslinger Studien, Jahrbuch für Geschichte der oberdeutschen Reichsstädte, 1, 1956 – 10, 1964. – Fortges. u. d. T.: Jahrbuch für Geschichte der oberdeutschen Reichsstädte. Esslinger Studien, 11, 1965 – 17, 1971.

Reihen, allgemeine

Beiträge zur Geschichte der Städte Mitteleuropas. Hrsg. von Wilhelm Rausch (Österreichischer Arbeitskreis für Stadtgeschichtsforschung), Bd. 1 ff., Linz 1963 ff.

Städteforschung. Veröffentlichungen des Instituts für Vergleichende Städtegeschichte in Münster. Hrsg. von Heinz Stoob, Reihe A: Darstellungen, 1 ff., Köln 1976 ff.

Stadt in der Geschichte. Veröffentlichungen des südwestdeutschen Arbeitskreises für Stadtgeschichtsforschung, Bd. 1 ff., Sigmaringen 1977 ff. [Davor in den Veröffentlichungen der Kommission für Geschichtliche Landeskunde in Baden-Württemberg, Reihe B: Forschungen.]

Reihen, spezielle

Abhandlungen zur Geschichte der Stadt *Augsburg*, 1 ff., Augsburg 1975 ff.
Studien zur *Frankfurter* Geschichte, 1 ff., Frankfurt a. M. 1962 ff.
Studien zur Geschichte der Stadt *Göttingen*, Bd. 1 ff., Göttingen 1960 ff.
Mitteilungen aus dem Stadtarchiv von *Köln*, Heft (Bd.) 1 ff., Köln 1882 ff.
Veröffentlichungen zur Geschichte der Hansestadt *Lübeck*, Bd. 1 ff., Lübeck 1912 ff.
Quellen und Forschungen zur Geschichte der Stadt *Münster*, Bd. 1 ff., Münster 1960 ff.
Forschungen zur Geschichte der Stadt *Ulm*, Bd. 1 ff., Ulm 1955 ff.

Bibliographien, allgemeine Literatur

Bibliographien

Bibliographie zur Städtegeschichte Deutschlands. Hrsg. von Erich Keyser, Köln 1969.
Guide international d'histoire urbaine. Teil 1: Europe. Hrsg. von Philippe Wolff, Paris 1977 [S. 39–87: Allemagne, bearb. von Wilfried Ehbrecht].
Bibliographie zur Geschichte der Städte Österreichs. Hrsg. von Wilhelm Rausch, Linz 1984.

Literaturberichte

Erich Keyser, Erforschung und Darstellung der deutschen Städtegeschichte 1945–1965, in: Beiträge zur Wirtschafts- und Sozialgeschichte. Festschrift für Hektor Ammann, Wiesbaden 1965, S. 3–28.
Jürgen Sydow, Neue Veröffentlichungen über die deutsche Städtegeschichte, in: Blätter für deutsche Landesgeschichte 111 (1975) S. 327–403.
Karl Czok, Zum Erscheinen neuer Stadtgeschichten in der DDR, in: Jahrbuch für Regionalgeschichte 6 (1978) S. 167–175.

Nachschlagewerk

Deutsches Städtebuch. Handbuch städtischer Geschichte, Bd. 1,1 bis 5,2, Stuttgart 1939–1974.

Quellensammlung

Die Chroniken der deutschen Städte vom 14. bis ins 16. Jahrhundert, Leipzig 1862 ff., ND Göttingen 1961–1969.

Gesamtdarstellungen

Karl Czok, Die Stadt. Ihre Stellung in der deutschen Geschichte, Leipzig . . . 1969.

Lewis Mumford, Die Stadt. Geschichte und Ausblick [= The City in History, 1961], Bd. 1 u. 2, München 1979.

Stadt im Wandel. Kunst und Kultur des Bürgertums in Norddeutschland 1150–1650. Hrsg. von Cord Meckseper. Ausstellungskatalog Bd. 1–4, Stuttgart-Bad Cannstatt 1985.

Methoden

Voraussetzungen und Methoden geschichtlicher Städteforschung. Hrsg. von Wilfried Ehbrecht (Städteforschung A, 7), Köln . . . 1979.

Sammelbände

La ville (Recueils de la Société Jean Bodin, Bd. 6 u. 7), Brüssel 1954/55.

Die Stadt in der europäischen Geschichte. Festschrift für Edith Ennen, Bonn 1972.

Moderne Stadtgeschichte. Hrsg. von Wilhelm Heinz Schröder (Historisch-Sozialwissenschaftliche Forschungen 8), Stuttgart 1979.

Europäische Stadtgeschichte in Mittelalter und früher Neuzeit. Hrsg. von Werner Mägdefrau, Weimar 1979.

Die Stadt an der Schwelle zur Neuzeit. Hrsg. von Wilhelm Rausch (Beiträge zur Geschichte der Städte Mitteleuropas, Bd. 4), Linz 1980.

Das Städtewesen Mitteleuropas im 17. und 18. Jahrhundert. Hrsg. von Wilhelm Rausch (Beiträge zur Geschichte der Städte Mitteleuropas, Bd. 5), Linz 1981.

Städtewesen und Merkantilismus in Mitteleuropa. Hrsg. von Volker Press (Städteforschung A, 14), Köln 1983.

Einzelne Regionen

Gustav Schmoller, Das Städtewesen unter Friedrich Wilhelm I., in: ders., Deutsches Städtewesen in älterer Zeit, Bonn 1922, ND Aalen 1964, S. 231–428.

Hans Mauersberg, Wirtschafts- und Sozialgeschichte zentraleuropäischer Städte in neuerer Zeit. Dargestellt an den Beispielen von Basel, Frankfurt a. M., Hamburg, Hannover und München, Göttingen 1960.

Otto Borst, Alte Städte in Württemberg, München 1968.

Wolfgang Leiser, Privilegierte Untertanen. Die badischen Städte im Ancien Régime, in: Verwaltung und Gesellschaft in der südwestdeutschen Stadt des 17. und 18. Jahrhunderts. Hrsg. von Erich Maschke und Jürgen Sydow (Veröff. der Komm. für Geschichtliche Landeskunde in Baden-Württemberg B, 58), Stuttgart 1969, S. 22–45.

Aus Stadt- und Wirtschaftsgeschichte Südwestdeutschlands. Festschrift für Erich Maschke (Veröff. der Komm. für Geschichtliche Landeskunde in Baden-Württemberg B, 85), Stuttgart 1975.

Dieter Stievermann, Städtewesen in Südwestfalen. Die Städte des märkischen Sauerlandes im späten Mittelalter und in der frühen Neuzeit

(Spätmittelalter und Frühe Neuzeit. Tübinger Beiträge zur Geschichtsforschung, Bd. 6), Stuttgart 1978.
Städte und ihre Aufgaben in Baden-Württemberg. Beiträge zur Stadtgeschichte vom Mittelalter bis zur Gegenwart. Hrsg. von Walter Bernhardt. Ausstellungskatalog, Stuttgart 1981.
Die Stadt in Preußen. Beiträge vom frühen Mittelalter bis zur Gegenwart. Hrsg. von Udo Arnold (Schriftenreihe Nordost-Archiv, Bd. 32), Lüneburg 1983.
Richard Dietrich, Merkantilismus und Städtewesen in Kursachsen, in: Städtewesen und Merkantilismus in Mitteleuropa. Hrsg. von Volker Press (Städteforschung A, 14), Köln 1983, S. 222–285.

Einzelne Städte

Wolfgang Zorn, *Augsburg*. Geschichte einer deutschen Stadt, Augsburg ²1972.
Geschichte der Stadt *Augsburg* von der Römerzeit bis zur Gegenwart. Hrsg. von Gunther Gottlieb u. a., Stuttgart 1984.
Wilhelm Fricke, Geschichte der Stadt *Bielefeld* und der Grafschaft Ravensberg, Bielefeld 1887, ND Osnabrück 1975.
Reinhard Vogelsang, Geschichte der Stadt *Bielefeld*, Bd. 1: Von den Anfängen bis zur Mitte des 19. Jahrhunderts, Bielefeld 1980.
Edith Ennen, Geschichte der Stadt *Bonn*, 2. Teil, Bonn 1962.
Dortmund. 1100 Jahre Stadtgeschichte. Festschrift, hrsg. von Gustav Luntowski und Norbert Reimann, Dortmund 1982.
Friedrich Lau, Geschichte der Stadt *Düsseldorf*, Bd. 1: Von den Anfängen bis 1815, Düsseldorf 1921, ND Düsseldorf 1980.
Heinrich Averdunk, Geschichte der Stadt *Duisburg*. Hrsg. von Walter Ring, Essen 1927.
Otto Borst, Geschichte der Stadt *Esslingen* am Neckar, Esslingen ²1977.
Friedrich Bothe, Geschichte der Stadt *Frankfurt* am Main, Frankfurt a. M. 1913, ND Frankfurt a. M. 1966.
Helmut Böhme, *Frankfurt* und *Hamburg*. Des deutschen Reiches Silber- und Goldloch und die allerenglischste Stadt des Kontinents, Frankfurt a. M. 1968.
Gerald L. Soliday, A Community in Conflict. *Frankfurt* Society in the Seventeenth and Early Eighteenth Centuries, Hannover/New Hamp. 1974.
Rainer Koch, Grundlagen bürgerlicher Herrschaft. Verfassungs- und sozialgeschichtliche Studien zur bürgerlichen Gesellschaft in *Frankfurt* am Main (Frankfurter Historische Abhandlungen, Bd. 27), Wiesbaden 1983.
Hans Mauersberg, Die Wirtschaft und Gesellschaft *Fürths* in neuerer und neuester Zeit, Göttingen 1974.
Hans Mauersberg, Die Wirtschaft und Gesellschaft *Fuldas* in neuerer Zeit. Eine städtegeschichtliche Studie, Göttingen 1969.

Georg Burckhardt, Geschichte der Stadt *Geislingen* an der Steige von der Vor- und Frühgeschichte bis zum Jahre 1803, Konstanz 1963.

Gotha. Zur Geschichte der Stadt. Hrsg. von Helmut Leuthold. Gotha ... 1979.

Eckhart Klessmann, Geschichte der Stadt *Hamburg*, Hamburg 1981.

Hamburg. Geschichte der Stadt und ihrer Bewohner, Bd. 1: Von den Anfängen bis zur Reichsgründung. Hrsg. von Hans-Dieter Loose, Hamburg 1982.

Historische, politische und ökonomische Bedingungen der Stadtentwicklung [*Hannovers*]. Von den Anfängen der Stadtentwicklung in Mitteleuropa bis zum Ende des 2. Weltkrieges, Hannover 1978.

Carl-Hans Hauptmeyer, Verfassung und Herrschaft in *Isny*. Untersuchungen zur reichsstädtischen Rechts-, Verfassungs- und Sozialgeschichte, vornehmlich in der frühen Neuzeit, Göppingen 1976.

Klaus Flink, *Kleve* im 17. Jahrhundert. Studien und Quellen, Teil 2 u. 3, Kleve 1979, 1980.

Fritz Gause, Die Geschichte der Stadt *Königsberg* in Preußen, 3 Bände, Köln ... 1968–1972.

Karl Czok, Das alte *Leipzig*, Leipzig 1978.

Geschichte der Stadt *Magdeburg*, Berlin 1975.

Heinrich Schrohe, Die Stadt *Mainz* unter kurfürstlicher Verwaltung. 1462–1792, Mainz 1920.

Anton Ph. Brück, *Mainz* vom Verlust der Stadtfreiheit bis zum Ende des Dreißigjährigen Krieges. 1462–1648 (Geschichte der Stadt Mainz. Hrsg. von Anton Ph. Brück und Ludwig Falck, Bd. 5), Düsseldorf 1972.

Helmut Friedmann, Alt-*Mannheim* im Wandel seiner Physiognomie, Struktur und Funktion. 1606–1965 (Forschungen zur deutschen Landeskunde 168), Bad Godesberg 1968.

Friedrich Walter, Geschichte *Mannheims* von den ersten Anfängen bis zum Übergang an Baden 1802 (Mannheim in Vergangenheit und Gegenwart. Jubiläumsausgabe der Stadt, Bd. 1), Mannheim 1907, ND Frankfurt a. M. 1977.

Otto Ottsen, Geschichte der Stadt *Moers*, Bd. 1–3, 1950, ND Moers 1977.

Gerhard Günther, *Mühlhausen* in Thüringen. 1200 Jahre Geschichte der Thomas-Müntzer-Stadt, Berlin 1975.

Geschichte original am Beispiel der Stadt *Münster*. Hrsg. vom Stadtarchiv Münster und Stadtmuseum Münster durch Hans Galen, Bd. 1: Durchsetzung des Absolutismus, Münster ^{2}1980.

Werner Gugat, Verfassung und Verwaltung in Amt und Stadt *Münstereifel* von ihren Anfängen bis zum Ende des 18. Jahrhunderts (Rheinisches Archiv 69), Bonn 1969.

Erich Wisplinghoff, Geschichte der Stadt *Neuss*. Von den mittelalterlichen Anfängen bis zum Jahre 1794, Neuss 1975.

Neustadt an der Weinstraße. Beiträge zur Geschichte einer pfälzischen Stadt, Neustadt 1975.

Nordhorn. Beiträge zur 600-jährigen Stadtgeschichte. Hrsg. Clemens von Looz-Corswarem, Nordhorn 1979.

Nürnberg. Geschichte einer europäischen Stadt. Hrsg. von Gerhard Pfeiffer, München 1971.

Osnabrück. 1200 Jahre Fortschritt und Bewahrung. Profile bürgerlicher Identität. Katalog, Nürnberg 1980.

Alfons Dreher, Geschichte der Reichsstadt *Ravensburg* und ihrer Landschaft von den Anfängen bis zur Mediatisierung 1802, 2 Bände, Weißenhorn 1972.

Klaus Flink, Geschichte der Burg, der Stadt und des Amtes *Rheinbach* von den Anfängen bis zum Ausgang des 18. Jahrhunderts. Ein Beitrag zur Untersuchung der rheinischen Kleinstadt (Rheinisches Archiv 59), Bonn 1965.

Schwabach. Beiträge zur Stadtgeschichte und Heimatpflege, Schwabach 1977.

Hermann Weisert, Geschichte der Stadt *Sindelfingen* von 1500–1807, Sindelfingen 1963.

Geschichte der Stadt *Speyer*. Hrsg. von Wolfgang Eger, Bd. 1 u. 2, Stuttgart ²1983.

Herbert Langer, *Stralsund* 1600–1630. Eine Hansestadt in der Krise und im Konflikt, Weimar 1970.

Otto Borst, *Stuttgart*. Die Geschichte der Stadt, Stuttgart 1973.

Gottfried Kentenich, Geschichte der Stadt *Trier* von ihrer Gründung bis zur Gegenwart, Trier 1914, ND Trier 1981.

Günther Wölfing, *Wasungen*. Eine Kleinstadt im Feudalismus vom 9. bis zum 19. Jahrhundert, Weimar 1980.

Geschichte der Stadt *Weimar*. Hrsg. von Gitta Günther und Lothar Wallraf, Weimar 1976.

Heinrich Boos, Geschichte der rheinischen Städtekultur von ihren Anfängen bis zur Gegenwart mit besonderer Berücksichtigung der Stadt *Worms*, Teil 1–4, Berlin 1897–1901.

Einleitung, allgemeine Abgrenzung und Wertung

Carl Haase, Die Entstehung der westfälischen Städte (Veröff. des Provinzialinstituts für westfälische Landes- und Volkskunde, Reihe 1, H. 11), Münster 1960.

'Stadt', in: Großes vollständiges Universallexikon. Erschienen bei Johann Heinrich Zedler, Bd. 39, Leipzig und Halle 1744, ND Graz 1962, Sp. 768–839.

Friedrich Sengle, Wunschbild Land und Schreckbild Stadt. Zu einem zentralen Thema der neueren deutschen Literatur, in: Studium Generale 16 (1963) S. 616–631.

Edith Ennen, Die Stadt zwischen Mittelalter und Gegenwart, in: Rheinische Vierteljahresblätter 30 (1965) S. 118–131, auch in: dies., Gesammelte Abhandlungen, Bonn 1977, S. 198–209.

Adolf Laube u. Hartmut Zwahr, Konferenz über Stadtgeschichte in Leipzig, in: Zeitschrift für Geschichtswissenschaft 141 (1966) S. 277–281.
Karl-Heinz Blaschke, Qualität, Quantität und Raumfunktion als Wesensmerkmale der Stadt vom Mittelalter bis zur Gegenwart, in: Jahrbuch für Regionalgeschichte 3 (1968) S. 34–50.
Karl Czok, Zur Stellung der Stadt in der deutschen Geschichte, in: Jahrbuch für Regionalgeschichte 3 (1968) S. 15–33.
Wilhelm Berges, Stadtstaaten des Mittelalters, in: Die Stadt als Lebensform. Hrsg. von Otto Walter Haseloff (Forschung und Information 6), Berlin 1970, S. 52–61.
Hans Herzfeld, Die Stadt in den aufsteigenden Nationalstaaten, in: Die Stadt als Lebensform. Hrsg. von Otto Walter Haseloff (Forschung und Information 6), Berlin 1970, S. 73–83.
Heinz Stoob, Kartographische Möglichkeiten zur Darstellung der Stadtentstehung in Mitteleuropa, besonders zwischen 1450 und 1800, in: ders.: Forschungen zum Städtewesen in Europa, Köln . . . 1970, S. 15–42.
Stadtgemeinde und Stadtbürgertum im Feudalismus. Hrsg. von der Historikergesellschaft der DDR, Magdeburg 1976.
Bernhard Schäfers, Phasen der Stadtbildung und Verstädterung. Ein sozialgeschichtlicher und sozialstatistischer Überblick unter besonderer Berücksichtigung Mitteleuropas, in: Die Alte Stadt = Zeitschrift für Stadtgeschichte, Stadtsoziologie und Denkmalpflege 4 (1977) S. 243–268.
Alfred Heit, Die mittelalterlichen Städte als begriffliches und definitorisches Problem, in: Die Alte Stadt 5 (1978) S. 350–408.
Otto Borst, Babel oder Jerusalem? Sechs Kapitel Stadtgeschichte, Stuttgart 1984.

Stadttypen

Ludwig Petry, Stufen und Formen des Städtewesens in Rheinland-Pfalz, in: Festschrift Johannes Bärmann, Teil 2, Wiesbaden 1967, S. 1–36.
Heinz Stoob, Über frühneuzeitliche Städtetypen, in: ders.: Forschungen zum Städtewesen in Europa, Köln . . . 1970, S. 246–284.
Arnold Scheuerbrandt, Südwestdeutsche Stadttypen und Städtegruppen bis zum frühen 19. Jahrhundert. Ein Beitrag zur Kulturlandschaftsgeschichte und zur kulturräumlichen Gliederung des nördlichen Baden-Württemberg und seiner Nachbargebiete (Heidelberger Geographische Arbeiten 32), Heidelberg 1972.
Heinz Stoob, Frühneuzeitliche Städtetypen, in: Die Stadt. Gestalt und Wandel bis zum industriellen Zeitalter. Hrsg. von H. Stoob, Köln . . . 1979, S. 195–228.

Einzelne Typen

Die Residenzstadt in Südwestdeutschland (Tagungsprotokoll), in: Zeitschrift für Württembergische Landesgeschichte 2 (1966) S. 1^{x}–48^{x}.

Bischofs- und Kathedralstädte des Mittelalters und der frühen Neuzeit. Hrsg. von Franz Petri (Städteforschung A, 1), Köln . . . 1976.

Planstädte, Festungsstädte

Planstädte

Herman Flesche, Städtebau in Renaissance und Barock, in: Studium Generale 16 (1963) S. 541–557.
Edmond N. Bacon, Stadtplanung von Athen bis Brasilia, Zürich 1968.
Gerald Burke, Towns in the Making, New York 1971.
Georg Germann, Krumme Straßen. Städtebautheorie in der Frühneuzeit, in: Zeitschrift für Stadtgeschichte, Stadtsoziologie und Denkmalpflege 3 (1976) S. 10–25.
Josef W. Konvitz, Cities & the Sea. Port City Planning in Early Modern Europe, Baltimore 1978.
Architekt und Ingenieur. Baumeister in Krieg und Frieden. Katalog der Herzog August Bibliothek Wolfenbüttel. Bearb. von Ulrich Schütte u. a., Wolfenbüttel 1984.

Festungsstädte

Henning Eichberg, Militär und Technik. Schwedenfestungen des 17. Jahrhunderts in den Herzogtümern Bremen und Verden, Düsseldorf 1976.
Hans-Walter Herrmann, Die Entstehung von Festungsstädten zwischen Maas und Oberrhein, in: Saarlouis 1680–1980. Entstehung und Entwicklung einer Vauban'schen Festungstadt. Katalog, Saarlouis 1980, S. 11–25.
Reinhard R. Heinisch, Die Stadt als Festung im 17. Jahrhundert, in: Die Städte Mitteleuropas im 17. und 18. Jahrhundert. Hrsg. von Wilhelm Rausch (Beiträge zur Geschichte der Städte Mitteleuropas, Bd. 5), Linz 1981, S. 283–310.
Beiträge zur Geschichte der frühneuzeitlichen Festungs- und Garnisonsstadt. Hrsg. von Hans-Walter Herrmann und Franz Irsigler (Veröff. der Komm. für Saarländische Landesgeschichte und Volksforschung, Bd. 13), Saarbrücken 1983.
Peter H. Meurer, Das Festungsbuch des Nicolas Person. Wichtige Festungen Europas Ende des 17. Jahrhunderts, Neustadt a. d. Saale 1984.

Einzelne Städte

Gebhard Aders, *Bonn* als Festung. Ein Beitrag zur Topographie der Stadt und zur Geschichte ihrer Belagerungen (Veröff. des Stadtarchivs Bonn 12), Bonn 1973.
Edmund Spohr, *Düsseldorf*. Stadt und Festung, Düsseldorf 1978.
Jürgen Eberhardt, *Jülich*, Idealstadtanlage der Renaissance. Die Planungen

A. Pasqualinis und ihre Verwirklichung (Landesverband Rheinland, Arbeitsheft 25), Köln 1978.

Vgl. auch Abschnitt *Militärwesen*.

Erscheinungsbild, Städteatlanten

Allgemein

Deutsches Leben der Vergangenheit in Bildern. Hrsg. von Eugen Diederichs, Bd. 1, Jena 1908.
Albert E. Brinckmann, Stadtbaukunst (Handbuch der Kunstwissenschaft, Bd. 13), Wildpark-Potsdam ^{2}1924.
Friedrich Bachmann, Die alte deutsche Stadt. Ein Bilderatlas der Städteansichten (bis 1648), 3 Bände, Leipzig 1941–1949; Bd. 4, Stuttgart 1961.
Friedrich Bachmann, Die alten Städtebilder. Ein Verzeichnis der graphischen Ortsansichten von Schedel bis Merian, Stuttgart ^{2}1965.
Erich Keyser, Die deutsche Stadt im Bilde, in: Festschrift Hermann Aubin, Bd. 2, Wiesbaden 1965, S. 405–422.
Wolfgang T. Kantzow, Sozialgeschichte der deutschen Städte und ihres Boden- und Baurechtes bis 1918 (Campus Forschung, Bd. 163), Frankfurt a. M. 1980.
Michael Schmit u. Jochen Luckhardt, Realität und Abbild in Stadtdarstellungen des 16. bis 19. Jahrhunderts. Untersuchungen am Beispiel Lippstadt (Beiträge zur Volkskultur in Nordwestdeutschland, H. 31), Münster 1982.
Karl Gruber, Die Gestalt der deutschen Stadt, München ^{4}1983.
Harald Keller, Das alte Europa. Die hohe Kunst der Stadtvedute, Stuttgart 1983.
Thomas Hall, Mittelalterliche Stadtgrundrisse. Versuch einer Übersicht der Entwicklung in Deutschland und Frankreich, Stockholm o. J.

Städteatlanten

Rolf Spörhase, Karten zur Entwicklung der Stadt. Das Werden des Stadtgrundrisses im Landschaftsraum, Lief. 1 ff., Stuttgart 1968 ff.
Deutscher Städteatlas. Hrsg. von Heinz Stoob, Lief. 1 ff., Dortmund 1973 ff.
Westfälischer Städteatlas. Hrsg. von Heinz Stoob, Lief. 1 ff., Dortmund 1976 ff.

Einzelne Städte

Augsburg. Geschichte in Bilddokumenten. Hrsg. von Friedrich Blendinger und Wolfgang Zorn, München 1976.
Irmgard Wirth, *Berlin* 1650–1914. Von der Zeit des Großen Kurfürsten bis zum Ersten Weltkrieg. Stadtdarstellungen aus den Sammlungen der Berliner Museen, Hamburg 1979.

Erich Keyser, Baugeschichte der Stadt *Danzig* (Ostmitteleuropa in Vergangenheit und Gegenwart 14), Köln 1972.

Alfred Overmann, *Erfurt* in zwölf Jahrhunderten. Eine Stadtgeschichte in Bildern, 1929, ND Frankfurt a. M. 1980.

Bilderatlas zur Geschichte der Stadt *Frankfurt* am Main. Hrsg. von Bernhard Müller (F. Bothe, Geschichte der Stadt Frankfurt am Main, Bd. 2), Frankfurt a. M. 1916, ND Frankfurt a. M. 1976.

Ingolstadt, Bilddokumente der Stadt Ingolstadt 1519–1930. Hrsg. von Siegfried Hofmann und Wilhelm Reissmüller, Ingolstadt 1981.

Hugo Borger u. Frank Günter Zehnder, *Köln.* Die Stadt als Kunstwerk. Stadtansichten vom 15. bis 20. Jahrhundert, Köln 1982.

Geschichte *Nürnbergs* in Bilddokumenten. Hrsg. von Gerhard Pfeiffer und Wilhelm Schwemmer, München 1970.

Fritz Hellwig, Alte Pläne von Stadt und Festung *Saarlouis*, Saarbrücken 1980.

Saarlouis 1680–1980. Entstehung und Entwicklung einer Vaubanschen Festungsstadt. Katalog, Saarlouis 1980.

Heinrich Schlüpfinger, Bauliche Entwicklung und Bevölkerungswachstum der Stadt *Schwabach*, in: Schwabach. Beiträge zur Stadtgeschichte und Heimatpflege, Schwabach 1977, S. 1–82.

Bilder zur Geschichte der Stadt *Tübingen* (Jürgen Sydow, Geschichte der Stadt Tübingen, Bd. 2), Tübingen 1980.

Max Schefold u. Hellmut Pflüger, *Ulm.* Das Bild der Stadt in alten Ansichten (Forschungen zur Geschichte der Stadt Ulm, Bd. 7), Ulm 1967.

Felix Czeike, *Wien.* Geschichte in Bilddokumenten, München 1984.

Würzburg. Geschichte in Bilddokumenten. Hrsg. von Alfred Wendehorst, München 1981.

Hausbau

Moriz Heyne, Fünf Bücher deutscher Hausaltertümer, Bd. 1: Das deutsche Wohnungswesen von den ältesten geschichtlichen Zeiten bis zum 16. Jahrhundert, Leipzig 1899.

Hans Vogts, Das Bürgerhaus in der Rheinprovinz, Düsseldorf 1929.

Das deutsche Bürgerhaus. Begr. von Adolf Bernt; hrsg. von Günther Binding, Bd. 1 ff., Tübingen 1959 ff.

Hans Vogts, Das Kölner Wohnhaus bis zur Mitte des 19. Jahrhunderts, Bd. 1 u. 2 (Jahrbuch des Rheinischen Vereins für Denkmalpflege und Heimatschutz 64/65), Neuss 1966.

'Reihenhäuser'

Peter Hans Ropertz, Die Wohnungsstiftungen des 15. bis 18. Jahrhunderts. Eine besondere Form 'anstaltsmäßigen Wohnens', in: Zeitschrift

für Stadtgeschichte, Stadtsoziologie und Denkmalpflege 4 (1977) S. 183–214.
Klaus Schwarz, Bremer Reihenhäuser in vor- und frühindustrieller Zeit, in: Bremisches Jahrbuch 57 (1979) S. 125–182.

Vorstädte

Stadterweiterung und Vorstadt. Hrsg. von Erich Maschke und Jürgen Sydow (Veröff. der Komm. für Geschichtl. Landeskunde in Baden-Württemberg B, 51), Stuttgart 1969.
Elisabeth Schwarze, Städte und Vorstädte in Ostthüringen. Untersuchungen zu ihrer Entstehung und ihrer sozialökonomischen Struktur im Spätfeudalismus, in: Jahrbuch für Regionalgeschichte 6 (1978) S. 85 bis 108.
Karl Czok, Vorstädte. Zur Entstehung, Wirtschaft und Sozialentwicklung der älteren deutschen Stadtgeschichte (Sbb. der sächs. Akad. der Wiss. Leipzig, Bd. 121, 1), Berlin 1979.
Busso von der Dollen, Die Koblenzer Neustadt. Planung und Ausführung einer Stadterweiterung des 18. Jahrhunderts (Städteforschung A, 6), Köln . . . 1979.
Busso von der Dollen, Vorortbildung. Zur Überformung ländlicher Siedlungen durch die Stadt vor der Industrialisierung, in: Die Alte Stadt 7 (1980) S. 3–28.

Demographie

Allgemein

Gustav Schmoller, Die Bevölkerungsbewegung der deutschen Städte von ihrem Ursprung bis ins 19. Jahrhundert, in: ders., Deutsches Städtewesen in älterer Zeit, Bonn 1922, ND Aalen 1965, S. 60–104.
Roger Mols, Introduction à la démographie des villes d'Europe du XIVe au XVIIIe siècle, Bd. 1–3, Louvain 1954–1956.
Ernst W. Buchholz, Vom Mittelalter zur Neuzeit, und: Wolfgang Köllmann, Bevölkerung und Raum in Neuerer und Neuester Zeit (Raum und Bevölkerung in der Weltgeschichte = Bevölkerungs-Ploetz, Bd. 3 u. 4), Würzburg 1966.
Bevölkerungsgeschichte Europas. Mittelalter bis Neuzeit. Hrsg. von Carlo M. Cipolla und Knut Borchardt, München 1971.
Moderne Stadtgeschichte. Hrsg. von Wilhelm Heinz Schröder (Historisch-Sozialwissenschaftliche Forschungen, Bd. 8), Stuttgart 1979.
Statistik und Staatsbeschreibung (vornehmlich im 16.–18. Jahrhundert). Symposion Wolfenbüttel. Hrsg. von Mohammed Rassem u. Justin Stagl, Paderborn . . . 1980.

Spezielle Fragestellungen

Otto Behre, Geschichte der Statistik in Brandenburg-Preußen, Berlin 1905, ND Vaduz 1979.

Wilhelm Franke, Die Volkszahl deutscher Städte Ende des 18. Jahrhunderts, in: Zeitschrift des königlich-preußischen Statistischen Landesamtes 62 (1922) S. 102–121.

Günther Franz, Der Dreißigjährige Krieg und das deutsche Volk. Untersuchungen zur Bevölkerungs- und Agrargeschichte (Arbeiten zur Landes- und Volksforschung, Bd. 6), Jena 1940, ^{4}1979.

Einzelne Regionen

Theodor Penners, Bevölkerungsgeschichtliche Probleme der Land-Stadt-Wanderung, untersucht an der ländlichen Abwanderung in die Städte Braunschweig und Wolfenbüttel um die Mitte des 18. Jahrhunderts, in: Braunschweigisches Jahrbuch 37 (1956) S. 57–134.

Fritz Koerner, Die Bevölkerungszahl und -dichte in Mitteleuropa zum Beginn der Neuzeit, in: Forschungen und Fortschritte 33 (1959) S. 325–331.

Historische Demographie als Sozialgeschichte. Gießen und Umgebung vom 17. zum 19. Jahrhundert. Hrsg. von Arthur E. Imhof, Teil 1 u. 2 (Quellen und Forschungen zur hessischen Geschichte 31), Darmstadt u. Marburg 1975.

Arthur E. Imhof, Demographische Stadtstrukturen der frühen Neuzeit. Gießen und seine Umgebung im 17. und 18. Jahrhundert als Fallstudie, in: Zeitschrift für Stadtgeschichte, Stadtsoziologie und Denkmalpflege 2 (1975) S. 190–227.

Regionale Mobilität in Schleswig-Holstein. 1600–1900. Theorie, Fallstudien, Quellenkunde, Bibliographie. Hrsg. von Jürgen Brockstedt (Studien zur Wirtschafts- und Sozialgeschichte Schleswig-Holsteins, Bd. 1), Neumünster 1979.

Einzelne Städte

Otto Konrad Roller, Die Einwohnerschaft der Stadt *Durlach* im 18. Jahrhundert in ihren wirtschaftlichen und kulturgeschichtlichen Verhältnissen dargestellt aus ihren Stammtafeln, Karlsruhe 1907.

Gerhard Köhn, Die Bevölkerung der Residenz, Festung und Exulantenstadt *Glückstadt* von der Gründung 1616 bis zum Endausbau 1652, Neumünster 1974.

Kölner Neubürger 1356–1798. Bearb. von Hugo Stehkämper u. a., Teile 1–3 (Mitteilungen aus dem Stadtarchiv von Köln 61–63), Köln 1975.

Bevölkerungsbewegung und soziale Strukturen in *Mainz* zur Zeit des Pfälzischen Kriegs 1680–1700. Eine historisch-demographische Fallstudie. Hrsg. von Walter G. Rödel (Geschichtliche Landeskunde 19), Wiesbaden 1978.

Bevölkerung und Topographie *Münsters* um 1770. Hrsg. von Helmut Lahrkamp (Quellen und Forschungen zur Geschichte der Stadt Münster, NF 10), Münster 1980.

Hanno Vasarhelyi, Einwanderung nach *Nördlingen, Esslingen* und *Schwäbisch Hall* zwischen 1450 und 1550, in: Stadt und Umland. Hrsg. von Erich Maschke und Jürgen Sydow (Veröff. der Komm. für Geschichtl. Landeskunde in Baden-Württemberg B, 82), Stuttgart 1974, S. 129–165.

Gerd Wunder, Die *Stuttgarter* Steuerliste von 1545 (Veröff. des Archivs der Stadt Stuttgart 26), Stuttgart 1974.

Wolfgang Huschke, Die Neubürger der Stadt *Weimar*, Neustadt a. d. A. 1973.

Stadtverfassung, allgemein

Georg Ludwig von Maurer, Geschichte der Städteverfassung in Deutschland, Bd. 4, Erlangen 1871, ND Aalen 1962.

Friedrich Keutgen, Urkunden zur städtischen Verfassungsgeschichte, Berlin 1901, ND Aalen 1965.

Wilhelm Ebel, Der Bürgereid als Geltungsgrund und Gestaltungsprinzip des deutschen mittelalterlichen Stadtrechts, Weimar 1958.

Hermann Conrad, Deutsche Rechtsgeschichte, Bd. 2, Karlsruhe 1966.

Verwaltung und Gesellschaft in der südwestdeutschen Stadt des 17. und 18. Jahrhunderts. Hrsg. von Erich Maschke und Jürgen Sydow (Veröff. der Komm. für Geschichtl. Landeskunde in Baden-Württemberg B, 58), Stuttgart 1969.

Stadtverfassung, Verfassungsstaat, Pressepolitik. Festschrift für Eberhard Naujoks, Sigmaringen 1980.

Reichsstädte

Gesamtdarstellungen

Johann Jakob Moser, Neues teutsches Staatsrecht, Bd. 3, 2, 1767, ND Osnabrück 1967, S. 1041–1241: Von den Reichsstätten.

Johann Jakob Moser, Neues teutsches Staatsrecht. Zusätze Bd. 3, 1, 1782, ND Osnabrück 1968, S. 449–774: Von der Reichsstättischen Regiments-Verfassung.

Spezielle Fragestellungen, Regionen und Städte

Karl S. Bader, Reichsadel und Reichsstädte in Schwaben am Ende des alten Reiches, in: Aus Verfassungs- und Landesgeschichte. Festschrift für Theodor Mayer, Bd. 1, Lindau . . . 1954, ND Osnabrück 1973, S. 247–263.

Eberhard Naujoks, Obrigkeitsgedanke, Zunftverfassung und Reformation, Stuttgart 1958.

Otto Brunner, Souveränitätsproblem und Sozialstruktur in den deutschen Reichsstädten der frühen Neuzeit, in: Vierteljahrschrift für Sozial- und Wirtschaftsgeschichte 50 (1963) S. 329–360.

Hermann Conrad, Die verfassungsrechtliche Bedeutung der Reichsstädte im Deutschen Reich [etwa 1500–1806], in: Studium Generale 16 (1963) S. 493–500.

Adolf Laufs, Die Verfassung und Verwaltung der Stadt Rottweil 1650–1806 (Veröff. der Komm. für Geschichtl. Landeskunde in Baden-Württemberg B, 22), Stuttgart 1963.

Otto Borst, Zur Verfassung und Staatlichkeit oberdeutscher Reichsstädte am Ende des alten Reiches, in: Esslinger Studien 10 (1964) S. 106–194.

Mack Walker, German Home Towns. Community, State and General Estate. 1648–1871, Ithaca/N. Y. 1971.

Günter Buchstab, Reichsstädte, Städtekurie und Westfälischer Friedenskongreß, Münster 1976.

Sigrid Jahns, Frankfurt, Reformation und Schmalkaldischer Bund. Die Reformations-, Reichs- und Bündnispolitik der Reichsstadt Frankfurt am Main. 1525–1536 (Studien zur Frankfurter Geschichte 9), Frankfurt a. M. 1976.

Eberhard Isenmann, Reichsstadt und Reich an der Wende vom späten Mittelalter zur frühen Neuzeit, in: Mittel und Wege früher Verfassungspolitik = Kleine Schriften 1. Hrsg. von Josef Engel (Spätmittelalter und Frühe Neuzeit. Tübinger Beiträge zur Geschichtsforschung, Bd. 9), Stuttgart 1979, S. 9–223.

Georg Schmidt, Der Städtetag in der Reichsverfassung. Eine Untersuchung zur korporativen Politik der freien und Reichsstädte in der ersten Hälfte des 16. Jahrhunderts (Veröff. des Instituts für Europ. Gesch. Mainz, Bd. 113, Abt. Universalgeschichte = Beiträge zur Sozial- und Verfassungsgeschichte des Alten Reiches, Bd. 5), Stuttgart 1984.

Territorialstädte

Gesamtdarstellungen

Johann Jakob Moser, Neues teutsches Staatsrecht. Zusätze 3, 1, 1782, ND Osnabrück 1968, S. 257ff. und 429ff.

Johann Jakob Moser, Von der teutschen Untertanen Rechten und Pflichten (= Neues teutsches Staatsrecht, Bd. 17), 1774, ND Osnabrück 1967, S. 160–261.

Einzelne Regionen und Städte

Gustav Schmoller, Das Städtewesen unter Friedrich Wilhelm I., in: ders., Deutsches Städtewesen in älterer Zeit, Bonn 1922, ND Aalen 1964, S. 231–428.

Ilse Barleben, Die Entwicklung der städtischen Selbstverwaltung im Herzogtum Kleve während der Reform Friedrich Wilhelms I. (Rheinisches Archiv 18), Bonn 1931.

Edith Ennen, Die Entwicklung der Selbstverwaltung in den Städten an der Saar bis zur Französischen Revolution, in: Rheinische Vierteljahrsblätter 3 (1933) S. 1–20; wieder in: dies., Gesammelte Abhandlungen zum europäischen Städtewesen und zur rheinischen Geschichte, Bonn 1977, S. 17–41.

Friedrich Karl Steffen, Das Berliner Stadtverfassungsrecht. Seine Entwicklung bis zur Gegenwart und seine geschichtlichen Grundlagen, Berlin 1936.

Hans Jürgen Querfurth, Die Unterwerfung der Stadt Braunschweig im Jahre 1671. Das Ende der Braunschweiger Stadtfreiheit (Werkstücke aus Museum, Archiv und Bibliothek der Stadt Braunschweig 16), Braunschweig 1953.

Otto Brunner, Städtische Selbstregierung und neuzeitlicher Verwaltungsstaat in Österreich, in: Österreichische Zeitschrift für Öffentliches Recht NF 6 (1955) S. 221–249.

Rudolf Seigel, Gericht und Rat in Tübingen. Von den Anfängen bis zur Einführung der Gemeindeverfassung 1818–1822 (Veröff. der Komm. für Geschichtl. Landeskunde in Baden-Württemberg B, 13), Stuttgart 1960.

Kurt Schröder, Die Verwaltung Berlins von der Residenz des Kurfürsten Friedrich Wilhelm bis zur Reichshauptstadt, Diss. phil. Berlin 1963 (Masch.).

Heinz Mohnhaupt, Die Göttinger Ratsverfassung vom 16. bis 19. Jahrhundert (Studien zur Geschichte der Stadt Göttingen 5), Göttingen 1965.

Hans Eugen Specker, Die Verfassung und Verwaltung der Württembergischen Amtsstädte im 17. und 18. Jahrhundert, dargestellt am Beispiel Sindelfingen, in: Verwaltung und Gesellschaft der südwestdeutschen Stadt des 17. und 18. Jahrhunderts. Hrsg. von Erich Maschke u. Jürgen Sydow (Veröff. der Komm. für Geschichtl. Landeskunde in Baden-Württemberg. B, 58), Stuttgart 1969, S. 1–21.

Hartmut Zwahr, Vom feudalen Stadtregiment zur bürgerlichen Kommunalpolitik. Eine historisch-soziologische Studie zum Beginn der bürgerlichen Umwälzung in Sachsen 1830/31, in: Jahrbuch für Regionalgeschichte 7 (1979) S. 7–33.

Klaus Eiler, Stadtfreiheit und Landesherrschaft in Koblenz. Untersuchungen zur Verfassungsentwicklung im 15. und 16. Jahrhundert (Geschichtliche Landeskunde 20), Wiesbaden 1980.

Franz Quarthal, Die Verfassungsänderungen in den Städten Vorderösterreichs im Rahmen der Staatsreformen Maria Theresias, in: Stadtverfassung, Verfassungsstaat, Pressepolitik. Festschrift für Eberhard Naujoks, Sigmaringen 1980, S. 121–138.

Gerd Heinrich, Staatsaufsicht und Stadtfreiheit in Brandenburg-Preußen unter dem Absolutismus. 1660–1806, in: Die Städte Mitteleuropas im

17. und 18. Jahrhundert. Hrsg. von W. Rausch (Beiträge zur Geschichte der Städte Mitteleuropas, Bd. 5), Linz 1981, S. 155–172.
Wolfgang Leiser, Die Stadt im süddeutschen Kleinstaat des Ancien Régime, in: Städtewesen und Merkantilismus in Mitteleuropa. Hrsg. von Volker Press (Städteforschung A, 14) Köln 1983, S. 111–134.

Revolten, Unruhen, Prozesse

Überblicksdarstellungen

Karl Czok, Revolutionäre Volksbewegungen in mitteldeutschen Städten zur Zeit von Reformation und Bauernkrieg, in: 450 Jahre Reformation. Hrsg. von Leo Stern und Max Steinmetz, Berlin 1967, S. 128–145.
Karl Czok, Zu den städtischen Volksbewegungen in deutschen Territorialstaaten vom 16. bis zum 18. Jahrhundert, in: Die Städte Mitteleuropas im 17. und 18. Jahrhundert. Hrsg. von Wilhelm Rausch (Beiträge zur Geschichte der Städte Mitteleuropas, Bd. 5), Linz 1981, S. 21–42.
Klaus Gerteis, Frühneuzeitliche Stadtrevolten im sozialen und institutionellen Bedingungsrahmen. Ebenda, S. 43–58.

Einzelne Regionen und Zeitabschnitte

Klaus Spading, Volksbewegungen in Städten Schwedisch-Pommerns um die Wende vom 18. zum 19. Jahrhundert, in: Jahrbuch für Regionalgeschichte 2 (1967) S. 88–112.
Klaus Gerteis, Repräsentation und Zunftverfassung. Handwerkerunruhen und Verfassungskonflikte in südwestdeutschen Städten vor der Französischen Revolution, in: Zeitschrift für die Geschichte des Oberrheins 122 = NF 83 (1974) S. 275–287.
Reinhardt Hildebrandt, Rat contra Bürgerschaft. Die Verfassungskonflikte in den Reichsstädten des 17. und 18. Jahrhunderts, in: Zeitschrift für Stadtgeschichte, Stadtsoziologie und Denkmalpflege 1 (1974) S. 221 bis 241.
Otthein Rammstedt, Stadtunruhen 1525, in: Der Deutsche Bauernkrieg. 1524–1526. Hrsg. von Hans-Ulrich Wehler (Geschichte und Gesellschaft, Sonderheft 1), Göttingen 1975, S. 239–276.
Wolfgang Wettges, Reformation und Propaganda. Studien zur Kommunikation des Aufruhrs in süddeutschen Reichsstädten (Geschichte und Gesellschaft. Bochumer Historische Studien, Bd. 17), Stuttgart 1978.
Städtische Führungsgruppen und Gemeinde in der werdenden Neuzeit. Hrsg. von Wilfried Ehbrecht (Städteforschung A, 9), Köln 1980.
Andreas Grießinger, Das symbolische Kapital der Ehre. Streikbewegungen und kollektives Bewußtsein deutscher Handwerksgesellen im 18. Jahrhundert, Frankfurt a. M. 1981.

Einzelne Städte

Erich Meuthen, Der gesellschaftliche Hintergrund der *Aachener* Verfassungskämpfe an der Wende des Mittelalters zur Neuzeit, in: Zeitschrift des Aachener Geschichtsvereins 74/75 (1962/63) S. 299–392.

Heinz Schilling, Bürgerkämpfe in *Aachen* zu Beginn des 17. Jahrhunderts. Konflikte im Rahmen der alteuropäischen Stadtgesellschaft oder im Umkreis der frühbürgerlichen Revolution? In: Zeitschrift für Historische Forschung 1 (1974) S. 175–231.

Jörg Walter, Rat und Bürgerhauptleute in *Braunschweig* 1576–1604. Die Geschichte der Brabandtschen Wirren (Braunschweiger Werkstücke A, 9 = Bd. 45), Braunschweig 1971.

Gerald Lyman Soliday, A Community in Conflict. *Frankfurt* Society in the 17th and Early 18th Centuries, Hannover/New Hampshire 1974.

Matthias Meyn, Die Reichsstadt *Frankfurt* vor dem Bürgeraufstand von 1612 bis 1614. Struktur und Krise (Studien zur Frankfurter Geschichte 15), Frankfurt a. M. 1980.

Jürgen Asch, Rat und Bürgerschaft in *Lübeck* 1598–1669. Die verfassungsrechtlichen Auseinandersetzungen im 17. Jahrhundert und ihre sozialen Hintergründe (Veröff. zur Geschichte der Hansestadt Lübeck, Bd. 17), Lübeck 1961.

Heinz Schilling, Aufstandsbewegung in der stadtbürgerlichen Gesellschaft des Alten Reiches. Die Vorgeschichte des *Münster*aner Täuferreiches, 1525–1534, in: Der Deutsche Bauernkrieg. 1524–1526. Hrsg. von H.-U. Wehler (Geschichte und Gesellschaft, Sonderheft 1), Göttingen 1975, S. 193–238.

Günter Vogler, *Nürnberg* 1524/25. Studien zur Geschichte der reformatorischen und sozialen Bewegung in der Reichsstadt, Berlin 1982.

Andreas Grießinger u. Reinhold Reith, Obrigkeitliche Ordnungskonzeptionen und handwerkliches Konfliktverhalten im 18. Jahrhundert. *Nürnberg* und *Würzburg* im Vergleich, in: Deutsches Handwerk im Spätmittelalter und Früher Neuzeit. Hrsg. von Rainer S. Elkar (Göttinger Beiträge zur Wirtschafts- und Sozialgeschichte, Bd. 9) Göttingen 1983, S. 117–180.

Helga Schultz, Soziale und politische Auseinandersetzungen in *Rostock* im 18. Jahrhundert (Abhandlungen zur Handels- und Sozialgeschichte 13), Weimar 1974.

Johannes Schildhauer, Soziale, politische und religiöse Auseinandersetzungen in den Hansestädten *Stralsund, Rostock* und *Wismar* im ersten Drittel des 16. Jahrhunderts (Abhandlungen zur Handels- und Sozialgeschichte 2), Weimar 1959.

Günter Birtsch, Soziale Unruhen, ständische Gesellschaft und poltische Repräsentation. *Trier* in der Zeit der Französischen Revolution 1781 bis 1794, in: Mentalitäten und Lebensverhältnisse. Festschrift Rudolf Vierhaus, Göttingen 1982, S. 143–159.

Stadt'verwaltung'

(Vgl. auch Abschnitt *Stadtverfassung*)

Verwaltung und Gesellschaft in der südwestdeutschen Stadt des 17. und 18. Jahrhunderts. Hrsg. von Erich Maschke u. Jürgen Sydow (Veröff. der Komm. für Geschichtl. Landeskunde in Baden-Württemberg B, 58), Stuttgart 1969.

Finanzen

Franz Buhl, Der Niedergang der reichsstädtischen Finanzwirtschaft und die kaiserliche Subdelegationskommission von 1797–1806, in: Mitteilungen des Vereins für Geschichte der Stadt Nürnberg 26 (1926) S. 110–278.
Bernhard Kirchgässner, Das Steuerwesen der Stadt Konstanz 1418–1460 (Konstanzer Geschichts- und Rechtsquellen, Bd. 10), Konstanz 1960.
Clemens Graf von Looz-Corswarem, Das Finanzwesen der Stadt Köln im 18. Jahrhundert. Beitrag zur Verwaltungsgeschichte einer Reichsstadt, Köln 1978, zugleich Diss. phil. Bonn 1976.
Städtisches Haushalts- und Rechnungswesen. Hrsg. von Erich Maschke und Jürgen Sydow (Stadt in der Geschichte, Bd. 2), Sigmaringen 1977.
Christian Dirninger, Aspekte regionaler Distribution in der staatlichen Finanzwirtschaft des Erzstifts Salzburg in der zweiten Hälfte des 18. Jahrhunderts, in Bevölkerung, Wirtschaft und Gesellschaft. Stadt-Land-Beziehungen in Deutschland und Frankreich 14. bis 19. Jahrhundert. Hrsg. von Neithard Bulst, Jochen Hoock, Franz Irsigler, Trier 1983, S. 191–221.
Arthur Vettori, Finanzhaushalt und Wirtschaftsverwaltung Basels (1681 bis 1798). Wirtschafts- und Lebensverhältnisse einer Gesellschaft zwischen Tradition und Umbruch (Basler Beiträge zur Geschichtswissenschaft, Bd. 149), Basel 1984.

'Polizey'

Gustav Clemens Schmelzeisen, Polizeiordnungen und Privatrecht (Forschungen zur neueren Privatrechtsgeschichte, Bd. 3), Münster . . . 1955.
Liselotte Constanze Eisenbart, Kleiderordnungen der deutschen Städte zwischen 1350 und 1700. Ein Beitrag zur Kulturgeschichte des deutschen Bürgertums, Göttingen 1962.
Quellen zur Neueren Privatrechtsgeschichte Deutschlands, Bd. 2: Polizei- und Landesordnungen. Bearb. von Gustav Clemens Schmelzeisen, 2 Halbbände, Weimar 1968/69.
Veronika Baur, Kleiderordnungen in Bayern vom 14. bis zum 19. Jahrhundert, München 1975.

Rechtsgeschichte

Quellen

Otto Stobbe, Geschichte der deutschen Rechtsquellen, 2 Abt., Leipzig . . . 1860–1864, ND Aalen 1965.

Oberrheinische Stadtrechte, Abt. 1, Bd. 1 ff., Heidelberg 1895 ff.

Quellen zur Neueren Privatrechtsgeschichte Deutschlands. Bd. 1 bearb. von Wolfgang Kunkel, 1. Halbband: Ältere Stadtrechtsreformationen, Weimar 1936.

Darstellungen

Helmut Coing, Die Frankfurter Reformation von 1578 und das Gemeine Recht ihrer Zeit. Eine Studie zum Privatrecht der Rezeptionszeit, Weimar 1935.

Hans-Jürgen Knoche, Ulrich Zasius und das Freiburger Stadtrecht von 1520, Karlsruhe 1957.

Karl Kroeschell, Stadtrecht und Stadtrechtsgeschichte, in: Studium Generale 16 (1963) S. 481–488.

Gerhard Wittram, Die Gerichtsverfassung der Stadt Göttingen vom 13. bis zum Ende des 17. Jahrhunderts (Studien zur Geschichte der Stadt Göttingen 6), Göttingen 1966.

Franz Wieacker, Privatrechtsgeschichte der Neuzeit unter besonderer Berücksichtigung der deutschen Entwicklung, Göttingen ^{2}1967.

Jürgen Weitzel, Der Kampf um die Appellation ans Reichskammergericht, Köln . . . 1976.

Karsten Kühne, Das Kriminalverfahren und der Strafvollzug in der Stadt Konstanz im 18. Jahrhundert, Sigmaringen 1979.

Stadt und Kirchen

Allgemeine Darstellungen

Stadt und Kirche im 16. Jahrhundert. Hrsg. von Bernd Moeller, Gütersloh 1978.

Kirche und gesellschaftlicher Wandel in deutschen und niederländischen Städten der werdenden Neuzeit. Hrsg. von Franz Petri (Städteforschung A, 10), Köln . . . 1980.

Spezielle Fragestellungen

Edith Ennen, Stadt und Wallfahrt in Frankreich, Belgien, den Niederlangen und Deutschland, in: dies., Gesammelte Abhandlungen zum europäischen Städtewesen und zur rheinischen Geschichte. Hrsg. von Georg Droege u. a., Bonn 1977, S. 239–258. – Zuerst in: Festschrift Matthias Zander, Studien zur Volkskultur, Sprache und Landesgeschichte. Hrsg. von E. Ennen und G. Wiegelmann, Bd. 2, Bonn 1972, S. 1057–1075.

Heinz Schilling, Niederländische Exulanten im 16. Jahrhundert (Schriften des Vereins für Reformationsgeschichte, Bd. 187), Gütersloh 1972.

Heinz Schilling, Calvinistische Presbyterien in Städten der frühen Neuzeit – eine kirchliche Alternativform zur bürgerlichen Repräsentation? Mit einer quantifizierenden Untersuchung der holländischen Stadt Leiden, in: Städtische Führungsgruppen und Gemeinde in der werdenden Neuzeit. Hrsg. von Wilfried Ehbrecht (Städteforschung A, 9), Köln 1980, S. 385–444.

Reformation

Hans Baron, Religion and Politics in the German Imperial Cities During the Reformation, in: The English Historical Review 52 (1937) S. 614–633.

Bernd Moeller, Reichsstadt und Reformation (Schriften des Vereins für Reformationsgeschichte 180), Gütersloh 1962.

John C. Stalnaker, Residenzstadt and Reformation: Religion, Politics, and Social Policy in Hesse. 1509–1546, in: Archiv für Reformationsgeschichte 64 (1973) S. 113–146.

Hans-Christoph Rublack, Gescheiterte Reformation. Frühreformatorische Bewegungen in süd- und westdeutschen geistlichen Residenzen (Spätmittelalter und Frühe Neuzeit, Bd. 4), Stuttgart 1978.

Städtische Gesellschaft und Reformation. Kleine Schriften 2. Hrsg. von Ingrid Bátori (Spätmittelalter und Frühe Neuzeit, Bd. 12), Stuttgart 1980.

Einzelne Städte

Rolf Kießling, Bürgerliche Gesellschaft und Kirche in *Augsburg* im Spätmittelalter. Ein Beitrag zur Strukturanalyse der oberdeutschen Reichsstadt (Abhandl. zur Geschichte der Stadt Augsburg 19), Augsburg 1971.

Kaspar von Greyerz, The Late City Reformation in Germany. The Case of *Colmar*. 1522–1628, Wiesbaden 1980.

Sigrid Jahns, Frankfurt, Reformation und Schmalkaldischer Bund. Die Reformations-, Reichs- und Bündnispolitik der Reichsstadt *Frankfurt* am Main 1525–1536 (Studien zur Frankfurter Geschichte 9), Frankfurt a. M. 1976.

Kurt Beck, Rat und Kirche. Der Rat der Freien Reichsstadt *Frankfurt* am Main und das Evangelisch-Lutherische Predigerministerium. Frankfurt a. M. 1981.

Dieter Demandt u. Hans-Christoph Rublack, Stadt und Kirche in *Kitzingen*. Darstellung und Quellen zu Spätmittelalter und Reformation (Spätmittelalter und Frühe Neuzeit, Bd. 10), Stuttgart 1978.

Gerd Steinwascher, Die Zisterzienserstadthöfe in *Köln*, Bergisch Gladbach 1981.

Olaf Mörke, Rat und Bürger in der Reformation. Soziale Gruppen und kirchlicher Wandel in den welfischen Hansestädten *Lüneburg, Braunschweig* und *Göttingen* (Veröff. des Instituts für Historische Landesforschung der Universität Göttingen, Bd. 19), Hildesheim 1983.

Hans-Christoph Rublack, Eine bürgerliche Reformation. Nördlingen (Quellen und Forschungen zur Reformationsgeschichte, Bd. 51) Gütersloh 1984.

Reformation in *Nürnberg*. Katalog, Nürnberg 1979.

Thomas A. Brady, Ruling Class, Regime and Reformation at *Strasbourg*. 1520–1555 (Studies in Medieval and Reformation Thought 22), Leiden 1978.

Erdmann Weyrauch, Konfessionelle Krise und soziale Stabilität. Das Interim in *Straßburg* (1548–1562), Stuttgart 1978.

Anton Schindling, Kirche, Gesellschaft, Politik und Bildung in *Straßburg*. Aspekte einer Reformationsgeschichte, in: Spezialforschung und 'Gesamtgeschichte'. Beispiele und Methodenfragen zur Geschichte der frühen Neuzeit. Hrsg. von Grete Klingenstein und Heinrich Lutz (Wiener Beiträge zur Geschichte der Neuzeit, Bd. 8), Wien 1981, S. 169–188.

Karl Trüdinger, Stadt und Kirche im spätmittelalterlichen *Würzburg*, Stuttgart 1977.

Militärwesen

Joachim Ehlers, Die Wehrverfassung der Stadt Hamburg im 17. und 18. Jahrhundert, Boppard 1966.

Peter Lautzas, Die Festung Mainz im Zeitalter des Ancien Régime, der Französischen Revolution und des Empire. 1736–1814, Wiesbaden 1973.

Elmar Rettinger, Das Mainzer Militär- und Defensionswesen 1680–1700, in: Christina E. Gaede u. a., Bevölkerungsbewegung und soziale Strukturen in Mainz zur Zeit des Pfälzischen Krieges. 1680–1700 (Geschichtliche Landeskunde 19), Wiesbaden 1978, S. 57–68.

Jürgen Kraus, Das Militärwesen der Reichsstadt Augsburg 1548–1806. Vergleichende Untersuchungen über städtische Militäreinrichtungen in Deutschland vom 16.–18. Jahrhundert (Abhandl. zur Geschichte der Stadt Augsburg, Bd. 26), Augsburg 1980.

Vgl. auch Abschnitt 'Festungsstädte' (S. 190).

Wirtschaft und Gesellschaft

Allgemeine Wirtschafts- und Sozialgeschichte

Hans Mauersberg, Wirtschafts- und Sozialgeschichte zentraleuropäischer Städte in neuerer Zeit. Dargestellt an den Beispielen von Basel, Frankfurt a. M., Hamburg, Hannover und München, Göttingen 1960.

Friedrich Lütge, Die wirtschaftliche Lage Deutschlands vor Ausbruch des 30jährigen Krieges, in: ders., Studien zur Sozial- und Wirtschaftsgeschichte, Stuttgart 1963, S. 336–395.

Beiträge zur Wirtschafts- und Stadtgeschichte. Festschrift Hektor Ammann, Wiesbaden 1965.

Ingomar Bog, Wirtschaft und Gesellschaft Nürnbergs im Zeitalter des Merkantilismus. 1648–1806, in: Vierteljahrschrift für Sozial- und Wirtschaftsgeschichte 57 (1970) S. 289–322.

Spezielle Fragestellungen

Johannes Augel, Italienische Einwanderung und Wirtschaftstätigkeit in rheinischen Städten im 17. und 18. Jahrhundert, Bonn 1971.

Zwei Jahrtausende Kölner Wirtschaft, Bd. 2. Hrsg. von Hermann Kellenbenz, Köln 1975.

Quantitative Methoden in der Wirtschafts- und Sozialgeschichte der Vorneuzeit. Hrsg. von Franz Irsigler (Historisch-Sozialwissenschaftliche Forschungen, Bd. 4), Stuttgart 1978.

Friedrich-Wilhelm Henning, Düsseldorf und seine Wirtschaft. Zur Geschichte einer Region, Bd. 1: Von den Anfängen bis 1860, Düsseldorf 1981.

Heinrich Rüthing, Bürgerlicher Landbesitz in Höxter um 1500, in: Bevölkerung, Wirtschaft und Gesellschaft. Stadt-Land-Beziehungen in Deutschland und Frankreich 14. bis 19. Jahrhundert. Hrsg. von Neithard Bulst u. a., Trier 1983, S. 139–168.

Städtewesen und Merkantilismus in Mitteleuropa. Hrsg. von Volker Press (Städteforschung A, 14), Köln 1983.

Handel und Kapital

Wolfgang Zorn, Handels- und Industriegeschichte Bayerisch-Schwabens 1648–1870, Augsburg 1961.

W. O. Henderson, The Berlin Commercial Crisis of 1763, in: Economic History Review 15 (1962) S. 89–102.

Gerhard von Glinsky, Die Königsberger Kaufmannschaft im 17. und 18. Jahrhundert, Marburg/Lahn 1964.

Eckart Schremmer, Antwerpen als Warenhandelsplatz im 15. und 16. Jahrhundert und seine wirtschaftlichen Beziehungen zu Mitteleuropa, in: Jahrbücher für Nationalökonomie und Statistik 178 (1965) S. 270–284.

Alexander Dietz, Frankfurter Handelsgeschichte. Bd. 1–4, 2, Frankfurt a. M., 1910–1925 ND Glashütten/Ts. 1970.

Wilfried P. Feldenkirchen, Der Handel der Stadt Köln im 18. Jahrhundert (1700–1814), Diss. phil. Bonn 1974, 1975.

Uwe Perlitz, Das Geld-, Bank- und Versicherungswesen in Köln 1700 bis 1815, Berlin 1976.

Hermann Kellenbenz, Die Rolle der Verbindungsplätze zwischen Spanien und Augsburg im Unternehmen Anton Fuggers, in: Vierteljahrschrift für Sozial- und Wirtschaftsgeschichte 65 (1978) S. 1–37.

V. E. Majer, Soziale und ökonomische Wandlungen im Bereich der Waidproduktion und des Waidhandels in Deutschland während des 14. bis

17. Jahrhunderts, in: Europäische Stadtgeschichte in Mittelalter und früher Neuzeit. Hrsg. von Werner Mägdefrau, Weimar 1979, S. 227–236.

Fritz Wiegand, Einige Bemerkungen zur Erfurter Waidproduktion. Ebenda, S. 237–258.

Städtische Versorgung und Entsorgung im Wandel der Geschichte. Hrsg. von Jürgen Sydow (Stadt in der Geschichte. Veröff. des Südwestdeutschen Arbeitskreises für Stadtgeschichtsforschung, Bd. 8), Sigmaringen 1981.

Hans Mauersberg, Die Währungspolitik der deutschen Handelsstädte und der fürstlichen Flächenstaaten Mitteleuropas im Zeitalter des Absolutismus, in: Städtewesen und Merkantilismus in Mitteleuropa. Hrsg. von Volker Press (Städteforschung A, 14), Köln 1983, S. 15–29.

Handwerk

Victor Böhmert, Beiträge zur Geschichte des Zunftwesens, [Leipzig] 1862 ND Leipzig 1969.

Die älteren Zunfturkunden der Stadt Lüneburg. Hrsg. von Eduard Bodemann, Hannover 1883.

Frankfurter Amts- und Zunfturkunden bis zum Jahre 1612, Bd. 1. 2. Hrsg. von Karl Bücher und Benno Schmidt, Frankfurt a. M. 1914, ND Wiesbaden 1968.

Hans Proesler, Das gesamtdeutsche Handwerk im Spiegel der Reichsgesetzgebung von 1530–1806 (Nürnberger Abhandl. zu den Wirtschafts- und Sozialwissenschaften 5), Berlin 1954.

Wolfram Fischer, Handwerksrecht und Handwerkswirtschaft um 1800. Studien zur Sozial- und Wirtschaftsverfassung vor der Industriellen Revolution, Berlin 1955.

Quellen zur Geschichte des deutschen Handwerks. Selbstzeugnisse seit der Reformationszeit. Hrsg. von Wolfram Fischer (Quellensammlung zur Kulturgeschichte 13), Göttingen 1957.

Quellen zur Geschichte des deutschen Arbeitsrechts. Hrsg. von Wilhelm Ebel (Quellensammlung zur Kulturgeschichte 16), Göttingen 1964.

Ekkehard Wiest, Die Entwicklung des Nürnberger Gewerbes zwischen 1648 und 1806 (Forschungen zur Sozial- und Wirtschaftsgeschichte 12), Stuttgart 1968.

Rudolf Wissell, Des alten Handwerks Recht und Gewohnheit, Bd. 1–3 (Einzelveröffentlichungen der Historischen Kommission zu Berlin 7), Berlin ²1971.

Eberhard Naujoks, Obrigkeit und Zunftverfassung in südwestdeutschen Reichsstädten, in: Zeitschrift für Württembergische Landesgeschichte 33 (1974) S. 53–93.

Handwerksgeschichte in neuer Sicht. Hrsg. von Wilhelm Abel (Göttinger Beiträge zur Wirtschafts- und Sozialgeschichte, Bd. 1), Göttingen 1978.

Roland Bettger, Das Handwerk in Augsburg beim Übergang der Stadt an das Königreich Bayern. Städtisches Gewerbe unter dem Einfluß politischer Veränderungen (Abhandl. zur Geschichte der Stadt Augsburg 25), Augsburg 1979.

Herbst des Alten Handwerks. Zur Sozialgeschichte des 18. Jahrhunderts. Hrsg. von Michael Stürmer (dtv dokumente), München 1979.

Karl H. Kaufhold, Das Handwerk der Stadt Hildesheim im 18. Jahrhundert. Eine wirtschaftsgeschichtliche Studie (Göttinger Beiträge zur Wirtschafts- und Sozialgeschichte, Bd. 5), Göttingen ²1980.

Hans Füglister, Handwerksregiment. Untersuchungen und Materialien zur sozialen und politischen Struktur der Stadt Basel in der ersten Hälfte des 16. Jahrhunderts (Basler Beiträge zur Geschichtswissenschaft, Bd. 143), Basel 1981.

Michael Stürmer, Handwerk und höfische Kultur. Europäische Möbelkunst im 18. Jahrhundert, München 1982.

Deutsches Handwerk in Spätmittelalter und Früher Neuzeit. Hrsg. von Rainer S. Elkar (Göttinger Beiträge zur Wirtschafts- und Sozialgeschichte, Bd. 9), Göttingen 1983.

Bernd Habicht, Stadt- und Landhandwerk im südlichen Niedersachsen im 18. Jahrhundert (Göttinger Beiträge zur Wirtschafts- und Sozialgeschichte, Bd. 10), Göttingen 1983.

Kaiser Karl V. und die Zunftverfassung. Ausgewählte Aktenstücke zu den Verfassungsveränderungen in den oberdeutschen Reichsstädten. 1547 bis 1556. Hrsg. von Eberhard Naujoks. (Veröff. der Komm. für Geschichtl. Landeskunde in Baden-Württemberg A, 36), Stuttgart 1984.

Knut Schulz, Handwerksgesellen und Lohnarbeiter. Untersuchungen zur oberrheinischen und oberdeutschen Stadtgeschichte des 14. bis 17. Jahrhunderts, Sigmaringen 1985.

Kurt Wesoly, Lehrlinge und Handwerksgesellen am Mittelrhein. Ihre soziale Lage und ihre Organisation vom 14. bis zum 17. Jahrhundert (Studien zur Frankfurter Geschichte, Bd. 18), Frankfurt a. M. 1985.

Großgewerbe, Verlag, Manufaktur, Montanwesen

Acta Borussica. 2. Abteilung: Die einzelnen Gebiete der Verwaltung, 4: Seidenindustrie, Berlin 1892.

Theo Riedl, Die Ursachen für den Niedergang des Kölner Seidengewerbes und für den Aufstieg der Krefelder Seidenindustrie im 17. und 18. Jahrhundert. Diss. Köln 1952.

Max Barkhausen, Der Aufstieg der rheinischen Industrie im 18. Jahrhundert und die Entstehung eines industriellen Großbürgertums, in: Rheinische Vierteljahrsblätter 19 (1954) S. 135–177.

Herbert von Asten, Die religiöse Spaltung in der Reichsstadt Aachen und ihr Einfluß auf die industrielle Entwicklung in der Umgebung, in: Zeitschrift des Aachener Geschichtsvereins 68 (1956) S. 77–190.

Max Barkhausen, Staatliche Wirtschaftslenkung und freies Unternehmertum im westdeutschen und im nord- und südniederländischen Raum bei der Entstehung der neuzeitlichen Industrie im 18. Jahrhundert,

in: Vierteljahrschrift für Sozial- und Wirtschaftsgeschichte 45 (1958) S. 168–241.
Horst Krüger, Zur Geschichte der Manufakturen und der Manufakturarbeiter in Preußen. Die mittleren Provinzen des 18. Jahrhunderts, Berlin 1958.
Herbert Milz, Das Kölner Großgewerbe von 1750–1835, Köln 1962.
Herbert von Asten, Religion und wirtschaftliche Antriebe im niederrheinischen Montangewerbe des 16. und 17. Jahrhunderts, in: Rheinische Vierteljahrsblätter 28 (1963) S. 62–83.
Ilja Mieck, Preußischer Seidenbau im 18. Jahrhundert, in: Vierteljahrschrift für Sozial- und Wirtschaftsgeschichte 56 (1969) S. 478–498.
Bernhard Kirchgässner, Der Verlag im Spannungsfeld von Stadt und Umland, in: Stadt und Umland. Hrsg. von Erich Maschke und Jürgen Sydow (Veröff. der Komm. für Geschichtl. Landeskunde in Baden-Württemberg B, 82), Stuttgart 1974, S. 72–128.
Schwerpunkte der Eisengewinnung und Eisenverarbeitung in Europa 1500–1650. Hrsg. von Hermann Kellenbenz (Kölner Kolloquien zur internationalen Sozial- und Wirtschaftsgeschichte, Bd. 2), Köln . . . 1974.
Theodor Gustav Werner, Die Anfänge der deutschen Zuckerindustrie und die Augsburger Zuckerraffinerie von 1573, in: Scripta Mercaturae 1974, S. 77–128.
Schwerpunkte der Kupferproduktion und des Kupferhandels in Europa 1500–1650. Hrsg. von Hermann Kellenbenz, Köln . . . 1977.
Österreichische Fabrikprivilegien vom 16. bis 18. Jahrhundert und ausgewählte verwandte Quellen zur Frühgeschichte der Industrialisierung. Hrsg. von Gustav Otruba (Fontes rerum Austriacarum, Abt. 3, Bd. 7), Wien 1981.
Gerd Heinrich, Der preußische Spätmerkantilismus und die Manufakturstädte in den mittleren und östlichen Staatsprovinzen. 1740–1806, in: Städtewesen und Merkantilismus in Mitteleuropa. Hrsg. von Volker Press (Städteforschung A, 14), Köln 1983, S. 301–322.
Rolf Kießling, Stadt und Land im Textilgewerbe Ostschwabens vom 14. bis zur Mitte des 16. Jahrhunderts, in: Bevölkerung, Wirtschaft und Gesellschaft. Stadt-Land-Beziehungen in Deutschland und Frankreich 14. bis 19. Jahrhundert. Hrsg. von Neithard Bulst u. a., Trier 1983, S. 116–137.

Sozialgeschichte, allgemein

Franz Herre, Das Augsburger Bürgertum im Zeitalter der Aufklärung (Abhandl. zur Geschichte der Stadt Augsburg 6), Augsburg 1951.
Karl J. Uthmann, Sozialstruktur und Vermögensbildung im Hildesheim des 15. und 16. Jahrhunderts (Schriften der Wirtschaftswissenschaftlichen Gesellschaft zum Studium Niedersachsens, NF 65), Bremen-Horn 1957.

Gerhard Heitz, Zur Rolle der kleinen mecklenburgischen Landstädte in der Periode des Übergangs vom Feudalismus zum Kapitalismus, in: Hansische Studien [1]. Heinrich Sproemberg zum 70. Geburtstag (Forschungen zur mittelalterlichen Geschichte, Bd. 8), Berlin 1961, S. 103–122.

Wolfgang Hartwich, Bevölkerungsstruktur und Wiederbesiedlung Speyers nach der Zerstörung von 1689, Heidelberg 1965.

Klaus Wetter, Die sozialen Verhältnisse in brandenburgischen Mediatstädten im 17./18. Jahrhundert, in: Zeitschrift für Geschichtswissenschaft 18, 7 (1970) S. 1061–1067.

Dieter Höroldt, Die Sozialstruktur der Stadt Bonn vom ausgehenden 18. bis in die Mitte des 19. Jahrhunderts, in: Aus Geschichte und Volkskunde von Stadt und Raum Bonn. Festschrift Josef Dietz. Hrsg. von E. Ennen und D. Höroldt, 1973, S. 282–331.

Wolfgang Laufer, Die Sozialstruktur der Stadt Trier in der frühen Neuzeit (Rheinisches Archiv 86), Bonn 1973.

Jürgen Ellermeyer, Sozialgruppen, Selbstverständnis, Vermögen und städtische Verordnungen. Ein Diskussionsbeitrag zur Erforschung spätmittelalterlicher Stadtgesellschaft, in: Blätter für deutsche Landesgeschichte 113 (1977) S. 203–275.

Altständisches Bürgertum, Bd. 1 u. 2, Hrsg. von Heinz Stoob (Wege der Forschung 416/417), Darmstadt 1978.

Christiane E. Gaede u. a., Bevölkerungsbewegung und soziale Strukturen in Mainz zur Zeit des Pfälzischen Krieges. 1680–1700. Eine historisch-demographische Fallstudie. Eingel. und bearb. von Walter G. Rödel (Geschichtliche Landeskunde 19), Wiesbaden 1978.

Christopher R. Friedrichs, Urban Society in the Age of War. Nördlingen 1580–1720, Princeton/N. J. 1979.

Jürgen Ellermeyer, Vorindustrielle Städte als Forschungsaufgabe. Warum lassen sich Kenntnisse über Sozialstruktur und Unterschichten noch verbessern? In: Die Alte Stadt 7 (1980) S. 276–295.

Gerd Wunder, Die Bürger von Hall. Sozialgeschichte einer Reichsstadt. 1216–1802 (Forschungen zu Württembergisch-Franken, Bd. 16), Sigmaringen 1980.

Stadtbürgertum und Adel in der Reformation (Veröff. des Deutschen Historischen Instituts London), Stuttgart 1981.

Etienne François, Koblenz im 18. Jahrhundert. Zur Sozial- und Bevölkerungsstruktur einer deutschen Residenzstadt, Göttingen 1982.

Oberschichten

Hans H. Gerth, Bürgerliche Intelligenz um 1800. Zur Soziologie des deutschen Frühliberalismus. Hrsg. von Hans-Ulrich Wehler (Kritische Studien zur Geschichtswissenschaft 19), Diss. 1935, ND Göttingen 1976.

Diether Koch, Das Göttinger Honoratiorentum vom 17. bis zur Mitte des 19. Jahrhunderts (Untersuchungen zur Städtegeschichte Niedersachsens 1), Göttingen 1958.

Deutsches Patriziat 1430–1740. Hrsg. von Hellmuth Rössler (Schriften zur Problematik der deutschen Führungsschicht in der Neuzeit, Bd. 3), Limburg a. d. Lahn 1968.

Olaf Spechter, Die Osnabrücker Oberschicht im 17. und 18. Jahrhundert. Eine sozial- und verfassungsgeschichtliche Untersuchung (Osnabrücker Geschichtsquellen und Forschungen 20), Osnabrück 1975.

Ingrid Bátori u. Erdmann Weyrauch, Die bürgerliche Elite der Stadt Kitzingen. Studien zur Sozial- und Wirtschaftsgeschichte einer landesherrlichen Stadt im 16. Jahrhundert (Spätmittelalter und Frühe Neuzeit. Tübinger Beiträge zur Geschichtsforschung, Bd. 11), Stuttgart 1978.

Ingrid Nicolini, Die politische Führungschicht in der Stadt Köln gegen Ende der reichsstädtischen Zeit (Dissertationen zur neueren Geschichte 7), Köln . . . 1979, zugleich Diss. phil. Köln.

Städtische Führungsgruppen und Gemeinde in der werdenden Neuzeit. Hrsg. von Wilfried Ehbrecht (Städteforschung A, 9), Köln 1980.

Heinrich Kramm, Studien über die Oberschichten der mitteldeutschen Städte im 16. Jahrhundert: Sachsen, Thüringen, Anhalt, 2 Teilbände, Köln 1981.

Friedhelm Weinforth, Studien zu politischen Führungsschichten in den klevischen Prinzipalstädten vom 14.–16. Jahrhundert, Köln 1982.

Alexander F. Cowan, The Urban Patriciate. Lübeck and Venice 1580–1700, Köln . . . 1985.

Mittel- und Unterschichten

Gesellschaftliche Unterschichten in den südwestdeutschen Städten. Hrsg. von Erich Maschke u. Jürgen Sydow (Veröff. der Komm. für Geschichtl. Landeskunde in Baden-Württemberg B, 41), Stuttgart 1967.

Lothar Schneider, Der Arbeiterhaushalt im 18. und 19. Jahrhundert. Dargestellt am Beispiel des Heim- und Fabrikarbeiters (Beiträge zur Ökonomie von Haushalt und Verbrauch, H. 4), Berlin 1967.

Städtische Mittelschichten. Hrsg. von Erich Maschke u. Jürgen Sydow (Veröff. der Komm. für Geschichtl. Landeskunde in Baden-Württemberg B, 69), Stuttgart 1972.

Rolf Engelsing, Zur Sozialgeschichte deutscher Mittel- und Unterschichten (Kritische Studien zur Geschichtswissenschaft 4), Göttingen 1973.

Heinrich Rubner, Deutsche Unterschichten im 18. Jahrhundert, in: Zeitschrift für Stadtgeschichte, Stadtsoziologie und Denkmalpflege 1 (1974) S. 49–59.

Etienne François, Unterschichten und Armut in rheinischen Residenzstädten des 18. Jahrhunderts, in: Vierteljahrschrift für Sozial- und Wirtschaftsgeschichte 62 (1975) S. 433–464.

Thomas Fischer, Städtische Armut und Armenfürsorge im 15. und 16. Jahrhundert. Sozialgeschichtliche Untersuchungen am Beispiel der Städte Basel, Freiburg i. Br. und Straßburg (Göttinger Beiträge zur

Wirtschafts- und Sozialgeschichte 4), Göttingen 1979, zugleich Diss. phil. Freiburg 1976.

Spezielle Fragestellungen

Marlene Sothmann, Das Armen-, Arbeits-, Zucht- und Werkhaus in Nürnberg bis 1806 (Nürnberger Werkstücke zur Stadt- und Landesgeschichte, Bd. 2), Nürnberg 1970.
Hans Peter Ropertz, Die Wohnungsstiftungen des 15.–18. Jahrhunderts. Eine besondere Form 'anstaltsmäßigen Wohnens', in: Zeitschrift für Stadtgeschichte, Stadtsoziologie und Denkmalpflege 4 (1977) S. 183 bis 214.
Arthur E. Imhof, Die Funktion des Krankenhauses in der Stadt des 18. Jahrhunderts. Ebenda, S. 215–242.
Michael Mitterauer, Vorindustrielle Familienformen. Zur Funktionentlastung des 'ganzen Hauses' im 17. und 18. Jahrhundert, in: Fürst, Bürger, Mensch. Untersuchungen zu politischen und soziokulturellen Wandlungsprozessen im vorrevolutionären Europa. Hrsg. von Friedrich Engel-Janosi u. a. (Wiener Beiträge zur Geschichte der Neuzeit, Bd. 2), München 1975, S. 123–185, auch in: ders., Grundtypen alteuropäischer Sozialformen. Haus und Gemeinde in vorindustriellen Gesellschaften, Stuttgart-Bad Cannstatt 1979, S. 35–97.
Stadt und Gesundheitspflege. Hrsg. von Bernhard Kirchgässner und Jürgen Sydow (Stadt in der Geschichte. Veröff. des Südwestdeutschen Arbeitskreises für Stadtgeschichtsforschung, Bd. 9), Sigmaringen 1982.

Kultur und Bildung

François G. Dreyfus, Sociétés et mentalités à Mayence dans la seconde moitié du XVIIIe siècle, Paris 1968.
Edith Ennen, Stadt und Schule in ihrem wechselseitigen Verhältnis vornehmlich im Mittelalter, in: dies., Gesammelte Abhandlungen, Bonn 1977, S. 155–168. – Zuerst in: Rheinische Vierteljahrsblätter 22 (1957) S. 56–71, auch in: Die Stadt des Mittelalters. Hrsg. von Carl Haase, Bd. 3, Darmstadt 1973, S. 455–479.
Stadt und Universität im Mittelalter und in der frühen Neuzeit. Hrsg. von Erich Maschke und Jürgen Sydow (Stadt in der Geschichte 3), Sigmaringen 1977.
Franklin Kopitzsch, Grundzüge einer Sozialgeschichte der Aufklärung in Hamburg und Altona, Teile 1 u. 2 (Beiträge zur Geschichte Hamburgs, Bd. 21), Hamburg 1982.
Städtische Kultur in der Barockzeit. Hrsg. von Wilhelm Rausch (Beiträge zur Geschichte der Städte Mitteleuropas, Bd. 6), Linz 1982.
Stadt und Kultur. Hrsg. von Hans Eugen Specker (Stadt in der Geschichte, Bd. 11), Sigmaringen 1983.

Stadt und Umland

(Vgl. auch Abschnitt *Vorstädte*)

Günther Franz, Das Verhältnis von Stadt und Land zwischen Bauernkrieg und Bauernbefreiung, in: Studium Generale. 16 (1963) S. 558–564.

Hans W. Jürgens, Sozialanthropologische Probleme der Stadt-Land-Beziehungen seit der Neuzeit, in: Studium Generale 16 (1963) S. 500ff.

Stadt-Land-Beziehungen und Zentralität als Problem der historischen Raumforschung (Historische Raumforschung 11), Hannover 1974.

Stadt und Umland. Hrsg. von Erich Maschke und Jürgen Sydow (Veröff. der Komm. für Geschichtl. Landeskunde in Baden-Württemberg B, 82), Stuttgart 1974.

Hildegard Ditt, Entwicklung und Raumbeziehungen der Stadt Paderborn im 16. und 17. Jahrhundert, in: Westfälische Forschungen, Bd. 28 (1976/77) S. 41–86.

Busso von der Dollen, Vorortbildung und Residenzfunktion. Eine Studie zu den vorindustriellen Stadt-Umland-Beziehungen. Dargestellt am Beispiel Bonn-Poppelsdorf, Bonn 1978.

Kulturelle Stadt-Land-Beziehungen in der Neuzeit. Hrsg. von Günter Wiegelmann (Beiträge zur Volkskultur in Nordwestdeutschland, H. 9), Münster 1978.

Busso von der Dollen, Der haupt- und residenzstädtische Verflechtungsraum Koblenz, Ehrenbreitstein in der frühen Neuzeit, Köln 1979.

Meinrad Schaab, Städtlein, Burg-, Amts- und Marktflecken in Südwestdeutschland in Spätmittelalter und früher Neuzeit, in: Zentralität als Problem der mittelalterlichen Stadtgeschichtsforschung, Köln . . . 1979, S. 219–271.

Günther Wölfing, Die Beziehungen der Kleinstädte des oberen Werratals zu ihrer ländlichen Umgebung vom 15. bis zur Mitte des 16. Jahrhunderts, in: Europäische Stadtgeschichte in Mittelalter und früher Neuzeit. Hrsg. von Werner Mägdefrau, Weimar 1979, S. 259–285.

Erich Plümer, Einbeck und sein Umland in der frühen Neuzeit, in: Niedersächsisches Jahrbuch für Landesgeschichte 52 (1980) S. 1–108.

Bevölkerung, Wirtschaft, Gesellschaft. Stadt-Land-Beziehungen in Deutschland und Frankreich 14. bis 19. Jahrhundert. Hrsg. von Neithard Bulst, Jochen Hoock, Franz Irsigler, Trier 1983.

Siedlungsforschung. Archäologie – Geschichte – Geographie, Bd. 1, 1983 [Schwerpunktthema Stadtrandphänomene, Vororte etc.]

ORTSREGISTER

Nennungen im Literaturverzeichnis oder in den Fußnoten werden durch kursiven Druck kenntlich gemacht. Das Literaturverzeichnis wird in die Aufschlüsselung durch das Register mit einbezogen, um den Einstieg in die Beschäftigung mit einer Stadt oder einer Region zu erleichtern. Mehr als einen ersten Einstieg kann es allerdings häufig auch nicht bieten, da zu den ausführlicher behandelten Beispielen – dem Charakter dieses Buches als einer einführenden Überblicksdarstellung entsprechend – auf verwandte Erscheinungen und parallele Entwicklungen in anderen Städten in der Regel nur summarisch verwiesen wird. Der Charakter des Buches ließ im übrigen auch ein Sachregister wenig sinnvoll erscheinen, zumal schon das detaillierte Inhaltsverzeichnis zu den gesuchten Zusammenhängen hinführen sollte.